池田大作先生監修

現代語訳 報恩抄

創価学会教学部編

目　次

報恩抄《ほうおんしょう》

一、本書は、「大白蓮華」に連載された創価学会教学部編、池田大作先生監修「現代語訳『報恩抄』」（二〇一二年一月号～四月号）を、監修者の了解を得て「現代語訳『報恩抄』」として収録した。参考として「報恩抄送文」の現代語訳を収めた。

一、御書全集に対応するページ数を、現代語訳本文の上段に（　）で示した。

一、理解を助けるため、御書本文の語句を適宜〔　〕に入れて示した。また章を設けた。

一、経論等の引用箇所は、読みやすさを考え、書体を変えてある。

一、読みが難しい漢字には、ルビを振った。読みの統一などのため、一部、御書全集のルビを改めたものがある。

一、説明が必要と思われる語句には、〈注○〉を付け、各章の終わりに「注解」を設けた。

御書の引用は、『新編　日蓮大聖人御書全集』（創価学会版、第二七五刷）を（御書○○ページ）で示した。

法華経の引用は、『妙法蓮華経並開結』（創価学会版、第二刷）を（法華経○○ページ）で示した。

一、本抄全体に関する解説を巻末に付した。

装幀　株式会社プランク　松田　和也

現代語訳

報《ほう》恩《おん》抄《しょう》

（293）

第1章　報恩《ほうおん》の道理を明かす

（御書二九三ページ一行目～三行目）

年老《としお》いた狐《きつね》は亡《な》くなる時には自分の生まれた丘《おか》の方に頭を向け〈注1〉、白い亀《かめ》はかつて自分を助けてくれた毛宝《もうほう》の恩《おん》に報《むく》いたという〈注2〉。動物でもこのように恩を忘《わす》れないものである。まして人間であればなおさらである。

それ故《ゆえ》、昔の賢者《けんじゃ》を見れば、予譲《よじょう》という者は、主君・智伯《ちはく》の恩《おん》に報《むく》いようと剣《つるぎ》をのんで命を捨《す》てた〈注3〉。また弘演《こうえん》という臣下《しんか》は、主君にあたる衛国《えいこく》の懿《い》公《こう》が殺《ころ》され、肝臓《かんぞう》だけが捨てられていたのを見て、それを自分の腹《はら》を割《さ》いて入れたという〈注4〉。

ましてや仏教を学ぼうとする者が、どうして父母の恩《おん》、師匠の恩、国の恩を忘《わす》れてよいだろうか。

◇注　解◇

〈注1〉**【年老《としお》いた狐《きつね》は……頭を向け】**狐は、自らが生まれた丘《おか》（塚《つか》）を忘《わす》れず、死ぬ時は古《ふる》巣《す》のある丘の方へ頭を向けるという中国の故事《こじ》。

〈注2〉**【白い亀《かめ》は……毛宝《もうほう》の恩《おん》……】**中国の故事《こじ》に基《もと》づいた説話。中国・唐《とう》の李瀚《りかん》が編《あ》んだ故事説話集『蒙求《もうぎゅう》』や日本の『源平盛衰記《げんぺいじょうすいき》』などに出ている。日蓮大聖人の御真筆《ごしんぴつ》の断《だん》簡《かん》には、中国・魏晋南北朝《ぎしんなんぼくちょう》時代の怪奇《かいき》説話集『捜神記《そうじんき》』を引いて、この故事が紹介されている。『古注蒙求《こちゅうもうぎゅう》』に引かれる『捜神記』によると、毛宝が川へ行くと、漁師《りょうし》が一匹《ぴき》の亀を釣《つ》ったのを見た。毛宝は憐《あわ》れんで、漁師から亀を買って、川に放してやった。毛宝は十年余《あま》りの間、邾城《ちゅじょう》の守備《しゅび》の任《にん》についていたが、石虎将軍《せっこしょうぐん》（李広《りこう》）と戦い、敗《やぶ》れて川に身を投《な》げた。足で何ものかを踏《ふ》んでいると、次第に浮《う》かび上がって川岸に着いた。毛宝が見ると、なんと、昔、放してやった白い亀であったという。

〈注3〉**【予譲《よじょう》という者は……智伯《ちはく》の恩《おん》……】**『史記《しき》』の刺客列伝《しかくれつでん》第二十六にある故事《こじ》。晋《しん》の人である予譲は、趙襄子《ちょうじょうし》によって滅《ほろ》ぼされた主君・智伯の仇《あだ》を討《う》つために、わが身を傷《きず》つけて容貌《ようぼう》を変え、炭《すみ》を飲《の》んで声を変えるなどして別人になりすまし、趙襄子に近づこうとしたが、見破《みやぶ》られて仇討ちを果《は》たせなかった。予譲は剣《つるぎ》に伏《ふ》して死んだという。

〈注4〉【弘演《こうえん》という臣下《しんか》は……衛国《えいこく》の懿公《いこう》……】弘演は衛国の懿公に仕えた忠臣《ちゅうしん》。『韓詩外《かんしがい》伝《でん》』などによれば、弘演が使者として国外に出かけている間に、異民族が衛国を攻め主君の懿公を殺してその肝臓《かんぞう》だけを捨て置《お》いた。弘演は、天を仰《あお》いで号泣《ごうきゅう》して悲しみ、自らの腹《はら》を割《さ》いて懿公の肝臓を入れて死んだという。

第2章　知恩《ちおん》・報恩《ほうおん》を明かす

（御書二一九三ジ三行目〜九行目）

　これらの大恩《だいおん》に報《むく》いるには、仏法を完全に習得《しゅうとく》し、智慧《ちえ》のある人となってはじめて可能となるのではないか。譬《たと》えを示せば、目の不自由な人たちを導《みちび》く場合に、自分自身が目が見えない身であっては、橋《はし》や河《かわ》で人々を渡すことはできない。方位《ほうい》や風が分からない大船《たいせん》は、商人たちを導いて宝《たから》の山まで到達《とうたつ》することができるだろうか。

　仏法を完全に習得《しゅうとく》しようと思うなら、時間がなければ不可能である。時間を作ろうと思うなら、父母・師匠・国主などに従《したが》っていては不可能である。いずれにせよ、生死《しょうじ》の苦悩を脱《だっ》する方法が分からないうちは、父母や師匠などの心に従ってはならない。

このような考えに対して、人々は「これでは世間の道理にも外れ、神仏《しんぶつ》の教えにもかなっていない」と思う。しかし、中国思想の聖典《せいてん》である『孝経《こうきょう》』〈注1〉にも、父母・主君に従《したが》わないで忠臣《ちゅうしん》や親孝行《おやこうこう》の人となることも説《と》かれている。仏教の経典には「父母などからの恩《おん》に応《こた》えることをやめ、覚《さと》りの境地《きょうち》に至《いた》るなら、真実の報恩《ほうおん》の者である」〈注2〉とある。

比干《ひかん》は、暴君《ぼうくん》である紂王《ちゅうおう》に従《したが》わず〈注3〉、かえって賢人《けんじん》と賞讃《しょうさん》され、悉達太《しったたい》子《し》〈注4〉が父の浄飯大王《じょうぼんだいおう》〈注5〉に背《そむ》いて出家《しゅっけ》した結果、覚《さと》りを開《ひら》いて釈尊《しゃくそん》となり世界一の親孝行《おやこうこう》の者となったのは、このことである。

◇注　解◇

〈注1〉【『孝経《こうきょう》』】孝《こう》（親に対して子が尊敬し仕えること）について記した儒教《じゅきょう》の教典の一つ。孔子《こうし》の弟子である曾子《そうし》の門人が編纂《へんさん》したとされる。

〈注2〉【「父母などからの恩《おん》に……真実の報恩《ほうおん》の者である」】中国・唐《とう》の道世《どうせ》が編纂《へんさん》した主題別の要文集《ようもんしゅう》『法苑珠林《ほうおんじゅりん》』巻《まき》二十二に清信士度人経《しょうしんじどにんきょう》の文《もん》として引かれる。

〈注3〉【比干《ひかん》は、暴君《ぼうくん》である紂王《ちゅうおう》に従《したが》わず】『史記《しき》』の殷本紀《いんほんぎ》第三にある。殷の最後の紂王が妲己《だっき》を溺愛《できあい》し国が滅《ほろ》びようとしていた時、おじに当たる比干が紂王を強く諫《いさ》めたが、紂王は聞き入れず、かえって比干を殺し、その胸《むね》を割《さ》いたという。

〈注4〉【悉達太子《しったたいし》】釈尊《しゃくそん》の出家《しゅっけ》前の名。悉達は、サンスクリットのシッダールタの音写。釈迦族《しゃかぞく》の王子だったので、「太子」と称《しょう》する。

〈注5〉【浄飯大王《じょうぼんだいおう》】浄飯はサンスクリットのシュッドーダナの訳《やく》。古代インドの迦毘羅衛《かびらえ》国《こく》（カピラヴァストゥ）という都市国家の王で、釈尊《しゃくそん》の父。釈尊の出家《しゅっけ》に反対したが、釈尊が成道《じょうどう》後に迦毘羅衛国に帰還《きかん》した時、仏法に帰依《きえ》した。

第3章　諸宗《しょしゅう》の混迷《こんめい》を挙《あ》げる

（御書二九三ジペー十行目～二九四ジペー五行目）

このように考えて、私も父母・師匠などに従《したが》わず、仏法を完全に習得《しゅうとく》するため仏法全体を見渡したところ、以下のようなことを知った。

釈尊《しゃくそん》が一生のうちに説《と》いた尊《とうと》い教えを理解するための曇《くも》りのない鏡《かがみ》が十ある。すなわち、倶舎宗《くしゃしゅう》・成実宗《じょうじつしゅう》・律宗《りっしゅう》・法相宗《ほっそうしゅう》・三論宗《さんろんしゅう》・真言宗《しんごんしゅう》・華厳宗《けごんしゅう》・浄《じょう》土宗《どしゅう》・禅宗《ぜんしゅう》・天台法華宗《てんだいほっけしゅう》〈注1〉である。これらの十宗《じっしゅう》を偉大な師匠として、あらゆる経典の真意を知らなければならない。世間の学者たちは、これら十宗という鏡はいずれも仏の覚《さと》りに至《いた》る道を誤《あやま》りなく照《て》らしていると思っている。

このうち小乗《しょうじょう》〈注2〉の三宗《しゅう》（倶舎宗《くしゃしゅう》・成実宗《じょうじつしゅう》・律宗《りっしゅう》）については、ここでは論じない。庶民《しょみん》の手紙では、どのようなものであっても、他国に渡航《とこう》するのに役に立たないようなものである〈注3〉。

大乗《だいじょう》〈注4〉の七つの鏡《かがみ》こそ、生死《しょうじ》の苦悩の大海《たいかい》を渡って浄土《じょうど》の岸に至《いた》る大船《たいせん》なので、これを十分に理解して、わが身も助け他の人をも導《みちび》こうと思い、じっくりと見たところ、大乗の七宗《しちしゅう》にはどれもこれも自画自賛《じがじさん》がある。どの宗も「わが宗こそ、釈尊《しゃくそん》が一生のうちに説《と》いたすべての教えの核心《かくしん》をとらえている」と言っている。

具体的に言えば、華厳宗《けごんしゅう》の杜順《とじゅん》・智儼《ちごん》・法蔵《ほうぞう》・澄観《ちょうかん》〈注5〉ら、法相宗《ほっそうしゅう》の玄奘《げんじょう》・慈恩《じおん》（基《き》）・智周《ちしゅう》・智昭《ちしょう》〈注6〉ら、三論宗《さんろんしゅう》の興皇《こうおう》（法朗《ほうろう》）・嘉祥《かじょう》（吉蔵《きちぞう》）〈注7〉ら、真言宗《しんごんしゅう》の善無畏《ぜんむい》・金剛智《こんごうち》・不空《ふくう》・弘法《こうぼう》（空海《くうかい》）・慈覚《じかく》（円仁《えんにん》）・智証《ちしょう》（円珍《えんちん》）〈注8〉ら、禅宗《ぜんしゅう》の達磨《だるま》・慧可《えか》・慧能《えのう》〈注9〉ら、浄土宗《じょうどしゅう》の道綽《どうしゃく》・善導《ぜんどう》・懐感《えかん》・源空《げんくう》（法然《ほうねん》）〈注10〉らである。これらの諸宗《しょしゅう》は、みな自宗の根本となる経典や論書《ろんしょ》によって、誰も彼もが「自分はあらゆる経を理解した」「自分は仏の本意を完全に理解した」と言っている。

そうした人々は、例えば「あらゆる経の中では華厳経《けごんぎょう》〈注11〉が第一である。法華経や大日経《だいにちきょう》〈注12〉などはその臣下《しんか》のようなものである」と言う。真言宗《しんごんしゅう》は「あらゆる経の中では大日経が第一である。他の経は数多くある星のようなものである」と言う。禅宗《ぜんしゅう》は「あらゆる経の中では楞伽経《りょうがきょう》〈注13〉が第一である」と言う。以下、その他の宗も同様である。

しかも、先に挙《あ》げた学者たちのことを、世間の人々はそれぞれ重んじている。それは、まるで諸天《しょてん》が帝釈天《たいしゃくてん》〈注14〉を敬《うやま》い、多くの星が太陽や月に従《したが》っているかのようである。

◇注　解◇

〈注1〉**【倶舎宗《くしゃしゅう》・成実宗《じょうじつしゅう》・律宗《りっしゅう》・法相宗《ほっそうしゅう》・三論宗《さんろんしゅう》・真言宗《しんごんしゅう》・華厳宗《けごんしゅう》・浄土宗《じょうどしゅう》・禅宗《ぜんしゅう》・天台《てんだい》法華宗《ほっけしゅう》】**倶舎宗は、インドの論師《ろんじ》・世親《せしん》（ヴァスバンドゥ）の『倶舎論《くしゃろん》』に基《もと》づく学派。南《なん》都六宗《とろくしゅう》の一つに数えられるが、法相宗に付随《ふずい》して学ばれる寓宗《ぐうしゅう》（他に寄寓《きぐう》する学派）である。

成実宗《じょうじつしゅう》は、インドの訶梨跋摩《かりばつま》（ハリーヴァルマン）の『成実論《じょうじつろん》』に基《もと》づく学派。鳩摩羅什《くまらじゅう》によって『成実論』が漢訳されると、弟子の僧叡《そうえい》・僧導《そうどう》らによって研究が盛《さか》んに行われた。日本では三論宗《さんろんしゅう》に付随《ふずい》して学ばれる寓宗《ぐうしゅう》である。

律宗《りっしゅう》は、戒律《かいりつ》を受持《じゅじ》する修行によって涅槃《ねはん》の境地を得ようとする学派。日本には鑑真《がんじん》が中国の隋《ずい》・唐《とう》の道宣《どうせん》を祖とする南山《なんざん》律宗を伝え、東大寺《とうだいじ》に戒壇院《かいだんいん》を設《もう》け、後に天下三戒壇（東大寺、下野《しもつけ》の薬師寺《やくしじ》、筑紫《つくし》の観世音寺《かんぜおんじ》の戒壇）の中心となった。その後、天平宝字《てんぴょうほうじ》三年（七五九年）に唐招提寺《とうしょうだいじ》を開いて律研究の道場として以来、律宗が成立した。

法相宗《ほっそうしゅう》は、玄奘《げんじょう》が唐《とう》に伝えた唯識《ゆいしき》思想に基《もと》づき、その弟子の基《き》（慈恩《じおん》）が確立した学派。法相とは、諸法《しょほう》（あらゆる事物・事象）がそなえる真実の相のことで、この法相のあり方を明かすので法相宗という。また、あらゆる事物・事象は心の本体である識《しき》が変化して仮に現れたもので、ただ識のみがあるとする唯識思想を主張するので唯識宗《ゆいしきしゅう》ともいう。日本には四次にわたって伝来したが、道昭《どうしょう》が六五三年に唐《とう》に渡って玄奘から学び、帰朝して飛鳥《あすか》の元興寺《がんごうじ》を拠点《きょてん》に弘通《ぐつう》したのが初伝《しょでん》とされる。奈良《なら》時代には興福寺《こうふくじ》を拠点に隆盛《りゅうせい》した。

三論宗《さんろんしゅう》は、竜樹《りゅうじゅ》（ナーガールジュナ）の『中論《ちゅうろん》』『十二門論《じゅうにもんろん》』と提婆《だいば》（アーリヤデーヴァ）の『百論《ひゃくろん》』の三つの論に基《もと》づく学派。鳩摩羅什《くまらじゅう》が三論を訳《やく》して、門下の僧肇《そうじょう》が研究し、隋《ずい》に吉蔵《きちぞう》（嘉祥《かじょう》）が大成《たいせい》した。日本には六二五年、吉蔵の弟子で高句麗僧《こうくりそう》の慧灌《えかん》が伝え、奈《な》良《ら》時代に興隆《こうりゅう》する。平安《へいあん》時代に聖宝《しょうぼう》が東大寺《とうだいじ》に東南院《とうなんいん》を建立《こんりゅう》して本拠《ほんきょ》とした。般若経《はんにゃきょう》の一《いっ》切皆空無所得《さいかいくうむしょとく》（あらゆるものに固定的な実体はなく、また実体として得られるものはない）の思想に基づき、八不中道《はっぷちゅうどう》（八種の否定を通じて明らかになる中道）を観《かん》ずることで、一切《いっさい》の偏見《へんけん》を排《はい》して真理を現《あらわ》すとする。

真言宗《しんごんしゅう》は、密教《みっきょう》経典に基《もと》づく日本仏教の宗派。手に印相《いんぞう》を結び、口《くち》に真言（呪文《じゅもん》）を唱え、心に曼荼羅《まんだら》を観想《かんそう》するという三密《さんみつ》の修行によって成仏《じょうぶつ》を目指す。善無畏《ぜんむい》・金剛智《こんごうち》・不《ふ》空《くう》らがインドから唐《とう》にもたらした大日経《だいにちきょう》・金剛頂経《こんごうちょうきょう》などを根本とする。日本には空海《くうかい》（弘《こう》法《ぼう》）が唐から伝え、一宗派として開創《かいそう》した。なお、日本の密教には空海の東寺流《とうじりゅう》（東密《とうみつ》）のほか、比叡山《ひえいざん》の円仁《えんにん》（慈覚《じかく》）・円珍《えんちん》（智証《ちしょう》）らによる天台《てんだい》真言（台密《たいみつ》）がある。（密教は、インドにおける大乗《だいじょう》仏教の展開の最後に出現したもので、神秘的な儀礼や象徴を活用して修行の促進《そくしん》や現世利益《げんぜりやく》の成就《じょうじゅ》を図る仏教をいう）

華厳宗《けごんしゅう》は、華厳経《けごんぎょう》に基《もと》づく学派。唐《とう》の初めに杜順《とじゅん》が一宗を開いたとされ、弟子の智儼《ちごん》が継承《けいしょう》し、法蔵《ほうぞう》が大成《たいせい》した。日本では七四〇年、審祥《しんじょう》が初めて華厳経を講《こう》じ、日本華厳宗を開いたとされる。第二祖の良弁《ろうべん》は聖武天皇《しょうむてんのう》の帰依《きえ》を得て、東大寺《とうだいじ》を建立《こんりゅう》し別当《べっとう》になった。華厳の思想は時代や地域によって変容《へんよう》してきたが、鎌倉《かまくら》時代に華厳教学を体系化した凝然《ぎょうねん》（一二四〇年～一三二一年）は、五教十宗《ごきょうじっしゅう》の教判《きょうはん》によって華厳宗の教えを最高位の円教《えんぎょう》とし、その特徴《とくちょう》を事事無礙法界《じじむげほっかい》（あらゆる事物・事象が互《たが》いに妨《さまた》げることなく交流しあっているという世界観）とした。

浄土宗《じょうどしゅう》は、阿弥陀仏《あみだぶつ》の本願《ほんがん》を信じ、阿弥陀仏の浄土である極楽世界《ごくらくせかい》への往生《おうじょう》を目指す宗派。念仏宗《ねんぶつしゅう》ともいう。浄土信仰は、中国・東晋《とうしん》に廬山《ろざん》の慧遠《えおん》を中心として、念仏結社《けっしゃ》である白蓮社《びゃくれんしゃ》が創設されたのが始まりとされる。後に、浄土五祖とされる中国・南北朝《なんぼくちょう》時代の曇鸞《どんらん》が浄土教を広め、唐《とう》の道綽《どうしゃく》・善導《ぜんどう》によって教義が整えられた。日本では、平安《へいあん》末期に法然《ほうねん》（源空《げんくう》）が専修《せんじゅ》念仏を創唱《そうしょう》した。

禅宗《ぜんしゅう》は、座禅《ざぜん》によって覚《さと》りが得られると主張する宗派。菩提達磨《ぼだいだるま》を祖とし、中国・唐《とう》以後に盛《さか》んになり、多くの派が生まれた。日本には奈良《なら》時代に伝えられたが伝承《でんしょう》が途絶《とだ》え、平安《へいあん》末期にいたって大日能忍《だいにちのうにん》や栄西《えいさい》によって宗派として樹立《じゅりつ》された。日蓮大聖人の時代には、大日能忍の日本達磨宗が隆盛《りゅうせい》し、栄西《えいさい》や渡来僧《とらいそう》・蘭渓道隆《らんけいどうりゅう》によって伝えられた臨済宗《りんざいしゅう》の禅が広まっていた。

天台法華宗《てんだいほっけしゅう》は、法華経を根本として中国・隋《ずい》の天台大師《てんだいだいし》智顗《ちぎ》を事実上の開祖とする宗派。天台宗、法華宗ともいう。天台大師は五時《ごじ》の教判《きょうはん》を立てて法華経を宣揚《せんよう》し、また一念《いちねん》三千《さんぜん》の法門を明かして法華経に基《もと》づく観心《かんじん》の修行を確立した。その後、法相《ほっそう》・華厳《けごん》・真言《しんごん》の台頭により宗勢《しゅうせい》が振《ふ》るわなくなったが、唐《とう》になって妙楽《みょうらく》大師湛然《たんねん》が再興《さいこう》した。日本では、平安《へいあん》初期に伝教《でんぎょう》大師最澄《さいちょう》が唐に渡って体系的な教義を学び、帰国後の八〇六年に日本天台宗を開いて法華一乗《いちじょう》思想を宣揚した。また比叡山《ひえいざん》に大乗戒壇《だいじょうかいだん》を建立《こんりゅう》しようと努《つと》め、没後《ぼつご》間もなく実現している。伝教没後は密教化《みっきょうか》が進み、特に円仁《えんにん》や円珍《えんちん》が唐に渡って密教を積極的に取り入れ、安然《あんねん》が体系的に整備した。

〈注2〉【小乗《しょうじょう》】乗は「乗り物」の意で、覚《さと》りに至《いた》らせる仏の智慧《ちえ》の教えを、衆生《しゅじょう》を乗せる乗り物に譬《たと》えたもの。もともと小乗とは、サンスクリットのヒーナヤーナの訳《やく》で「劣《おと》った乗り物」を意味し、大乗仏教の立場から部派《ぶは》仏教（特に説一切有部《せついっさいうぶ》）を批判《ひはん》していう言葉。自ら覚りを得ることだけに専念《せんねん》する声聞《しょうもん》・縁覚《えんがく》の二乗《にじょう》を批判してこのように呼ばれた。

部派《ぶは》仏教は、釈尊《しゃくそん》が亡《な》くなった後に分派《ぶんぱ》したさまざまな教団（部派）が伝えた仏教で、自身の涅槃《ねはん》（二度と輪廻《りんね》しない境地）の獲得《かくとく》を目標とする。説一切有部《せついっさいうぶ》は、特に北インドで最も有力だった部派で、「法」（認識を構成する要素《ようそ》）が実在しているとする体系的な教学を構築《こうちく》した。これに対し、大乗《だいじょう》仏教は自他の成仏《じょうぶつ》を修行の目標とし、一切のものには固定的な本質がないとする「空《くう》」の立場をとる。中国・日本など東アジアでは、大乗の教えがもっぱら流布《るふ》した。

〈注3〉【庶民《しょみん》の手紙では……ものである】政府などの認証《にんしょう》がなければ旅券《りょけん》としては役に立たないとの意。

〈注4〉【大乗《だいじょう》】サンスクリットのマハーヤーナの訳《やく》で「摩訶衍《まかえん》」などと音写し、「大きな優《すぐ》れた乗り物」を意味する。大乗仏教は、紀元前後から釈尊《しゃくそん》の思想の真意を探究し既存《きそん》の教説を再解釈するなどして制作された大乗経典に基《もと》づき、利他《りた》の菩薩道《ぼさつどう》を実践し成仏《じょうぶつ》を目指す。既存の教説を劣《おと》ったものとして「小乗《しょうじょう》」と下すのに対し、自らを「大乗」と誇《ほこ》った。近年の研究ではその定義や成立起源の見直しが図られ、既存の部派《ぶは》仏教の教団内から発生したとする説《せつ》が有力である。

〈注5〉【杜順《とじゅん》・智儼《ちごん》・法蔵《ほうぞう》・澄観《ちょうかん》】杜順（五五七年〜六四〇年）。法順《ほうじゅん》ともいう。中国華厳宗《けごんしゅう》の第一祖とされた。唐《とう》の太宗《たいそう》から崇敬《すうけい》された。智儼に法を伝えた。

智儼《ちごん》（六〇二年〜六六八年）は唐《とう》の僧《そう》で、一般には杜順《とじゅん》に続く華厳宗《けごんしゅう》第二祖とされる。弟子に法蔵《ほうぞう》がいる。

法蔵《ほうぞう》（六四三年〜七一二年）は唐《とう》の僧《そう》で、華厳宗《けごんしゅう》第三祖とされる。華厳教学の大成者《たいせいしゃ》といわれる。

澄観《ちょうかん》（七三八年〜八三九年）は唐《とう》の僧《そう》で、華厳宗《けごんしゅう》の第四祖に位置づけられる。五台山清涼《ごだいさんしょうりょう》寺《じ》に住んだことから、清涼国師《こくし》と呼ばれた。実叉難陀《じっしゃなんだ》が訳《やく》した八十巻の華厳経《けごんぎょう》を研究し、『華厳経疏《けごんぎょうしょ》』『華厳経随疏演義抄《けごんぎょうずいしょえんぎしょう》』などを著《あらわ》した。

〈注6〉**【玄奘《げんじょう》・慈恩《じおん》（基《き》）・智周《ちしゅう》・智昭《ちしょう》】** 玄奘（六〇二年〜六六四年、生年には六〇〇年説など諸説がある）は、中国・唐《とう》の初期の僧《そう》。唯識《ゆいしき》思想を究めようとインドへ経典を求めて旅し、多くの経典を伝えるとともに翻訳《ほんやく》を一新した。主著に旅行記『大唐西域記《だいとうさいいきき》』がある。弟子の慈恩が立てた法相宗《ほっそうしゅう》で祖とされる。

慈恩《じおん》（六三二年〜六八二年）は唐《とう》の僧《そう》で、大乗基《だいじょうき》ともいう。玄奘《げんじょう》の弟子で、法相宗《ほっそうしゅう》の開創《かいそう》者《しゃ》。長安《ちょうあん》（現在の陝西省西安《せんせいしょうせいあん》）の大慈恩寺に住んだので、慈恩大師《だいし》と称《しょう》される。

智周《ちしゅう》（六六八年〜七二三年）は、中国・唐《とう》の法相宗《ほっそうしゅう》の僧《そう》。慈恩《じおん》の弟子の慧沼《えしょう》に師事して唯《ゆい》識《しき》を学び、濮陽《ぼくよう》（河南省《かなんしょう》北東部の濮陽市）の報城寺《ほうじょうじ》で活動した。日本から唐へ渡った玄昉《げんぼう》に法を伝えた。

智昭《ちしょう》（生没年不詳）は法相宗《ほっそうしゅう》の僧《そう》。智鳳《ちほう》または道昭《どうしょう》のことと思われるが、詳細は不明。

〈注7〉**【興皇《こうおう》（法朗《ほうろう》）・嘉祥《かじょう》（吉蔵《きちぞう》）】** 興皇（五〇七年〜五八一年）は、中国・南北朝《なんぼくちょう》時代の三《さん》論宗《ろんしゅう》の僧《そう》・法朗のこと。建康《けんこう》（南京《なんきん》）の興皇寺に住んだので興皇と呼ばれる。吉蔵の師。

嘉祥《かじょう》（五四九年〜六二三年）は、隋《ずい》・唐《とう》の僧《そう》、吉蔵《きちぞう》のこと。三論《さんろん》教学を大成《たいせい》した。嘉祥寺に居住したので嘉祥大師《だいし》と称《しょう》された。主著に『法華義疏《ほっけぎしょ》』がある。

〈注8〉**【善無畏《ぜんむい》・金剛智《こんごうち》・不空《ふくう》・弘法《こうぼう》（空海《くうかい》）・慈覚《じかく》（円仁《えんにん》）・智証《ちしょう》（円珍《えんちん》）】** 善無畏（六三七年〜七三五年）は東インド出身で、大日経《だいにちきょう》・蘇悉地経《そしつじきょう》などを訳《やく》し、中国に初めて体系的な密教《みっきょう》をもたらした。

金剛智《こんごうち》（六七一年～七四一年）は、中《ちゅう》インド（ガンジス川中流域の古代インドの文化の中心）あるいは南インドの出身で、金剛頂経《こんごうちょうきょう》（金剛頂瑜伽中略出念誦経《こんごうちょうゆがちゅうりゃくしゅつねんじゅきょう》）などを訳《やく》し、中国に初めて金剛頂経系統の密教《みっきょう》をもたらした。

不空《ふくう》（七〇五年～七七四年）は、北インド（一説にスリランカ）の生まれで、金剛智《こんごうち》の弟子。唐《とう》に渡り、金剛頂経《こんごうちょうきょう》（金剛頂一切如来真実摂大乗現証大教王経《こんごうちょういっさいにょらいしんじつしょうだいじょうげんしょうだいきょうおうぎょう》）など百部百四十三巻におよぶ多くの経典を訳《やく》した。

弘法《こうぼう》（七七四年～八三五年）は、平安《へいあん》初期の僧《そう》・空海《くうかい》のこと。唐《とう》に渡り恵果《けいか》の付法《ふほう》を受け、密教《みっきょう》を体系的に日本に伝える。大日経《だいにちきょう》系と金剛頂経《こんごうちょうきょう》系の密教を一体化し、真言宗《しんごんしゅう》を開《かい》創《そう》した。高野山《こうやさん》に金剛峯寺《こんごうぶじ》を築《きず》き、また嵯峨天皇《さがてんのう》から京都《きょうと》の東寺《とうじ》を与えられた。

慈覚《じかく》（七九四年～八六四年）は、第三代天台座主《てんだいざす》・円仁《えんにん》のこと。唐《とう》から蘇悉地経《そしつじきょう》などを伝え最新の密教《みっきょう》をもたらして、天台宗《てんだいしゅう》の密教（台密《たいみつ》）を真言宗《しんごんしゅう》に匹敵《ひってき》するものとした。法華経と密教は理において同じだが事相《じそう》においては密教が勝《まさ》るという「理同事勝《りどうじしょう》」の説《せつ》に立った。また、五台山《ごだいさん》の念仏三昧《ねんぶつざんまい》を始めたことで、これが後の比叡山《ひえいざん》における浄土《じょうど》信仰の起源となった。

智証《ちしょう》（八一四年～八九一年）は、第五代天台座主《てんだいざす》・円珍《えんちん》のこと。円仁《えんにん》が進めた天台宗《てんだいしゅう》の密《みっ》教化《きょうか》をさらに推進した。密教が理法《りほう》・事相《じそう》ともに法華経に勝《まさ》るという「理事倶勝《りじくしょう》」の立場に立った。円珍の後、日本天台宗では、比叡山延暦寺《ひえいざんえんりゃくじ》を中心とする円仁門下と三井園城寺《みいおんじょうじ》を中心とする円珍門下との対立が深まり、十世紀末に分裂《ぶんれつ》し、それぞれ山門派《さんもんは》、寺門派《じもんは》と呼ばれる。

なお、ここで天台宗《てんだいしゅう》の慈覚《じかく》・智証《ちしょう》を真言宗《しんごんしゅう》の僧《そう》として挙《あ》げられているのは、本抄で後に詳説されるように、この両者が天台宗の密教化《みっきょうか》を推《お》し進め、天台法華宗《ほっけしゅう》の僧というよりも真言宗の僧という立場に実質上なっていたからだと拝《はい》される。

〈注9〉**【達磨《だるま》・慧可《えか》・慧能《えのう》】**達磨（生没年不詳）は、サンスクリットのボーディダルマを音写した菩提《ぼだい》達磨の略。南インド出身で、中国禅宗《ぜんしゅう》の祖とされる。慧可（四八七年～五九三年）は、南北朝時代から隋《ずい》の僧《そう》。達磨の弟子で、禅宗第二祖とされる。慧能（六三八年～七一三年）は、唐《とう》の僧。

禅宗《ぜんしゅう》では、第五祖とされる弘忍《こうにん／ぐにん》（六〇一年～六七四年）の後、弟子の神秀《じんしゅう》（？～七〇六年）が唐《とう》の則天武后《そくてんぶこう》など王朝の帰依《きえ》を受け、その弟子の普寂《ふじゃく》（六五一年～七三九年）が神秀を第六祖とし、この一門が全盛《ぜんせい》を誇《ほこ》った。しかし、神会《じんね》（六八四年～七五八年）がこれに異《い》を唱え、慧能《えのう》が達磨《だるま》からの正統で第六祖であると主張したことで、慧能派の南宗《なんしゅう》と神秀派の北《ほく》宗《しゅう》とに対立した。日本に伝わった臨済宗《りんざいしゅう》や曹洞宗《そうとうしゅう》は、南宗の流れをくむ。

〈注10〉**【道綽《どうしゃく》・善導《ぜんどう》・懐感《えかん》・源空《げんくう》（法然《ほうねん》）】**道綽（五六二年～六四五年）は、中国・隋《ずい》から唐《とう》にかけての浄土教《じょうどきょう》の祖師。釈尊《しゃくそん》の教えを聖道門《しょうどうもん》（浄土教以外の教え）と浄土門《じょうどもん》に分け、聖道門を誹謗《ひぼう》した。主書に『安楽集《あんらくしゅう》』がある。

善導《ぜんどう》（六一三年～六八一年）は、唐《とう》の浄土教《じょうどきょう》の祖師。道綽《どうしゃく》の弟子。主著に『観無量寿経《かんむりょうじゅきょう》疏《しょ》』『往生礼讃偈《おうじょうらいさんげ》』などがある。

懐感《えかん》（生没年不詳）は、唐《とう》の浄土教《じょうどきょう》の僧《そう》。善導《ぜんどう》に師事し、念仏三昧《ねんぶつざんまい》を証得《しょうとく》したという。主著に『釈浄土群疑論《しゃくじょうどぐんぎろん》』がある。

源空《げんくう》（一一三三年～一二一二年）は、平安《へいあん》末期から鎌倉《かまくら》初期の僧《そう》で、日本浄土宗《じょうどしゅう》の開祖・法然《ほうねん》のこと。伝統的な一切《いっさい》の教行《きょうぎょう》の価値を否定し専修念仏《せんじゅねんぶつ》を創唱した。これは善導《ぜんどう》の影響を大きく受けている。『選択本願念仏集《せんちゃくほんがんねんぶつしゅう》（選択集《せんちゃくしゅう》）』を著《あらわ》した。

〈注11〉【華厳経《けごんぎょう》】詳しくは大方広仏華厳経《だいほうこうぶつけごんぎょう》という。漢訳には、中国・東晋《とうしん》の仏駄跋陀羅《ぶっだばっだら》訳《やく》の六十華厳（旧訳《くやく》）、唐《とう》の実叉難陀《じっしゃなんだ》訳の八十華厳（新訳）、唐の般若《はんにゃ》訳の四十華厳の三種がある。無量《むりょう》の功徳《くどく》を完成した毘盧遮那仏《びるしゃなぶつ》の荘厳《そうごん》な覚《さと》りの世界を示そうとした経典であるが、仏の世界は直接に説《と》くことができないので、菩薩《ぼさつ》の時の無量の修行（五十二位《ごじゅうにい》）を説き、間《かん》接的《せってき》に表現している。

〈注12〉【大日経《だいにちきょう》】大毘盧遮那成仏神変加持経《だいびるしゃなじょうぶつじんぺんかじきょう》のこと。中国・唐《とう》の善無畏《ぜんむい》・一行《いちぎょう》の共訳《きょうやく》。七巻。最初のまとまった密教《みっきょう》経典であり、曼荼羅《まんだら》（胎蔵《たいぞう》曼荼羅）の作成法やそれに基《もと》づく修行法などを説《と》く。

〈注13〉【楞伽経《りょうがきょう》】漢訳には四種ある。釈尊《しゃくそん》が楞伽島《りょうがとう》（スリランカ）で説《と》いたという設定の経典で、唯識説《ゆいしきせつ》や仏性説《ぶっしょうせつ》が説かれている。初期の禅宗《ぜんしゅう》で重視された。

〈注14〉【帝釈天《たいしゃくてん》】古代インドの神話において、雷神《らいじん》で天帝とされるインドラのこと。帝釈天は「天帝である釈（シャクラ）という神」の意。梵天《ぼんてん》とともに仏法を守護《しゅご》する諸天善神《しょてんぜんじん》とされた。須弥山《しゅみせん》の頂上にある忉利天《とうりてん》の主として、三十二の神々を統率《とうそつ》する。

第4章　涅槃経《ねはんぎょう》の誡《いまし》め

（御書二九四ジペー五行目〜十五行目）

私たち凡夫《ぼんぷ》にとっては、どの師であっても、信ずるなら、不足があるはずはない。尊敬して信ずるのがよいだろうが、私自身の疑問《ぎもん》は晴れない。

世間を見ると、それぞれが「自分こそ第一」と言っているが、国主はただ一人である。国主が二人になると、その国土は穏《おだ》やかでない。一家に二人の主人がいると、その家は必ず乱《みだ》れる。あらゆる経もまたこれと同じではないだろうか。どの経であるにしても、ただ一つの経だけが、あらゆる経の中の大王であるのだろう。ところが、十宗《じっしゅう》、七宗《しちしゅう》に至《いた》るまで、それぞれ対立・論争《ろんそう》して、互《たが》いに従《したが》わない。国に七人、十人の大王がいては、民衆はみな穏やかではないだろう。

どうすればいいかと思い迷《まよ》って、私は一つの誓願《せいがん》を立てた。「自分は八宗《はっしゅう》や十宗《じっしゅう》〈注1〉には従《したが》わないでおこう」と。天台大師《てんだいだいし》（智顗《ちぎ》）〈注2〉が経文だけを師匠として釈尊《しゃくそん》の全経典の勝劣《しょうれつ》を判断したように、あらゆる経に目を通してみると、涅槃経《ねはんぎょう》〈注3〉という経には「法を依《よ》りどころにしなさい。人を依りどころにしてはならない（依法不依人《えほうふえにん》）」とある。「法を依りどころにする」の「法」というのはあらゆる経のことであり、「人を依りどころにしてはならない」の「人」というのは、仏以外の、普賢菩薩《ふげんぼさつ》〈注4〉や文殊師利菩薩《もんじゅしり》〈注5〉から始まって、先に挙《あ》げた諸宗《しょしゅう》の学者に至《いた》るまでの人々のことである。

この涅槃経《ねはんぎょう》には「了義経《りょうぎきょう》〈注6〉を依《よ》りどころにしなさい。不了義経《ふりょうぎきょう》を依りどころにしてはならない」ともある。この経の趣旨《しゅし》からすると、「了義経」というのは法華経であり、「不了義経」というのは華厳経《けごんぎょう》・大日経《だいにちきょう》・涅槃経などといった、已今当《いこんとう》〈注7〉のあらゆる経である。

それ故《ゆえ》、仏の遺言《ゆいごん》を信ずるなら、法華経だけを曇《くも》りのない鏡《かがみ》として、あらゆる経の真意を知らなければならないのである。

◇注　解◇

〈注1〉【八宗《はっしゅう》や十宗《じっしゅう》】奈良《なら》時代までに伝わった倶舎《くしゃ》・成実《じょうじつ》・三論《さんろん》・法相《ほっそう》・律《りつ》・華厳《けごん》という南都六宗《なんとろくしゅう》に、平安《へいあん》初期に成立した天台《てんだい》・真言《しんごん》の二宗を加えて八宗、さらに平安末期に成立した浄土《じょうど》・禅《ぜん》の二宗を加えた十宗を指す。

〈注2〉【天台大師《てんだいだいし》（智顗《ちぎ》）】五三八年〜五九七年。中国の梁《りょう》・陳《ちん》・隋《ずい》の僧《そう》で、中国天台宗《てんだいしゅう》の事実上の開祖・智顗のこと。智者大師《ちしゃだいし》と称《たた》えられる。『法華文句《ほっけもんぐ》』『法華玄義《ほっけげんぎ》』『摩訶止観《まかしかん》』を講述《こうじゅつ》して、法華経を宣揚《せんよう》するとともに、観心《かんじん》の修行である一念三千《いちねんさんぜん》の法門を説《と》いた。

〈注3〉【涅槃経《ねはんぎょう》】大般涅槃経《だいはつねはんぎょう》のこと。釈尊《しゃくそん》の臨終《りんじゅう》を舞台《ぶたい》にした大乗《だいじょう》経典。中国・北涼《ほくりょう》の曇《どん》無讖訳《むしんやく》の四十巻本（北本《ほっぽん》）と、北本をもとに宋《そう》の慧観《えかん》・慧厳《えごん》・謝霊運《しゃれいうん》らが改編した三十六巻本（南本《なんぽん》）がある。釈尊滅後《めつご》の仏教教団の乱《みだ》れや正法《しょうほう》を誹謗《ひぼう》する者を予言し、その中にあって、正法を護持《ごじ》していくことを訴《うった》えている。また、仏身《ぶっしん》が常住《じょうじゅう》であるとともに、あらゆる衆生《しゅじょう》に仏性《ぶっしょう》がある（一切衆生悉有仏性《いっさいしゅじょうしつうぶっしょう》）と説《と》いている。

〈注4〉【普賢菩薩《ふげんぼさつ》】普賢はサンスクリットのサマンタバドラの訳《やく》。「あらゆる点ですぐれている」の意で、仏のもつすぐれた特性（特に実践面）を人格化《じんかくか》した菩薩。仏像などでは、白《はく》象《ぞう》に乗った姿《すがた》で釈尊《しゃくそん》の向かって右に配される。法華経では普賢菩薩勧発品《ふげんぼさつかんぼっぽん》第二十八で登場し、法華経の修行者を守護《しゅご》する誓《ちか》いを立てる。

〈注5〉【文殊師利菩薩《もんじゅしりぼさつ》】文殊師利は、サンスクリットのマンジュシュリーの音写。直訳《ちょくやく》すると、「うるわしい輝《かがや》きをもつ者」。仏の智慧《ちえ》を象徴する菩薩で、仏像などでは獅子《しし》に乗った姿《すがた》で釈尊《しゃくそん》の向かって左に配される。法華経では、弥勒《みろく》菩薩・薬王《やくおう》菩薩とともに、菩薩の代表として登場する。

〈注6〉【了義経《りょうぎきょう》】意味が明瞭《めいりょう》な経典の意。釈尊《しゃくそん》が真意を説《と》いた経をいう。そうでない経典を「不了義経《ふりょうぎきょう》」という。

〈注7〉【已今当《いこんとう》】已《い》は過去、今《こん》は現在、当《とう》は未来をさす。法華経法師品《ほっしほん》第十に「我《わ》が説《と》く所《ところ》の経典は無量千万億《むりょうせんまんのく》にして、已《すで》に説き、今《いま》説き、当《まさ》に説くべし。而《しか》も其《そ》の中《なか》に於《お》いて、此《こ》の法華経は最も為《こ》れ難信難解《なんしんなんげ》なり」（法華経三六二㌻）とある。これについて、天台大師《てんだいだいし》智顗《ちぎ》は『法華文句《ほっけもんぐ》』で、過去の説法《せっぽう》（已説）とは、法華経以前に説かれた、いわゆる爾前《にぜん》の諸経、現在の説法（今説）とは法華経と同時期の無量義経《むりょうぎきょう》、未来の説法（当説）とは法華経より後に説かれた涅槃経《ねはんぎょう》などをさすと解釈している。

第5章　法華経と諸経《しょきょう》の勝劣《しょうれつ》

（御書二九四ページ十六行目〜二九五ページ十二行目）

これにしたがって法華経の文《もん》を見てみれば、「この法華経はあらゆる経の中で、その最上位にある」（安楽行品《あんらくぎょうほん》）とある。この経文のとおりであれば、須弥《しゅみ》山《せん》〈注1〉の頂上に帝釈天《たいしゃくてん》が住むように、転輪聖王《てんりんじょうおう》〈注2〉の頭上に如意宝珠《にょいほうしゅ》〈注3〉があるように、多くの木の梢《こずえ》に月がかかるように、諸仏《しょぶつ》の頭上に肉がもりあがっている〈注4〉ように、この法華経は華厳経《けごんぎょう》・大日経《だいにちきょう》・涅槃経《ねはんぎょう》などのあらゆる経の頂上にある如意宝珠である。

それ故《ゆえ》、インドの大学者、中国・日本の学者に従《したが》わずに経文によるなら、大《だい》日経《にちきょう》や華厳経《けごんぎょう》などより法華経が優《すぐ》れていると分かる。それは、太陽が青空に出現した時、物事の道理が分かる人には天が上で地が下だとすぐ分かるように、法華経と諸経《しょきょう》の優劣《ゆうれつ》も天地と変わりがない。

また、大日経《だいにちきょう》や華厳経《けごんぎょう》などをはじめとするあらゆる経を見ても、この法華経の文《もん》に似《に》た文は一字もない。いずれも、小乗経《しょうじょうきょう》に対して大乗経《だいじょうきょう》との勝劣《しょうれつ》を説《と》いたり、あるいは世間の慣習上《かんしゅうじょう》の真理に対して仏法の究極的な真理〈注5〉が優《すぐ》れていることを説いたり、あるいは空諦《くうたい》・仮諦《けたい》に属《ぞく》するさまざまなものに対して中道《ちゅうどう》〈注6〉が優れていることを賞讃《しょうさん》しているだけである。

譬《たと》えて言えば、小さな国の王が、自分の国の臣下《しんか》に対して大王と自ら名乗るようなものである。これに対して、法華経は、あらゆる王に対して大王であるなどと言うのである。

ただし、涅槃経《ねはんぎょう》だけには法華経に似《に》た文《もん》がある。そのため、天台大師《てんだいだいし》（智《ち》顗《ぎ》）以前の中国の南北の学者たち〈注7〉は迷《まよ》って、法華経は涅槃経に劣《おと》ると言った。

しかし、経文を見てみれば、涅槃経《ねはんぎょう》には、無量義経《むりょうぎきょう》〈注8〉のように華厳時《けごんじ》・阿含時《あごんじ》・方等時《ほうどうじ》・般若時《はんにゃじ》〈注9〉など四十年余《あま》りにわたって釈尊《しゃくそん》が説《と》いた諸経《しょきょう》を挙《あ》げて、これらを涅槃経自体と比較《ひかく》して涅槃経の方が優《すぐ》れていると説いて、一方、法華経と比較する時は、「この涅槃経が説かれたのは〈中略〉法華経の中で八千人の声聞《しょうもん》が未来に成仏《じょうぶつ》するという保証《ほしょう》を仏から授《さず》けられたことは、大きな果実《かじつ》が実ったようなものである。秋に収穫《しゅうかく》し冬になって蔵《くら》に収《おさ》め、それを終えればもうすることはないようなものである」と説いている。これは涅槃経自体が「涅槃経は法華経には劣《おと》る」と説いた経文である。

このように経文は明確であるが、中国の南北の智慧《ちえ》の優《すぐ》れた人たちが迷《まよ》っていた経文であるから、末法《まっぽう》〈注10〉の今の時代に仏法を学ぶ者はよくよく経文を注意深《ちゅういぶか》く読まなければならない。この経文によって、ただ法華経と涅槃経《ねはんぎょう》との勝劣《しょうれつ》だけでなく、十方《じっぽう》の世界で説《と》かれたあらゆる経の勝劣も分かるのである。

しかし、経文には迷《まよ》ったとしても、天台大師《てんだいだいし》・妙楽《みょうらく》大師（湛然《たんねん》）〈注11〉・伝教《でんぎょう》大師（最澄《さいちょう》）〈注12〉があらゆる経の勝劣《しょうれつ》を判定《はんてい》された後は、その判定を見ることができる人々であれば当然分かっているはずである。それなのに、天台宗《てんだいしゅう》の人である慈覚《じかく》（円仁《えんにん》）・智証《ちしょう》（円珍《えんちん》）でも、この経文が分かっていない。まして他宗の人々についてはなおさらである。

◇注　解◇

〈注1〉【須弥山《しゅみせん》】古代インドの宇宙観で、一つの世界の中心にあると考えられている巨大な山。須弥山の麓《ふもと》の海の東西南北に四つの大陸があって、一つの世界を構成する。須弥山の頂上は六欲天《ろくよくてん》のうち第二天の忉利天《とうりてん》に位置しており、ここに帝釈天《たいしゃくてん》が忉利天の主として地上世界を支配して住んでいる。

〈注2〉【転輪聖王《てんりんじょうおう》】古代インドの伝承《でんしょう》で、全世界を統治するとされる理想の王のこと。

〈注3〉【如意宝珠《にょいほうしゅ》】意のままに宝物《ほうもつ》や衣服、食物《しょくもつ》などを取り出すことができるという宝の珠《たま》のこと。

〈注4〉【肉がもりあがっている】仏がそなえる三十二相《さんじゅうにそう》の一つ肉髻《にっけい》のこと。頭の頂上の肉が高く隆起《りゅうき》して髻《もとどり》（髪《かみ》を束《たば》ねたところ）のようになっている。

〈注5〉【世間の慣習上《かんしゅうじょう》の真理……仏法の究極的な真理】御書本文は、「俗諦《ぞくたい》」「真諦《しんたい》」（二九五ジペー）。俗諦とは、世間一般で認《みと》められている真理を意味する。真諦とは、世間では明らかにされていない仏法独自《どくじ》の真理のこと。

〈注6〉【空諦《くうたい》・仮諦《けたい》……中道《ちゅうどう》】空諦はすべてのものには固定的な実体がないと見る見方。仮諦はすべてのものを仮に現れたものと見る見方。中道は物事の真実の在《あ》り方《かた》をとらえた見方。

〈注7〉**【中国の南北の学者たち】**中国・南北朝《なんぼくちょう》時代における仏教の十人の学者を指す。長《ちょう》江《こう》（揚子江《ようすこう》）流域の南地に三師、黄河《こうが》流域の北地に七師がいたので、「南三北七《なんさんほくしち》」と呼ばれる。十師はそれぞれ依《よ》って立つ経論を掲《かか》げ、それを宣揚《せんよう》する教判《きょうはん》を立て、優劣を競っていた。その全体的な傾向《けいこう》を、日蓮大聖人は「撰時抄《せんじしょう》」で「しかれども大綱《たいこう》は一同なり所謂一《いわゆるいち》代聖教《だいしょうぎょう》の中には華厳経《けごんぎょう》第一・涅槃経《ねはんぎょう》第二・法華経第三なり」（御書二六一ページ）とされている。天台大師智顗《てんだいだいしちぎ》はこれら南三北七の主張を批判《ひはん》し、五時《ごじ》の教判を立て、法華経の正義を宣揚した。

〈注8〉**【無量義経《むりょうぎきょう》】**中国・南北朝《なんぼくちょう》時代の斉《せい》の曇摩伽陀耶舎《どんまかだやしゃ》訳《やく》。一巻。法華経序品《じょほん》第一には、釈尊《しゃくそん》は「無量義」という名の経典を説《と》いた後、無量義処三昧《むりょうぎしょざんまい》に入ったという記述（法華経七五・七六ページ）があり、その後、法華経の説法《せっぽう》が始まる。中国では、この序品で言及《げんきゅう》される「無量義」という名の経典が「無量義経」と同一視され、法華経を説くための準備として直前に説かれた経典（開経《かいきょう》）と位置づけられた。

〈注9〉**【華厳時《けごんじ》・阿含時《あごんじ》・方等時《ほうどうじ》・般若時《はんにゃじ》】**天台宗《てんだいしゅう》が立てる五時教判《ごじきょうはん》において、最後の法《ほっ》華涅槃時《けねはんじ》を除《のぞ》くそれ以前の四時に当たる。天台大師《だいし》は中国に伝来していた諸経典を原則的にすべて釈尊《しゃくそん》が説《と》いたものと見なし、記述内容に応《おう》じて大きく五つに分類し、釈尊の教化《きょうけ》上《じょう》の意味を推定してそれらを位置づけた。この天台大師の分類を整理したのが五時教判である。五時教判では諸経典を、華厳・阿含・方等・般若・法華涅槃の五時に分類した。

〈注10〉【末法《まっぽう》】仏の滅後《めつご》、その教えの功力《くりき》が消滅《しょうめつ》する時期をいう。仏の教えだけが存在して、それを学び修行する者や覚《さと》りを得る者がいない時期とされる。

日蓮大聖人の御在世《ございせ》当時は、釈尊滅後《しゃくそんめつご》正法《しょうほう》一千年、像法《ぞうほう》一千年を過《す》ぎて末法《まっぽう》に入るという説《せつ》が用《もち》いられていた。

したがって、『周書異記《しゅうしょいき》』にあるように釈尊《しゃくそん》の入滅《にゅうめつ》を、周《しゅう》の穆王《ぼくおう》五十二年（紀元前九四九年）として正像《しょうぞう》二千年説《せつ》を用いると、永承《えいしょう》七年（一〇五二年）が末法《まっぽう》の到来《とうらい》となる（ただし釈尊の入滅の年代については諸説がある）。それによると大聖人の出世は釈尊滅後《めつご》およそ二千二百年に当たるから、末法の始めの五百年中に御出現されたことになる。

末法《まっぽう》の年代について『中観論疏《ちゅうがんろんしょ》』などには釈尊滅後《しゃくそんめつご》二千年以後一万年としている。大聖人は、末法万年の外《ほか》・尽未来際《じんみらいさい》とされている。弘長《こうちょう》二年（一二六二年）御述作《ごじゅっさく》の「教機時国抄《きょうきじこくしょう》」に「仏の滅後の次の日より正法《しょうほう》一千年は持戒《じかい》の者は多く破戒《はかい》の者は少《すく》し正法一千年の次の日より像法《ぞうほう》一千年は破戒の者は多く無戒《むかい》の者は少《すく》し、像法一千年の次の日より末法一万年は破戒の者は少《すく》く無戒の者は多し……又《また》当世は末法に入《い》って二百一十余《よ》年なり」（御書四三九ページ）と述べられている。

大集経《だいじっきょう》では、「闘諍堅固《とうじょうけんご》」（僧《そう》は戒律《かいりつ》を守らず、争《あらそ》いばかり起こして邪見《じゃけん》がはびこる時代）で、「白法隠没《びゃくほうおんもつ》」（釈尊の仏法が見失《みうしな》われる時代）であるとされる。

〈注11〉【妙楽大師《みょうらくだいし》（湛然《たんねん》）】七一一年〜七八二年。中国・唐《とう》の僧《そう》・湛然のこと。中国天台宗《てんだいしゅう》の中興《ちゅうこう》の祖。天台大師の著作に対する注釈書『法華玄義釈籤《ほっけげんぎしゃくせん》』『法華文句記《ほっけもんぐき》』『止観輔行伝《しかんぶぎょうでん》弘決《ぐけつ》』などを著《あらわ》した。晋陵郡荊渓《しんりょうぐんけいけい》（現在の江蘇省宜興市《こうそしょうぎこうし》）の出身で荊渓とも呼ばれ、妙楽寺《みょうらくじ》に居住したとされるので、後世、妙楽大師と呼ばれた。

〈注12〉【伝教大師《でんぎょうだいし》（最澄《さいちょう》）】七六七年あるいは七六六年〜八二二年。平安《へいあん》初期の僧《そう》・最澄のこと。日本天台宗《てんだいしゅう》の開祖。比叡山《ひえいざん》（後の延暦寺《えんりゃくじ》、現在の滋賀《しが》県大津《おおつ》市）を拠点《きょてん》として修行し、その後、唐《とう》に渡り天台教学と密教《みっきょう》を学ぶ。帰国後、法華経を根本とする天台宗を開創《かいそう》した。晩年は大乗戒壇《だいじょうかいだん》の設立を目指して諸宗から反発にあうが、没後《ぼつご》七日目に勅許《ちょっきょ》が下り、実現した。主著に『守護国界章《しゅごこっかいしょう》』『顕戒論《けんかいろん》』『法華秀句《ほっけしゅうく》』など。

第6章　法華経が最第一《さいだいいち》

（御書二九五ジペー十三行目〜二九六ジペー十五行目）

ある人が疑《うたが》って次のようにいう。中国・日本に渡った経典に限《かぎ》れば、法華経より優《すぐ》れている経はないとしても、インド・竜宮《りゅうぐう》〈注1〉・四王天《しおうてん》〈注2〉、日天《にってん》や月天《がってん》の宮殿《きゅうでん》〈注3〉、忉利天《とうりてん》〈注4〉・都率天《とそつてん》〈注5〉などにはガンジス川の砂ほどの多くの経があるのだから、その中には法華経より優れた経があるかもしれないではないか。

答える。一事から万事《ばんじ》を推察《すいさつ》しなさい。「家から出ずに天下を知る」とはこのことである。

愚《おろ》か者《もの》は疑《うたが》って言うかもしれない。「私たちは南の空《そら》だけを見て東・西・北の三つの空は見ていない。その三方の空には、この太陽とは別の太陽があるかもしれない。山の向こう側《がわ》に煙《けむり》が立ち上《のぼ》るのを見るが、火を見ていないので、煙があるのは間違《まちが》いないにしても火ではないかもしれない」と。もしこのように言う者がいれば、仏法を信ずる心がもともとない一闡提《いっせんだい》〈注6〉の人であると考えなければいけない。機根《きこん》（仏教を信じ理解し実践する宗教的な資質《ししつ》）をもとからまったく欠《か》いている人と言わざるを得ない。

法華経の法師品《ほっしほん》には、釈尊《しゃくそん》が真実の言葉によって、自ら五十年余《あま》りにわたって説《と》いたあらゆる経の勝劣《しょうれつ》を判定《はんてい》して「私が説く経典は無量千万億《むりょうせんまんのく》であり、すで（已）に説いたし、今も説いているし、これからもまさ（当）に説くだろう。これらの中で、この法華経こそ最も難信難解《なんしんなんげ》なのである」とある。

この経文は、釈尊一仏《しゃくそんいちぶつ》だけの説《せつ》であったとしても、等覚《とうがく》〈注7〉の菩薩《ぼさつ》以下のすべての人々は尊重《そんちょう》して信ずべきである。その上、多宝仏《たほうぶつ》〈注8〉が東方から来て、釈尊が説《と》かれたことを「真実である」と保証《ほしょう》し、十方《じっぽう》の世界〈注9〉の仏たちも集まり、釈尊と同じように広く長い舌《した》〈注10〉を梵天《ぼんてん》〈注11〉まで伸《の》ばして正しさを保証されて、その後、それぞれ自分の国土へ帰られたのである。

この「已今当《いこんとう》」の三文字は、釈尊《しゃくそん》の五十年にわたる諸経《しょきょう》、また十方《じっぽう》の世界の三世の仏たちの経を一字も残さずに挙《あ》げて法華経と対比《たいひ》して説《と》かれたものであり、それに対して十方の世界の仏たちが、この法華経の説法《せっぽう》の座《ざ》で保証《ほしょう》のために署名《しょめい》されたのである。

それなのに、それぞれ自らの国土に帰られてから、自分の弟子たちに向かって「法華経より優《すぐ》れた経がある」ともしお説《と》きになったら、その教えを受ける弟子たちは信用するだろうか。

また、（先に触《ふ》れた愚《おろ》か者《もの》が）インド・竜宮《りゅうぐう》・四王天《しおうてん》、また日天《にってん》・月天《がってん》などの宮《きゅう》殿《でん》の中を自分で見てはいないので、そうした中に法華経より優《すぐ》れている経があるかもしれないと疑《うたが》いを起こすなら、次のように反論しよう。それでは、梵《ぼん》

うのか。天《てん》・帝釈《たいしゃく》・日天・月天・四大天王《しだいてんのう》・竜王《りゅうおう》は、法華経の会座《えざ》にはいなかったとい

もしも日天《にってん》・月天《がってん》などの神々が「法華経よりも優《すぐ》れている経がある。あなたはそれを知らないのである」とおっしゃるなら、大うそつきの日天・月天であるにちがいない。

私はこれを責《せ》めて次のように言う。「日天《にってん》・月天《がってん》は大空にいらっしゃるが、私たちが大地の上にいるように、空から落ちてこられることがないのは、絶対《ぜったい》にうそを言わないという最高の不妄語戒《ふもうごかい》の力《ちから》によるのである。もし法華経より優《すぐ》れた経があるなどとおっしゃる大うそがあるなら、おそらくは世界が壊滅《かいめつ》する時代（壊劫《えこう》）〈注12〉に至《いた》らないうちに、大地の上にどうっと落ちてしまうのではないか。無間地獄《むけんじごく》の最も下にある堅固《けんご》な鉄の層《そう》〈注13〉でなければ停止《ていし》することはないだろう。大うそつきの人は、一瞬《いっしゅん》の間も空にあって東西南北を巡《めぐ》ることはできないにちがいない」と。

それにもかかわらず、華厳宗《けごんしゅう》の澄観《ちょうかん》ら、真言宗《しんごんしゅう》の善無畏《ぜんむい》・金剛智《こんごうち》・不空《ふくう》、弘《こう》法《ぼう》（空海《くうかい》）・慈覚《じかく》（円仁《えんにん》）・智証《ちしょう》（円珍《えんちん》）らといった智慧《ちえ》のすぐれた三蔵《さんぞう》や大師《だいし》ら〈注14〉が「華厳経《けごんぎょう》・大日経《だいにちきょう》などは法華経より優《すぐ》れている」と主張されたら、私たち程度《ていど》の者が判断できることではないが、誰もが認《みと》める大道理《だいどうり》に基《もと》づいて考えていけば、どうして彼らが諸仏《しょぶつ》の大敵《たいてき》ではないということがあるだろうか。彼らと比《くら》べれば、提婆達多《だいばだった》〈注15〉や瞿伽梨《くぎゃり》〈注16〉も大したことはない。大天《だいてん》〈注17〉や大慢婆羅門《だいまんばらもん》〈注18〉とは、彼らのことにほかならない。このような人々を信ずる者たちがいるとは、まことに恐《おそ》ろしいことである。

◇注　解◇

〈注1〉**【竜宮《りゅうぐう》】** 竜王が住む宮殿《きゅうでん》のことで、海底にあるとされる。竜は、もとはインドの想像上の生き物ナーガに由来《ゆらい》する。ナーガはコブラなどの蛇《へび》を神格化したもので、水の中に住み、雨を降《ふ》らす力《ちから》があるとされる。中国や日本ではしばしば、うろこや角などをもつ中国における想像上の動物としての竜と混同《こんどう》される。

〈注2〉**【四王天《しおうてん》】** 帝釈天《たいしゃくてん》に仕え、仏法を守護《しゅご》する四天王《してんのう》が住む天。須弥山《しゅみせん》の中腹にある。

〈注3〉**【日天《にってん》や月天《がってん》の宮殿《きゅうでん》】** 日天や月天は、それぞれ太陽と月を神格化したもので、それぞれ日宮殿《にっきゅうでん》（太陽）と月宮殿《がっきゅうでん》（月）に住むとされる。仏法を守護《しゅご》する諸天善神《しょてんぜんじん》とされた。

〈注4〉**【忉利天《とうりてん》】** 欲界《よっかい》（第11章〈注22〉を参照）のうち、天上界に属《ぞく》する部分に六段階（六欲《ろくよく》天《てん》）があるが、その中の第二天で須弥山《しゅみせん》の頂上にある。帝釈天《たいしゃくてん》が住む。

〈注5〉**【都率天《とそつてん》】** 六欲天《ろくよくてん》の第四天のこと。釈尊《しゃくそん》の後を受けて娑婆世界《しゃばせかい》に生まれて人々を教《きょう》化《け》する（一生補処《いっしょうふしょ》）弥勒菩薩《みろくぼさつ》が留《とど》まっているとされる。

〈注6〉**【一闡提《いっせんだい》】** サンスクリットのイッチャンティカの音写。誤《あやま》った欲望《よくぼう》にとらわれて正しい教えを信じようとしない人。不信・謗法《ほうぼう》を悔《く》い改《あらた》めず、無間地獄《むけんじごく》に堕《お》ちるとされる。

〈注7〉**【等覚《とうがく》】** 覚《さと》りが仏とほぼ等しい位《くらい》。菩薩《ぼさつ》としての最高位。

〈注8〉【多宝仏《たほうぶつ》】法華経見宝塔品《けんほうとうほん》第十一で出現し、釈尊《しゃくそん》の説《と》いた法華経が真実であることを保証《ほしょう》した仏。過去世《かこせ》において、成仏《じょうぶつ》して滅度《めつど》した後、法華経が説かれる場所には、自らの全身を安置《あんち》した宝塔が出現することを誓願《せいがん》した。釈尊が宝塔を開くと、多宝如来《にょらい》が座《ざ》しており、以後、嘱累品《ぞくるいほん》第二十二まで、釈尊は宝塔の中で多宝如来と並《なら》んで座《すわ》って、法華経の会座《えざ》を主宰《しゅさい》する。

〈注9〉【十方《じっぽう》の世界】十方とは、東西南北の四方と東北・西南・東南・西北の四維《しい》に、上下を加えたもの。仏教では古代インドの世界観に基《もと》づき、須弥山《しゅみせん》を中心に一つの世界が構成され、それが宇宙に無数にあるとされる。われわれが住む娑婆世界《しゃばせかい》もその一つである。そして、それぞれの世界に仏がいるとされた。

〈注10〉【広く長い舌《した》】仏の舌は柔軟《じゅうなん》で薄《うす》く、また額《ひたい》に届《とど》くほど長く広いとされる。教えがうそではなく真実であることを表す。仏の三十二相《さんじゅうにそう》の一つ。

〈注11〉【梵天《ぼんてん》】梵天（ブラフマー）とは、古代インドの世界観において、世界を創造し宇宙を支配するとされる中心的な神のことで、この神が住む場所のことも梵天という。ここでは後者の意。四層《そう》からなる色界《しきかい》の最下層である初禅天《しょぜんてん》のことで、欲界《よっかい》の頂上である他化自《たけじ》在天《ざいてん》のすぐ上の場所に当たる。

本文で「広く長い舌《した》を梵天《ぼんてん》まで伸《の》ばして」というのは、欲界《よっかい》すべてを越《こ》えるほどの長さということであり、決してうそをつかないことを象徴している。これは法華経如来神力品《りょらいじんりきほん》第二十一に説《と》かれる。

〈注12〉【世界が壊滅《かいめつ》する時代（壊劫《えこう》）】壊劫は、仏教の世界観でこの世界が生成し消滅《しょうめつ》する過程を四つの時期に区分した四劫《しこう》の一つ。四劫とは①成劫《じょうこう》（成立する期間）②住劫《じゅうこう》（存続する期間）③壊劫（崩壊《ほうかい》する期間）④空劫《くうこう》（再び成立するまでの期間）。

〈注13〉【無間地獄《むけんじごく》の最も下にある堅固《けんご》な鉄の層《そう》】仏典では、古代インドの世界観に基《もと》づき、この世界には八つの地獄があり、無間地獄はその最下層に位置し、最も重い罪《つみ》を犯《おか》した者が生まれる最悪の地獄とされる。苦しみが間断《かんだん》なく襲《おそ》ってくるので、無間という。この無間地獄には、鉄の大地と七重の鉄城《てつじょう》と七層の鉄網《てつもう》があるとされる。

〈注14〉【三蔵《さんぞう》や大師《だいし》ら】経《きょう》・律《りつ》・論《ろん》の三つ（三蔵）を習得した大学者を三蔵法師《ほうし》、略して三蔵といい、主にすぐれた訳経僧《やっきょうそう》のことをいう。大師はすぐれた僧に贈《おく》られる称号。

〈注15〉【提婆達多《だいばだった》】サンスクリットのデーヴァダッタの音写。釈尊《しゃくそん》の従兄弟《いとこ》で、はじめは仏弟子《ぶつでし》でありながら、釈尊に敵対して、ついには生きながら地獄《じごく》へ堕《お》ちた大悪人。

〈注16〉【瞿伽梨《くぎゃり》】サンスクリットのコーカーリカの音写。提婆達多《だいばだった》を師として仏弟子《ぶつでし》の舎《しゃ》利弗《りほつ》らを誹謗《ひぼう》し、生きながら地獄《じごく》へ堕《お》ちたという。

〈注17〉【大天《だいてん》】サンスクリットのマハーデーヴァの訳《やく》。釈尊滅後《しゃくそんめつご》二百年（一説に百年）ごろの僧《そう》。彼が阿羅漢《あらかん》にも煩悩《ぼんのう》が起こるなどといった阿羅漢を低く見る説（五事《ごじ》）を唱えたことで激《はげ》しい論争が起こり、それにより仏教教団が大きく二つに分裂《ぶんれつ》したと伝えられる。ただし仏教教団の大分裂（根本分裂《こんぽん》）は、一説によると、律《りつ》に関わる見解の相違《そうい》が起こったことを機にヴァイシャーリーで行われたと伝えられる、第二結集《けつじゅう》の頃《ころ》と考えられている。

〈注18〉【大慢婆羅門《だいまんばらもん》】南インドの摩臘婆国《まろうばこく》のバラモン。生まれながら学問に秀《ひい》でており、仏教の経典と一般の書物を学び尽《つ》くしたが、後に大乗教《だいじょうきょう》を誹謗《ひぼう》し、生きながら地獄《じごく》へ堕《お》ちたという。

第7章　釈尊《しゃくそん》の存命中《ぞんめいちゅう》と正法《しょうほう》時代の難《なん》

（御書二九六ジペー十六行目〜二九八ジペー二行目）

問う。華厳宗《けごんしゅう》の澄観《ちょうかん》、三論宗《さんろんしゅう》の嘉祥《かじょう》（吉蔵《きちぞう》）、法相宗《ほっそうしゅう》の慈恩《じおん》（基《き》）、真言宗《しんごんしゅう》の善無畏《ぜんむい》をはじめとして、弘法《こうぼう》（空海《くうかい》）・慈覚《じかく》（円仁《えんにん》）・智証《ちしょう》（円珍《えんちん》）らを仏の敵《てき》とおっしゃるのか。

答える。これは重大な論難《ろんなん》である。仏法の道に入って直面した最重要の問題である。自分の目で経文を見ると、「法華経よりも優《すぐ》れている経がある」と言う人は、たとえどのような人であっても、謗法《ほうぼう》の罪《つみ》は免《まぬか》れないと説《と》かれている。経文のとおりに言うなら、どうしてこれらの人々が仏敵《ぶってき》でないことがあるだろうか。ところが、もしまた、恐《おそ》れをなしてこれらの学者らが仏敵であることを指摘《してき》しないなら、あらゆる経の勝劣《しょうれつ》はないも同然《どうぜん》となってしまう。

また、これらの人々を恐《おそ》れて、その末流《まつりゅう》の人々を仏敵《ぶってき》であると言おうとすると、それぞれの宗派《しゅうは》の末流の人々は「法華経よりも大日経《だいにちきょう》が優《すぐ》れているというのは、私たちの個人的な考えではない。私たちの宗祖《しゅうそ》たちの教えである。宗祖たちと私たちとでは、戒《かい》を持《たも》つか破《やぶ》るか、智慧《ちえ》が優れているか劣《おと》っているか、身分の上下といった違《ちが》いはあっても、学んでいる法門は宗祖の教えと違ったところはない」と言うので、そうした人々には罪《つみ》がない。

また、私がこのことを知りながら人々を恐《おそ》れて言わないなら、「むしろ命を失《うしな》っても、教えを隠《かく》してはならない」（涅槃経《ねはんぎょう》）という仏の諫《いさ》めを聞き入れない者になってしまう。どうすればよいのか。言おうとすると、世間の迫害《はくがい》が恐ろしい。言うのをやめようとすると、仏の諫めから逃《のが》れることができない。もはやなすすべもない。

こうなるのも当然ではないか。法華経には「しかもこの経は、釈尊《しゃくそん》の存命中《ぞんめいちゅう》でも、なお反発が多い。まして仏が亡《な》くなった後にはなおさらである」（法師品《ほっしほん》）とあり、また「この経は、世間のあらゆる人々が反発することが多く、信ずることがなかなかできない」（安楽行品《あんらくぎょうほん》）とある。

釈尊《しゃくそん》を摩耶夫人《まやふじん》〈注1〉がご懐妊《かいにん》なさった時、第六天《だいろくてん》の魔王《まおう》〈注2〉は摩耶夫人のお腹《なか》を透視《とうし》して、「われらの大敵《たいてき》である法華経という利剣《りけん》を身ごもった。生まれる前に、どのようにして亡《な》きものにできるだろうか」と考えた。第六天の魔王は名医に姿《すがた》を変えて浄飯王《じょうぼんのう》（釈尊の父）の宮殿《きゅうでん》に入り、「安産《あんざん》の良薬《りょうやく》をもっている名医がおります」と声高《こわだか》に宣伝《せんでん》して、后《きさき》（摩耶夫人）に毒《どく》を差し上げたのである。釈尊が生まれた時には石を降《ふ》らせ、乳《ちち》には毒を混《ま》ぜた。釈尊が出家《しゅっけ》して都《みやこ》を出られた時には、黒い毒蛇《どくへび》に変身して道をふさぎ、そのほか、さまざまな妨害《ぼうがい》をし、ついには提婆達多《だいばだった》・瞿伽梨《くぎゃり》・波瑠璃王《はるりおう》〈注3〉・阿闍世王《あじゃせおう》〈注4〉ら悪人の身に入って、大石を投げ落として仏のお体から血を出させたり、釈迦族《しゃかぞく》の人々を殺《ころ》したり、弟子らを殺したりといったことまでした〈注5〉。

これらの大難《だいなん》は、いずれも第六天《だいろくてん》の魔王《まおう》が最終的に釈尊《しゃくそん》に法華経を説《と》かせないでおこうとしてたくらんだものであり、「釈尊の存命中《ぞんめいちゅう》でも、なお反発が多い」と説かれる大難にほかならない。これらは法華経を説くという点では、間《かん》接的《せってき》な障害《しょうがい》である。

直接的な障害《しょうがい》について言えば、舎利弗《しゃりほつ》〈注6〉・目連《もくれん》〈注7〉や大菩薩《だいぼさつ》らも、法華経が説《と》かれるまでの四十年余《あま》りの間は、（法華経を理解し信じる段階になかったので、法華経が説かれないうちに釈尊《しゃくそん》を亡《な》き者にするという意味では）法華経の大敵《たいてき》に含《ふく》まれるのである。

経文には「まして仏が亡《な》くなった後にはなおさらである」とあり、釈尊《しゃくそん》が亡くなった後の未来の時代には、またこの大難《だいなん》にもまさっていっそう恐《おそ》ろしい大難があると説かれている。仏でも耐《た》えがたい大難なのに、凡夫《ぼんぷ》はどうして耐えることができるのか。まして仏が存命中《ぞんめいちゅう》よりも激《はげ》しい大難であるというのである。「どのような大難が、提婆達多《だいばだった》が仏を殺《ころ》そうとして投げ落とした長さ三丈《じょう》（約九・一メートル）、幅《はば》一丈六尺《しゃく》（約四・八五メートル）の大石や、阿闍世王《あじゃせおう》が仏に向かって放った酔《よ》った象《ぞう》〈注8〉を超《こ》えるだろうか」とは思うが、それ以上であるというのであるから、わずかの過失《かしつ》もないのに大難にたびたびあう人こそが釈尊の亡くなった後の法華経の行者《ぎょうじゃ》であると分かるのである。

付法蔵《ふほうぞう》の人々〈注9〉は、四依《しえ》〈注10〉の菩薩《ぼさつ》であり、仏の使いである。提婆《だいば》菩薩〈注11〉は外道《げどう》に殺《ころ》され、師子尊者《ししそんじゃ》〈注12〉は檀弥羅王《だんみらおう》〈注13〉に首を刎《は》ねられ、仏陀密多《ぶっだみった》〈注14〉は十二年間、竜樹《りゅうじゅ》菩薩〈注15〉は七年間、国王を正法《しょうほう》に導《みちび》くために赤い旗《はた》を掲《かか》げ続けたという。馬鳴《めみょう》菩薩〈注16〉は三億《おく》の金銭《きんせん》〈注17〉の代わりとなって敵国《てきこく》に赴《おもむ》き、如意論師《にょいろんじ》は対論《たいろん》の場で不当に負《ま》けと宣告《せんこく》され恥辱《ちじょく》のあまり自決した〈注18〉。これらは、正法《しょうほう》〈注19〉の時代千年の間のことである。

◇注　解◇

〈注1〉【摩耶夫人《まやふじん》】摩耶はサンスクリットのマーヤーの音写。迦毘羅衛国《かびらえこく》（カピラヴァストゥ）の浄飯王《じょうぼんのう》の妃《きさき》。釈尊《しゃくそん》の生母《せいぼ》で、釈尊生誕七日後に亡《な》くなり、かわりに妹の摩訶波闍波提《まかはじゃはだい》（マハープラジャーパティー）が釈尊を養育《よういく》したと伝えられる。

〈注2〉【第六天の魔王《だいろくてんのまおう》】欲界《よっかい》の第六天にいる他化自在天《たけじざいてん》のこと。欲界は、輪廻《りんね》する衆生《しゅじょう》が生存する領域《りょういき》を欲界・色界《しきかい》・無色界《むしきかい》の三界《さんがい》に分けるうちの、一番低い段階。欲界には地上と天上の両方が含《ふく》まれるが、天上は六段階に分かれ、第六天が他化自在天と呼ばれる。また、この第六天に住む神のことも他化自在天と呼ぶ。「他化自在」は、他の者が作り出したものを自由に支配する者の意。釈尊《しゃくそん》が覚《さと》りを開くのを妨害《ぼうがい》したといわれ、三障四魔《さんしょうしま》の中の天子魔《てんしま》とされる。

〈注3〉【波瑠璃王《はるりおう》】サンスクリットのヴィルーダカの音写。釈尊存命中《しゃくそんぞんめいちゅう》のコーサラ国の王。波斯匿王《はしのくおう》の子。波斯匿王は妃《きさき》を迦毘羅衛国《かびらえこく》（カピラヴァストゥ）に求めたが、釈迦族《しゃかぞく》は王の勢力《せいりょく》を恐《おそ》れ、釈摩男《しゃくまなん》の召使《めしつか》いである女が産《う》んだ美女を王女と偽《いつわ》って王に差し出した。この女と波斯匿との間に生まれたのが波瑠璃王である。波瑠璃王は後にこのことを知って激怒《げきど》し、復讐《ふくしゅう》として釈迦族に対し大量殺戮《たいりょうさつりく》を行った。これは釈尊が存命中に受けた九つの難《なん》

（九横《くおう》の大難《だいなん》）の一つに当たる。

〈注4〉【阿闍世王《あじゃせおう》】阿闍世はサンスクリットのアジャータシャトルの音写。釈尊存命中《しゃくそんぞんめいちゅう》のマガダ国の王。父を殺して王位に就《つ》き、提婆達多《だいばだった》にそそのかされて釈尊を迫害《はくがい》したが、後に釈尊に帰依《きえ》した。

〈注5〉【釈尊《しゃくそん》を摩耶夫人《まやふじん》がご懐妊《かいにん》……弟子らを殺《ころ》したりといったことまでした】同趣旨の文《もん》が大集経巻《だいじっきょうまき》二十の宝幢分中相品《ほうどうぶんちゅうそうほん》第五にある。

〈注6〉【舎利弗《しゃりほつ》】サンスクリットのシャーリプトラの音写。釈尊《しゃくそん》の十大弟子の一人で、智《ち》慧《え》第一とされる。法華経譬喩品《ひゆほん》第三で、舎利弗は未来に華光如来《けこうにょらい》に成《な》ると釈尊から保証《ほしょう》された。声聞《しょうもん》の代表とされる。

〈注7〉【目連《もくれん》】サンスクリットのマウドゥガリヤーヤナの音写。目犍連《もっけんれん》ともいう。釈尊《しゃくそん》の十大弟子の一人で、神通《じんずう》（超常的《ちょうじょうてき》な力《ちから》）第一とされる。法華経授記品《じゅきほん》第六で、目連は未来に多摩羅跋栴檀香如来《たまらばっせんだんこうにょらい》に成《な》ると釈尊から保証《ほしょう》された。

〈注8〉【提婆達多《だいばだった》が仏を殺《ころ》そうとして……放った酔《よ》った象《ぞう》】仏伝《ぶつでん》によれば、提婆達多は釈《しゃく》尊《そん》を殺そうとして耆闍崛山《ぎしゃくっせん》（霊鷲山《りょうじゅせん》）から大石を投げ落としたが、地神《ちじん》の手に触《ふ》れたことで釈尊は石を避《さ》けることができた。しかし、破片《はへん》が釈尊の足に当たり親指から血が出たという。これは五逆罪《ごぎゃくざい》のうちの一つ、出仏身血《すいぶっしんけつ》に当たる。

阿闍世王《あじゃせおう》は、提婆達多《だいばだった》を新たに仏にしようとして、象《ぞう》に酒を飲ませて放ち、釈尊《しゃくそん》を踏《ふ》み殺させようとしたという。これは釈尊が存命中《ぞんめいちゅう》に受けた九つの難《なん》（九横《くおう》の大難《だいなん》）の一つに当たる。

〈注9〉**【付法蔵《ふほうぞう》の人々】**釈尊《しゃくそん》から付嘱《ふぞく》された教え（法蔵）を次々に付嘱し、布教していった正法《しょうほう》時代の正師《しょうし》のこと。『付法蔵因縁伝《ふほうぞういんねんでん》』では二十三人とするが、『摩訶止観《まかしかん》』では阿難《あなん》から傍出《ぼうしゅつ》した末田地《までんじ》を加えて二十四人ともする。提婆菩薩《だいばぼさつ》（アーリヤデーヴァ）、師子尊者《ししそんじゃ》（アーリヤシンハ）、仏陀密多《ぶっだみった》（ブッダミトラ）、竜樹《りゅうじゅ》菩薩（ナーガールジュナ）、馬鳴《めみょう》菩薩（アシュヴァゴーシャ）はいずれも付法蔵の一人。

〈注10〉**【四依《しえ》】**仏の亡《な》くなった後に正法《しょうほう》を持《たも》ち広めて人々から信頼《しんらい》され、よりどころとなる四種類の人々のこと。

〈注11〉**【提婆菩薩《だいばぼさつ》】**聖提婆《しょうだいば》（アーリヤデーヴァ）、迦那《かな》提婆ともいう。付法蔵《ふほうぞう》の第十四祖。三世紀ごろの南インドの人で、竜樹《りゅうじゅ》の弟子。南インドで外道《げどう》に帰依《きえ》していた王を破折《はしゃく》したり他学派の論師《ろんじ》を多数破折したが、一人の凶悪《きょうあく》な外道に恨《うら》まれて殺された。主著『百論《ひゃくろん》』は、三論宗《さんろんしゅう》のよりどころとされた。

〈注12〉**【師子尊者《ししそんじゃ》】**アーリヤシンハのこと。付法蔵《ふほうぞう》の最後の人（第二十三祖）。六世紀ごろの中《ちゅう》インドの人。次注を参照。

〈注13〉**【檀弥羅王《だんみらおう》】**北インドの罽賓国《けいひんこく》（カシュミール）の王。仏教を弾圧《だんあつ》し、師子尊者《ししそんじゃ》をはじめ多くの僧《そう》を殺し、寺塔《じとう》を破壊《はかい》した。『付法蔵因縁伝《ふほうぞういんねんでん》』巻《まき》六によると、師子尊者は罽賓国で布教していた時、仏教を弾圧した国王・弥羅掘《みらくつ》によって首を斬《き》られたが、乳《ちち》が流れるだけで、血が出なかったという。『摩訶止観《まかしかん》』巻一では、弥羅掘王を檀弥羅王としている。『景徳伝灯録《けいとくでんとうろく》』巻二によると、師子尊者を斬った後、王の右手は地に落ち、七日のうちに王も死んだという。

〈注14〉【仏陀密多《ぶっだみった》】サンスクリットのブッダミトラの音写。付法蔵《ふほうぞう》の第八祖。インドの提《だい》迦国《かこく》の人。巧《たく》みな方便《ほうべん》を駆使《くし》して衆生《しゅじょう》を教化《きょうけ》し、もろもろの外道《げどう》を論破《ろんぱ》し、その名声は高かったという。『付法蔵因縁伝《ふほうぞういんねんでん》』巻《まき》五および『仏祖統記《ぶっそとうき》』巻五によれば、仏陀密多は、外道を信奉《しんぽう》し三宝《さんぽう》を軽んじる国王を仏法に導《みちび》くため、十二年間、赤い旗《はた》を掲《かか》げて王の前を往来《おうらい》し、ついに王に呼ばれて外道と議論する機会を得て、これを破《やぶ》り、王を改心《かいしん》させたという。

〈注15〉【竜樹菩薩《りゅうじゅぼさつ》】一五〇年～二五〇年ごろ。サンスクリットのナーガールジュナの訳《やく》。インドの仏教思想家。新訳経典では竜猛《りゅうみょう》と訳される。『中論《ちゅうろん》』などで、大乗《だいじょう》仏教の「空《くう》」の思想にもとづいて実在論を批判《ひはん》し、以後の仏教思想・インド思想に大きな影響を与えた。付法蔵《ふほうぞう》の第十三祖とされる。『付法蔵因縁伝《ふほうぞういんねんでん》』巻《まき》五および『仏祖統記《ぶっそとうき》』巻五によれば、竜樹は、邪見《じゃけん》に染《そ》まった南インドの国王を仏法に導《みちび》くため、七年間、赤い旗《はた》を掲《かか》げて王の前を往来《おうらい》し、これを怪《あや》しんだ王と問答する機会を得て、王を教化《きょうけ》したという。

〈注16〉【馬鳴菩薩《めみょうぼさつ》】馬鳴はサンスクリットのアシュヴァゴーシャの訳《やく》。二～三世紀ごろに活躍したインドの仏教思想家・詩人。付法蔵《ふほうぞう》の第十一祖。釈尊《しゃくそん》の一生を美文で綴《つづ》った『仏《ぶっ》所行讃《しょぎょうさん》』などの作品がある。

〈注17〉**【三億《おく》の金銭《きんせん》】**『付法蔵因縁伝《ふほうぞういんねんでん》』巻《まき》五によると、馬鳴菩薩《めみょうぼさつ》が華氏城《けしじょう》（パータリプトラ、現在のパトナ）で弘教《ぐきょう》していたところ、月氏国《げっしこく》のカニシカ王に攻《せ》められた。カニシカ王は和平の条件として身代金《みのしろきん》を要求したが、華氏城の王は、優《すぐ》れた智慧《ちえ》をもつ馬鳴は三億の金銭に当たると言って、馬鳴を月氏国に送った。

〈注18〉**【如意論師《にょいろんじ》は……自決した】**如意論師は大乗《だいじょう》の論師。世親《せしん》（天親《てんじん》、ヴァスバンドゥ）の師といわれる。『大唐西域記《だいとうさいいきき》』巻《まき》二によると、如意論師が百人の論師と討論《とうろん》した時、九十九人が屈服《くっぷく》したが、最後の一人に言葉尻《ことばじり》をとられ、不当にも敗北を宣告《せんこく》された。論師は辱《はずかし》められたことを恥《は》じ、自ら舌《した》をかみ切って死んだという。

〈注19〉**【正法《しょうほう》】**釈尊滅後《しゃくそんめつご》、仏法がどのように受容《じゅよう》されるかについての時代区分（正法・像《ぞう》法《ほう》・末法《まっぽう》の三時）のうちの一つ。仏の教えが正しく行われる時期。教えそのもの（教《きょう》）、それを学び修行すること（行《ぎょう》）、覚《さと》りを開くこと（証《しょう》）の三つがそなわり、成仏《じょうぶつ》する衆生《しゅじょう》がいた時期をいう。

『中観論疏《ちゅうがんろんしょ》』などでは、釈尊滅後《しゃくそんめつご》一千年間とされる。大集経《だいじっきょう》では、始めの五百年を「解脱《げだつ》堅固《けんご》」（衆生《しゅじょう》が小乗《しょうじょう》の教えを学び戒律《かいりつ》を持《たも》って解脱を求めた時代）とし、後の五百年を「禅定《ぜんじょう》堅固」（衆生が大乗《だいじょう》の教えを実践して深く三昧《さんまい》に入り心を静めて思惟《しゆい》の行《ぎょう》を行った時代）とする。

第8章　中国で天台大師《てんだいだいし》が法華経を宣揚《せんよう》

（御書二九八ページ二行目～二九九ページ九行目）

像法《ぞうほう》〈注1〉の時代に入って五百年、釈尊《しゃくそん》が亡《な》くなってから千五百年という時に、中国に一人の智慧《ちえ》のすぐれた人がいた。初めは智顗《ちぎ》と名乗り、後《のち》に智者大師《ちしゃだいし》（天台大師《てんだいだいし》）と呼ばれた。法華経の教えをありのままに広めようと思われた。

この時代には、天台《てんだい》以前の非常に多くの智慧《ちえ》ある人が釈尊《しゃくそん》が一生のうちに説《と》いた教えをさまざまに分類・整理したが、突《つ》き詰《つ》めると十の流派《りゅうは》となっていた。南三北七《なんさんほくしち》と言われるものである。十の流派があったとはいえ、そのうち一つの流派がもっとも支持《しじ》されていた。すなわち、南三の中の第三番にあたる、光宅寺《こうたくじ》の法雲法師《ほううんほっし》〈注2〉である。

この人は、釈尊《しゃくそん》が一生のうちに説《と》いた教えを五つに分けた。その五つの中から三つの経を選び出した。華厳経《けごんぎょう》・涅槃経《ねはんぎょう》・法華経である。そして次のように述べた。「あらゆる経の中では華厳経が第一であり、大王のようなものである。涅槃経は第二で摂政《せっしょう》・関白《かんぱく》〈注3〉のようなものである。第三の法華経はその他の貴族《きぞく》などのようなものである。これより以下は一般の民衆のようなものである」と。

この人は、もともと智慧《ちえ》が優《すぐ》れているうえに、慧観《えかん》・慧厳《えごん》・僧柔《そうにゅう》・慧次《えじ》〈注4〉などといった智慧のすぐれた人に学び、その教えを継承《けいしょう》しただけでなく、南北の諸師《しょし》の主張を論破《ろんぱ》し、山の中に隠栖《いんせい》して法華経・涅槃経《ねはんぎょう》・華厳経《けごんぎょう》の研究を重ねた。その上、梁《りょう》の武帝《ぶてい》〈注5〉は彼を招き、宮中に寺を建て、光宅寺《こうたくじ》と名づけてこの法師《ほっし》を尊崇《そんすう》された。

法雲《ほううん》が法華経を講義すると、まるで釈尊《しゃくそん》が説法《せっぽう》した時のように天から花が降《ふ》った。天監《てんかん》五年（五〇六年）に大干《だいかん》ばつがあった際《さい》、この法雲法師《ほっし》をお招《まね》きして法華経を講義していただいたところ、薬草喩品《やくそうゆほん》の「その雨は等しく四方《しほう》すべてに降る〔其雨普等《ごうふとう》・四方倶下《しほうくげ》〕」という二句《く》を講義なさった時、天から恵《めぐ》みの雨が降ってきたので、皇帝《こうてい》は感動のあまり法雲をその場で僧正《そうじょう》に任命し〈注6〉、神々が帝釈《たいしゃく》に仕え、一般の民衆が国王に対して恐縮《きょうしゅく》するように、法雲に自ら仕えられた。その上、ある人が「この人は過去の日月灯明仏《にちがつとうみょうぶつ》〈注7〉の時から法華経を講義している人である」と夢《ゆめ》に見たという。

法雲《ほううん》の著書に法華経の注釈書《ちゅうしゃくしょ》（『法華経義記《ほけきょうぎき》』〈注8〉）四巻がある。この注釈書の中に「この法華経はいまだ十分ではない」とある。また、法華経の「別の方《ほう》便《べん》〔異《い》の方便〕」（方便品《ほうべんぼん》）という句《く》を法華経そのもののこととして解釈している。法華経がいまだ仏の教えを完全には説《と》いていない経であると紛《まぎ》れもなく書かれているのである。この人の主張が釈尊《しゃくそん》のお心にかなったからこそ、天から花も降《ふ》り、雨も降ったのだろう。このような見事な様子であったので、中国の人々が「こうしてみると、確かに法華経は華厳経《けごんぎょう》や涅槃経《ねはんぎょう》には劣《おと》るのである」と思っただけでなく、新羅《しんら》・百済《ひゃくさい》・高句麗《こうくり》〈注9〉・日本まで、この法雲の注釈書が広まり、おおむね同じ意見であったところに、法雲法師《ほっし》が死去されてそれほど経っていない時に、梁《りょう》の末《すえ》、陳《ちん》〈注10〉の初めに、智顗《ちぎ》法師（天台大師《てんだいだいし》）という一介《いっかい》の僧《そう》が出現した。

この人は南岳大師《なんがくだいし》（慧思《えし》）〈注11〉という人のお弟子であったが、師匠の教えについても不審《ふしん》に思ったのだろうか、あらゆる経を収《おさ》めた蔵《くら》の中に入ってたびたび経典をご覧《らん》になって、華厳経《けごんぎょう》・涅槃経《ねはんぎょう》・法華経の三経を究極のものとして選び出し、この三経の中でも特に華厳経を講義された。華厳経には毘盧遮那仏《びるしゃなぶつ》〈注12〉が説《と》かれるが、この毘盧遮那仏を讃嘆《さんたん》する文章〈注13〉をわざわざ作って日々修行を積《つ》まれたので、世間の人々は「この人も華厳経をあらゆる経の中で第一であるとお考えであるのか」と思っていたが、この人は、法雲法師《ほううんほっし》があらゆる経の中で「華厳経が第一、涅槃経が第二、法華経が第三」と立てたことをあまりにも不審に思ったため、特に華厳経をご覧になっていたのである。

こうして、この人はあらゆる経の中で「法華経が第一、涅槃経《ねはんぎょう》が第二、華厳《けごん》経《ぎょう》が第三」と見極《みきわ》められて、以下のように嘆《なげ》かれた。

「釈尊《しゃくそん》の尊《とうと》い教えは中国に渡ったけれども、人々を利益《りやく》することがない。かえってあらゆる衆生《しゅじょう》を悪道に導《みちび》いている。それは、中国の学者の誤《あやま》りによるものである。同様の例を挙《あ》げれば、一国の支配者が東を西と言い天を地と言い出せば、民衆はみな、そのように心得《こころえ》るにちがいない。後になって身分の低い者が出現して『君たちの思っている西は東であり、君たちの思っている天は地なのである』と言ったら、世間の人々はその言葉を信用しないばかりでなく、国の支配者の思いに合わせようとして、その人を罵《ののし》ったり、殴《なぐ》ったりするにちがいない。どうしたらよいだろうか」とご思案《しあん》なさったが、そのまま黙《だま》っていてはいけないので、「光宅寺《こうたくじ》の法雲法師《ほううんほっし》は謗法《ほうぼう》によって地獄《じごく》へ堕《お》ちた」と強く叫《さけ》ばれた。
その時、南三北七《なんさんほくしち》の学者らは、蜂《はち》のように一斉《いっせい》に騒《さわ》ぎだし、烏《からす》のように寄《よ》り集まった。

◇注　解◇

〈注1〉【像法《ぞうほう》】仏の滅後《めつご》、仏法がどのように受容《じゅよう》されるかについての時代区分（正法《しょうほう》・像法・末法《まっぽう》）のうちの一つ。「像《ぞう》」とは、かたどる・似《に》ているの意味で、形式的に仏法が行われる時代をいう。

〈注2〉【光宅寺《こうたくじ》の法雲法師《ほううんほっし》】四六七年〜五二九年。中国・南北朝《なんぼくちょう》時代の僧《そう》。南三北七《なんさんほくしち》の一人。梁《りょう》の武帝《ぶてい》から帰依《きえ》を受け、光宅寺の寺主に任じられたので、光宅寺法雲と通称される。主著に『法華経義記《ほけきょうぎき》』があり、これに依《よ》って聖徳太子《しょうとくたいし》作と伝えられる『法華義疏《ほっけぎしょ》』は撰述《せんじゅつ》された。

〈注3〉【摂政《せっしょう》・関白《かんぱく》】いずれも天皇《てんのう》を補佐《ほさ》し国政を代行する地位で、平安《へいあん》時代には、天皇が幼少の時は摂政、成人後は関白が置《お》かれた。ここでは、涅槃経《ねはんぎょう》を華厳経《けごんぎょう》に次ぐものとする譬《たと》えとして用《もち》いられている。

〈注4〉【慧観《えかん》・慧厳《えごん》・僧柔《そうにゅう》・慧次《えじ》】いずれも中国・南北朝《なんぼくちょう》時代に南地で活躍した僧《そう》で、名声を博《はく》したと伝えられる。

慧観《えかん》（四〜五世紀、生没年不詳）は南北朝《なんぼくちょう》時代の宋《そう》の僧《そう》で、鳩摩羅什《くまらじゅう》の弟子。南三北七《なんさんほくしち》の一人。教判論《きょうはんろん》の嚆矢《こうし》となる五時教判《ごじきょうはん》を立て、法雲《ほううん》もこれを用いた。この五時では、華厳経《けごんぎょう》を頓教《とんぎょう》（真実を直ちに説《と》く教え）、それ以外の諸経を漸教《ぜんきょう》（順を追って高度な教えに導《みちび》いていく教え）とし、漸教を三乗別教《さんじょうべっきょう》（阿含経《あごんぎょう》など）、三乗通教《つうぎょう》（般若経《はんにゃきょう》など）、抑揚教《よくようきょう》（維摩経《ゆいまきょう》など）、同帰教《どうききょう》（法華経など）、常住教《じょうじゅうきょう》（涅槃経《ねはんぎょう》など）に分ける。また、慧厳《えごん》や謝霊運《しゃれいうん》らと曇無讖《どんむしん》訳《やく》の涅槃経四十巻（北本《ほっぽん》）を一部修正・再編集し、三十六巻本とした。これは南本《なんぽん》と呼ばれ南朝に普及《ふきゅう》した。

慧厳《えごん》（三六三年～四四三年）は同じく宋《そう》の僧《そう》で、鳩摩羅什《くまらじゅう》の弟子。文帝《ぶんてい》から特別の礼遇《れいぐう》を受けた。

僧柔《そうにゅう》（四三一年～四九四年）は南北朝《なんぼくちょう》時代の斉《せい》の僧《そう》で、南三北七《なんさんほくしち》の一人。定林寺《じょうりんじ》に住み、武帝《ぶてい》の子である文恵太子《ぶんけいたいし》・文宣王《ぶんせんおう》の帰依《きえ》を受けた。

慧次《えじ》（四三四年～四九〇年）は同じく斉《せい》の僧《そう》で、南三北七《なんさんほくしち》の一人。特に『成実論《じょうじつろん》』や三論《さんろん》（『中論《ちゅうろん》』『十二門論《じゅうにもんろん》』『百論《ひゃくろん》』）に基《もと》づく中観《ちゅうがん》思想を講義した。法雲《ほううん》も直接教えを受けている。

〈注5〉**【梁《りょう》の武帝《ぶてい》】**四六四年～五四九年。中国・南北朝《なんぼくちょう》時代、梁の初代皇帝《こうてい》・蕭衍《しょうえん》のこと。仏教を保護し、南朝の仏教文化の隆盛《りゅうせい》を築《きず》いた。

〈注6〉**【法雲《ほううん》をその場で僧正《そうじょう》に任命し】**『続高僧伝《ぞくこうそうでん》』巻《まき》五によれば、法雲は普通《ふつう》六年（五二五年）に大僧正に任命されている。

〈注7〉**【日月灯明仏《にちがつとうみょうぶつ》】**釈尊《しゃくそん》より過去世《かこせ》に法華経を説《と》いた仏。法華経序品《じょほん》第一（法華経九〇ページ以下）によれば、釈尊が生まれるはるか過去世に日月灯明仏という名の仏が法華経を説いた。その後も同名の仏が二万現れ、その最後の日月灯明仏に、文殊菩薩《もんじゅぼさつ》は師事した。釈尊は法華経を説く瑞相《ずいそう》として眉間《みけん》から光を放ったが、これは過去に日月灯明仏が法華経を説く際《さい》に表した瑞相と同じであると、文殊は述べている。

〈注8〉【『法華経義記《ほけきょうぎき》』】法雲《ほううん》の法華経の講義を、その弟子が編纂《へんさん》した著作。八巻。鳩摩羅《くまら》什訳《じゅうやく》の妙法蓮華経《みょうほうれんげきょう》の注釈書。聖徳太子《しょうとくたいし》作と伝わる『法華義疏《ほっけぎしょ》』は、本書をもとに作られたとされる。

ここで引用された文《もん》は『法華義疏《ほっけぎしょ》』の文であり、類似《るいじ》の文は『法華経義記《ほけきょうぎき》』にもある。また方便品《ほうべんぼん》に説《と》かれる「異《い》の方便」（法華経一三三㌻）を法華経そのもののこととして解釈したことは、『法華経義記』にはなく『法華義疏』にある。いずれにせよ、以上の二つは、法華経は仏身《ぶっしん》の常住《じょうじゅう》を説いていないと批判《ひはん》している。

〈注9〉【新羅《しんら》・百済《ひゃくさい》・高句麗《こうくり》】新羅（？～九三五年）は、四世紀ごろから韓《かん》・朝鮮《ちょうせん》半島の南東部を支配した王朝。建国以来、隣国《りんごく》の百済・高句麗と対抗《たいこう》してきたが、七世紀後半に初めて韓・朝鮮半島に統一国家をつくった。

百済《ひゃくさい》（四世紀前半～六六〇年）は、韓《かん》・朝鮮《ちょうせん》半島南西部を支配した王朝。六世紀ごろに日本に仏教を公式に伝えたとされる。

高句麗《こうくり》（？～六六八年）は、韓《かん》・朝鮮《ちょうせん》半島北部から中国東北部を支配した王朝。隣国《りんごく》の新《しん》羅《ら》・百済《ひゃくさい》と対抗《たいこう》したが、六六八年に唐《とう》と新羅の連合軍《れんごうぐん》に滅《ほろ》ぼされた。御書本文は「高麗《こま》」

（二九八㌻）であるが、日蓮大聖人の時代では一般に韓・朝鮮半島の国を指す語として用《もち》いられ、ここは高麗《こうらい》（九一八年～一三九二年）の意ではない。

〈注10〉**【陳《ちん》】**五五七年～五八九年。中国・魏晋南北朝《ぎしんなんぼくちょう》時代、南朝の最後の王朝。陳は隋《ずい》に滅《ほろ》ぼされ、中国は分裂《ぶんれつ》が長く続いた時代が終わり、再び統一された。天台大師《てんだいだいし》智顗《ちぎ》は、陳の宣帝《せんてい》と後主叔宝《こうしゅしゅくほう》の帰依《きえ》を受けた。

〈注11〉**【南岳大師《なんがくだいし》（慧思《えし》）】**五一五年～五七七年。中国・南北朝《なんぼくちょう》時代の北斉《ほくせい》の僧《そう》・慧思のこと。天台《てんだい》大師の師。後半生に南岳（湖南省衡山県《こなんしょうこうざんけん》）に住んだので南岳大師と通称される。

〈注12〉**【毘盧遮那仏《びるしゃなぶつ》】**毘盧遮那はサンスクリットのヴァイローチャナの音写で、明らかにする者、太陽の意。華厳経《けごんぎょう》で、釈尊《しゃくそん》はじめ諸仏《しょぶつ》の本体として示された仏身《ぶっしん》。この毘盧遮那仏から無数の分身《ふんじん》の諸仏が展開される。ヴァイローチャナを漢訳する際《さい》、東晋《とうしん》の仏駄跋陀《ぶっだばっだ》羅《ら》訳（六十華厳）では「盧舎那《るしゃな》」と音写し、唐《とう》の実叉難陀《じっしゃなんだ》訳（八十華厳）では「毘盧遮那」と音写した。

〈注13〉**【華厳経《けごんぎょう》には……讃嘆《さんたん》する文章】**御書本文は「礼文《らいもん》」（二九九㌻）。章安大師灌頂《しょうあんだいしかんじょう》が編《へん》纂《さん》した『国清百録《こくせいひゃくろく》』に、天台大師《てんだい》の敬礼法《きょうらいほう》がある。そこでは毎日毎夜、毘盧遮那仏《びるしゃなぶつ》および三世十方《さんぜじっぽう》の仏たちを礼拝《らいはい》することが記されている。

第9章　天台大師《てんだいだいし》の公場対決《こうじょう》と正法流布《しょうほうるふ》

（御書二九九ジペ ー九行目～三〇〇ジペ ー十七行目）

（南三北七《なんさんほくしち》の学者らは）「智顗法師《ちぎほっし》（天台大師《てんだいだいし》）は、頭を打ち割《わ》るのがよいか、それとも国から追放するのがよいか」などと言ったので、陳《ちん》の国王〈注1〉はこれをお聞きになって、南三北七の人々と智顗を一緒《いっしょ》に招いて、自らも臨席《りんせき》し彼らの法論《ほうろん》をお聞きになったのである。

集まったのは、法雲法師《ほううんほっし》の弟子たちで、慧栄《えよう》・法歳《はっさい》・慧曠《えこう》・慧暅《えごう》〈注2〉などといった僧正《そうじょう》・僧統《そうとう》〈注3〉以上の人々百人余《あま》りであった。彼らはそれぞれ悪口《わるくち》を言うばかりで、眉《まゆ》をつりあげ、にらみつけ、手を振《ふ》り上げ、鳴り物を鳴らすありさまであった。

しかし、智顗法師《ちぎほっし》は、末座《まつざ》に座《すわ》り、顔色も変えず言葉も誤《あやま》ることなく、立《た》ち居振《いふ》る舞《ま》いも落ち着いていて、僧《そう》たちの言葉を一つ一つ書きつけては、その言葉の一つ一つに反論した。このように相手に反論したところで、彼らを批判《ひはん》して「いったい法雲《ほううん》法師が立てられた『第一は華厳経《けごんぎょう》、第二は涅槃経《ねはんぎょう》、第三は法華経』との主張の根拠《こんきょ》となる文《もん》は、どの経か。はっきりした証拠《しょうこ》となる文を間《ま》違《ちが》いなくお出しいただきたい」と責《せ》めたので、それぞれが下を向き、顔色《がんしょく》を失《うしな》い、一言《いちごん》の返事もなかった。

この人はさらに責《せ》めた。

「無量義経《むりょうぎきょう》には、まさしく『次に方等十二部経《ほうどうじゅうにぶきょう》、摩訶般若《まかはんにゃ》、華厳海空《けごんかいくう》を説《と》いて〈注4〉』とある。仏自ら華厳経《けごんぎょう》の名を挙《あ》げられて、無量義経に対して華厳経は『まだ真実を顕《あらわ》していない〔未顕真実《みけんしんじつ》〕』と打ち消されたのである。法華経より劣《おと》っている無量義経に、華厳経は責《せ》められているのである。それをどのよ

(300)

うに心得《こころえ》られて、華厳経こそ釈尊《しゃくそん》が一生のうちに説いた教えの中で第一であるとされたのだろうか。

あなた方それぞれも、師匠の味方をしようと思われるなら、この無量義経《むりょうぎきょう》の経文を打ち破《やぶ》って、これよりも優《すぐ》れた経文を取り出して、師匠の主張を助けられよ」と責《せ》めたのである。

また、さらに彼らを責《せ》めた。

「次に涅槃経《ねはんぎょう》が法華経より優《すぐ》れていると言うのは、どのような経文によるのか。

涅槃経《ねはんぎょう》の第十四巻には、華厳時《けごんじ》・阿含時《あごんじ》・方等時《ほうどうじ》・般若時《はんにゃじ》を挙《あ》げて涅槃経に対しての勝劣《しょうれつ》は説《と》かれているが、法華経と涅槃経との勝劣はまったく説かれていない。

その前の第九巻には、法華経と涅槃経《ねはんぎょう》の勝劣《しょうれつ》が明らかに示されている。すなわち経文には『この涅槃経が説《と》かれたのは〈中略〉法華経の中で八千人の声聞《しょうもん》が未来に成仏《じょうぶつ》するという保証《ほしょう》を仏から授《さず》けられたことは、大いなる果実《かじつ》が実ったようなものである。秋に収穫《しゅうかく》し冬になって蔵《くら》に収《おさ》め、それを終えればもうすることはないようなものである』とある。この経文は明らかに諸経《しょきょう》についてはついては秋の末《すえ》、冬の初めに行われる落《お》ち穂拾《ぼひろ》いの位と定めている。この経文は、涅槃経が自ら法華経には劣《おと》ると認《みと》めているものにほかならない。

春夏として説き、涅槃経と法華経とについては果実の位《くらい》とは説いているけれども、法華経については秋の収穫を冬に蔵に収めた大果実の位であり、涅槃経に

法華経の文《もん》には『すでに説《と》いたし、今も説いているし、これからもまさに説く』（法師品《ほっしほん》）と言って、この法華経は、それ以前に説いた経や、同じ時期に説いた経（無量義経《むりょうぎきょう》）よりも優《すぐ》れているだけでなく、後に説くだろう経（涅槃経《ねはんぎょう》）にも勝《まさ》っていると、仏が定められたのである。

すでに教主釈尊《きょうしゅしゃくそん》が、このように定められた以上は、疑《うたが》うのはよくないけれども、仏は自らが亡《な》くなった後はどうなるかをご心配になって、それを保証《ほしょう》する

人として東方の宝浄世界《ほうじょうせかい》〈注5〉の多宝仏《たほうぶつ》を呼ばれたので、多宝仏は大地から踊《おど》り出て、『妙法蓮華経《みょうほうれんげきょう》はすべて真実である〔皆是真実《かいぜしんじつ》〕』と保証し、それに加えて十方《じっぽう》の世界の分身《ふんじん》の仏たちもお集まりになり、広く長い舌《した》を大梵天《だいぼんてん》まで伸《の》ばし、また教主釈尊も同様に広く長い舌を伸ばされたのである。

その後、多宝仏《たほうぶつ》は宝浄世界《ほうじょうせかい》に帰り、十方《じっぽう》の世界の仏たちもそれぞれ自分の国土にお帰りになった後、多宝仏、十方の世界の分身《ふんじん》の仏たちもいらっしゃらないところで、教主釈尊《きょうしゅしゃくそん》が涅槃経《ねはんぎょう》を説《と》いて、『涅槃経は法華経に勝《まさ》る』と仰《おお》せになったなら、弟子たちはこれをご信用なさるだろうか」と智顗法師《ちぎほっし》が責《せ》めたのである。すると、太陽や月の大光明《だいこうみょう》が修羅《しゅら》の眼《まなこ》を照《て》らすように〈注6〉、漢《かん》の王〈注7〉の剣《つるぎ》が諸侯《しょこう》の首に当てられているように、そこにいた人々は、両眼《りょうがん》を閉《と》じ、下を向いてしまった。

天台大師《てんだいだいし》のご様子は、あたかも師子王《ししおう》が狐《きつね》や兎《うさぎ》の前でほえているようであり、鷹《たか》や鷲《わし》が鳩《はと》や雉《きじ》を責《せ》めているのと変わらなかった。

このような状況であったので、「こうしてみると、やはり法華経は華厳経《けごんぎょう》・涅槃経《ねはんぎょう》よりも優《すぐ》れていたのだ」との認識が中国一国に広まっただけでなく、かえって全インドにまで伝わって、「インドの大乗《だいじょう》・小乗《しょうじょう》の論書《ろんしょ》も、天台大師《てんだいだいし》の教えに比《くら》べると劣《おと》っている。教主釈尊《きょうしゅしゃくそん》が二度出現されたのか。仏の教えが二度現《あらわ》れた」と讃嘆《さんたん》されたのである。

◇注　解◇

〈注1〉【陳《ちん》の国王】陳の第四代宣帝《せんてい》のこと。

〈注2〉【慧栄《えよう》・法歳《はっさい》・慧曠《えこう》・慧暅《えごう》】天台大師《てんだいだいし》智顗《ちぎ》は五六九年、陳《ちん》の都《みやこ》・建康《けんこう》（現在の南京《なんきん》。金陵《きんりょう》とも呼ばれる）の瓦官寺《がかんじ》に入り、法華経の経題《きょうだい》について講義を行った。この時、列席《れっせき》していた慧栄（?～五八六年、荘厳寺《しょうごんじ》の僧《そう》）や法歳（生没年不詳、定林寺《じょうりんじ》の僧）が天台大師に帰伏《きふく》したと伝えられる。

また五八五年、天台大師《てんだいだいし》は太極殿《たいきょくでん》に招《まね》かれ、『大智度論《だいちどろん》』や仁王経《にんのうきょう》を講義した。陳《ちん》の後主《こうしゅ》叔宝《しゅくほう》が聴聞《ちょうもん》する前でこれに反論した慧曠《えこう》（五三四年～六一三年、天台大師の受戒《じゅかい》の師とされる）や慧暅《えごう》（五一五年～五八九年）は、結局は天台に帰伏《きふく》したと伝えられる。

〈注3〉【僧統《そうとう》】御書本文、また御真筆《ごしんぴつ》と対照したとされる学僧・日乾《にちけん》（一五六〇年～一六三五年）による写本では「僧都《そうず》」（御書二九九㌻）。これは日本の官職名《かんしょくめい》であり、中国の僧の官職名としては「僧統」である。

〈注4〉【次に方等十二部経《ほうどうじゅうにぶきょう》……華厳海空《けごんかいくう》を説《と》いて】方等とは大乗《だいじょう》の諸経典が含《ふく》まれる方等部の経。

十二部経《じゅうにぶきょう》とは、経典を形式・内容によって十二種に分類したもの。①修多羅《しゅたら》。契経《かいきょう》と訳《やく》す。法義を説《と》いた散文《さんぶん》。②祇夜《ぎや》。応頌《おうじゅ》・重頌《じゅうじゅ》と訳す。修多羅で述べた内容を再度繰《く》り返《かえ》す韻文《いんぶん》。③伽陀《かだ》。諷頌《ふじゅ》・孤起頌《こきじゅ》と訳す。散文によらずに韻文だけで説いたもの。④尼陀那《にだな》。因縁《いんねん》と訳す。説法教化《せっぽうきょうけ》のいわれを説いたもの。⑤伊帝目多伽《いたいもくたか》。本事・如是語《にょぜご》と訳す。過去《かこ》世《せ》の因縁を説いたもの。⑥闍多伽《じゃたか》。本生《ほんじょう》と訳す。仏が昔、菩薩《ぼさつ》であった時の行いなどを説いたもの。⑦阿浮陀達磨《あぶだだつま》。未曾有法《みぞうほう》と訳す。仏の神通力《じんずうりき》を説いたもの。⑧阿波陀那《あばだな》。譬喩《ひゆ》と訳す。譬喩を借りて説いたもの。⑨優婆提舎《うばだいしゃ》。論議と訳す。法理の解説・注解。⑩優陀《うだ》那《な》。自説・無問《むもん》自説と訳す。問いを待たずに仏が自ら説いたもの。⑪毘仏略《びぶつりゃく》。方広《ほうこう》・方等《ほうどう》と訳す。広大な理義を説いたもの。⑫和伽羅那《わがらな》。授記《じゅき》と訳す。弟子に対して未来世《みらいせ》の成仏《じょうぶつ》の保証《ほしょう》を与えること。

摩訶般若《まかはんにゃ》とは摩訶般若波羅蜜経《まかはんにゃはらみつきょう》（般若経《はんにゃきょう》）のこと。

華厳海空《けごんかいくう》とは華厳経《けごんぎょう》の法門のこと。「海空」は無量義経《むりょうぎきょう》の異本《いほん》では「海雲《かいうん》」とあり、華厳経の広大さを表す譬《たと》え。

〈注5〉**【宝浄世界《ほうじょうせかい》】** 宝に満《み》ちた清浄な世界。多宝仏《たほうぶつ》の住む東方の仏国土《ぶっこくど》をいう。法華経見《けん》宝塔品《ほうとうほん》第十一に「乃往《ないおう》過去に、東方の無量千万億阿僧祇《むりょうせんまんのくあそうぎ》の世界に、国を宝浄と名《な》づく。彼《か》の中《なか》に仏有《ほとけいま》し、号《な》づけて多宝と曰《い》う」（法華経三七四ページ）とある。

〈注6〉**【太陽や月の……照《て》らすように】**『法苑珠林《ほうおんじゅりん》』巻《まき》五には、正法念処経《しょうぼうねんじょきょう》に基《もと》づき、帝釈《たいしゃく》と修羅《しゅら》の戦いの時、日天が光を放って修羅の目を見えなくさせたことが記されている。

〈注7〉【漢《かん》の王】中国・前漢《ぜんかん》の初代皇帝《こうてい》・劉邦《りゅうほう》（紀元前二四七年～前一九五年）のこと。劉邦が三尺《しゃく》の剣《つるぎ》を奪《うば》って諸侯《しょこう》を制《せい》したことは『後漢書《ごかんじょ》』『文選《もんぜん》』などに記されている。

第10章　法相《ほっそう》・華厳《けごん》・真言《しんごん》の三宗《さんしゅう》を破折《はしゃく》

（御書三〇〇ページ十八行目〜三〇二ページ十行目）

その後、天台大師《てんだいだいし》（智顗《ちぎ》）もお亡《な》くなりになった。陳《ちん》・隋《ずい》〈注1〉から時代が代わって、唐《とう》〈注2〉の時代となった。章安大師《しょうあんだいし》（灌頂《かんじょう》）〈注3〉もお亡くなりになった。天台の仏法が次第に廃《すた》れたところに、唐《とう》の太宗《たいそう》〈注4〉の時代に、玄奘三蔵《げんじょうさんぞう》という人が、貞観《じょうがん》三年（六二九年）に初めてインドに入り、同十九年（六四五年）に帰国したが、彼はインドの仏法をすべて学んで、法相宗《ほっそうしゅう》という宗をもたらした。

この宗《しゅう》は天台宗《てんだいしゅう》とは水と火のように相いれない。しかし、天台がご覧《らん》にならなかった深密経《じんみっきょう》〈注5〉『瑜伽論《ゆがろん》』〈注6〉『唯識論《ゆいしきろん》』〈注7〉などを中国にもたらし、「法華経はあらゆる経には優《すぐ》れているけれども、深密経には劣《おと》る」と法相宗《ほっそうしゅう》が言うと、それに対し、天台はご覧《らん》にならなかったので、天台宗の当時の学者たちは智慧《ちえ》が浅かったせいだろうか、そうかもしれないと思った。

また、太宗《たいそう》は賢明《けんめい》な王であった。玄奘《げんじょう》への帰依《きえ》は大変に深かった。言わなければならないことはあったけれども、世の常《つね》として権勢《けんせい》を恐《おそ》れて言い出す人はいなかった。

それまでの（万人が成仏《じょうぶつ》できるという）法華経の理解を覆《くつがえ》して、法相宗《ほっそうしゅう》が「三乗《さんじょう》こそ真実であり、一乗《いちじょう》しかないというのは方便《ほうべん》である。衆生《しゅじょう》の素質《そしつ》は五つに分かれている〈注8〉」と言ったことは、当時の人々にとっては（万人成仏の可能性を否定されたので）つらいことであった。

インドから伝わったとはいうものの、インドの仏教以外の思想が中国に渡来《とらい》したのだろうか。彼らが「法華経は方便《ほうべん》であり、深密経《じんみっきょう》は真実である」と言ったので、釈尊《しゃくそん》・多宝仏《たほうぶつ》・十方《じっぽう》の世界の仏たちの真実の言葉もかえって意味のないものとなり、逆《ぎゃく》に玄奘《げんじょう》や慈恩大師《じおんだいし》（基《き》）こそが当時の生き仏《いぼとけ》であるということになった。

その後、則天武后《そくてんぶこう》〈注9〉の時代に、天台大師《てんだいだいし》に責《せ》められた華厳経《けごんぎょう》に加えて新《しん》訳《やく》の華厳経〈注10〉が伝えられると、以前の恨《うら》みを晴らそうとして、新訳の華厳経によって、天台に責められた旧訳《くやく》の華厳経を補強《ほきょう》し、法蔵法師《ほうぞうほっし》という人が華《け》厳宗《ごんしゅう》という宗派《しゅうは》を打ち立てた。

この宗《しゅう》は、華厳経《けごんぎょう》については「根本法輪《こんぽんほうりん》〈注11〉」とし、法華経については「枝末法輪《しまつ》〈注11〉」であると言う。南三北七《なんさんほくしち》の学者は「華厳経第一、涅槃経《ねはんぎょう》第二、法華経第三」としていたが、天台大師《てんだいだいし》は「法華経第一、涅槃経第二、華厳経第三」とした。それを、新しく出現した華厳宗《けごんしゅう》は「華厳経第一、法華経第二、涅槃経第三」と言っている。

その後、玄宗皇帝《げんそうこうてい》〈注12〉の時代に、インドから善無畏三蔵《ぜんむいさんぞう》が大日経《だいにちきょう》・蘇悉地経《そしつじきょう》〈注13〉を伝えた。金剛智三蔵《こんごうちさんぞう》は金剛頂経《こんごうちょうきょう》〈注14〉を伝えた。また金剛智三蔵の弟子がいる。不空三蔵《ふくうさんぞう》である。この三人は、インドの人で、生まれも高貴《こうき》である上に、品性《ひんせい》・風格《ふうかく》も中国の僧侶《そうりょ》とは違《ちが》っていた。その説《と》く法門の内容も、よくは分からないものの、後漢《ごかん》の時代からこの時代に至《いた》るまでなかった印《いん》と真言《しんごん》〈注15〉という事相《じそう》を加えていて、立派《りっぱ》だったので、皇帝が礼拝《らいはい》し、あらゆる民衆が合掌《がっしょう》して彼らを敬《うやま》ったのである。

この人々の主張として、「華厳経《けごんぎょう》・深密経《じんみっきょう》・般若経《はんにゃきょう》〈注16〉・涅槃経《ねはんぎょう》・法華経などの勝劣《しょうれつ》は、顕教《けんきょう》〈注17〉という枠内《わくない》での勝劣であり、釈尊《しゃくそん》の説法《せっぽう》の範囲《はんい》である。

今新たに伝わった大日経《だいにちきょう》などは、仏法の王である大日如来《だいにちにょらい》〈注18〉のお言葉である。他の諸経《しょきょう》は民衆の万言《まんごん》であり、この経は皇帝《こうてい》の一言《いちごん》である。華厳経《けごんぎょう》・涅《ね》槃経《はんぎょう》などは、大日経には梯子《はしご》を立てても届《とど》かない。

ただ法華経だけがかろうじて大日経《だいにちきょう》に似《に》た経である。とはいうものの、法華経は、釈尊《しゃくそん》の説《せつ》であり、民衆が述べた正しい言葉である。大日経は、皇帝《こうてい》が述べた正しい言葉である。言葉は似ているけれども、説《と》いている仏の品性《ひんせい》・風格《ふうかく》は雲泥《うんでい》の差がある。

譬《たと》えを挙《あ》げれば、濁《にご》った水に映《うつ》る月と、澄《す》んだ水に映る月のようなものである。月の形は同じでも水に清濁《せいだく》の違《ちが》いがある」と。

このように言ったので、こうした主張について、追究し真偽《しんぎ》を明らかにする人はいなかった。

そして、諸宗《しょしゅう》はみな屈服《くっぷく》して真言宗《しんごんしゅう》に賛同《さんどう》するようになった。善無畏《ぜんむい》・金剛智《こんごうち》の死去《しきょ》の後、不空三蔵《ふくうさんぞう》はインドに帰り、『菩提心論《ぼだいしんろん》』〈注19〉という論書《ろんしょ》を中国に伝えて、ますます真言宗は盛《さか》んであった。

ただし、妙楽大師《みょうらくだいし》（湛然《たんねん》）という人がいた。天台《てんだい》大師から見ると二百年余《あま》り後の人であるが、智慧《ちえ》のすぐれた人で天台が示した解釈によく通じていたので、「天台の解釈の趣旨《しゅし》からすれば、その後に伝わった深密経《じんみっきょう》や法相宗《ほっそうしゅう》、また初めて中国で立てられた華厳宗《けごんしゅう》、大日経《だいにちきょう》や真言宗《しんごんしゅう》に対しても、法華経の方が優《すぐ》れているということになる。

それにもかかわらず、これまでの天台宗《てんだいしゅう》の人々は、智慧《ちえ》が及《およ》ばないとか、人を恐《おそ》れているとか、その時の王の権勢《けんせい》を恐れているとかという理由で、言わなかったのか。このままでは、天台の正しい主張はまもなく滅《ほろ》びてしまう。

また、これらの諸宗《しょしゅう》は、陳《ちん》・隋《ずい》の時代以前の南三北七《なんさんほくしち》の邪義《じゃぎ》をも上回るほどの悪である」と思い、三十巻に及《およ》ぶ注釈書《ちゅうしゃくしょ》を著《あらわ》された。すなわち、『止観輔行《しかんぶぎょう》伝弘決《でんぐけつ》』十巻〈注20〉、『法華玄義釈籤《ほっけげんぎしゃくせん》』十巻〈注21〉、『法華文句記《ほっけもんぐき》』十巻〈注22〉がこれである。

この三十巻の書は、元となっている天台大師《てんだいだいし》の書の中で重複《ちょうふく》しているところを削《けず》り、説明が不十分なところを補強《ほきょう》しただけでなく、天台大師の時代にはなかったために破折《はしゃく》から逃《のが》れていたような法相宗《ほっそうしゅう》と華厳宗《けごんしゅう》と真言宗《しんごんしゅう》とを一度に打ち砕《くだ》かれた書である。

◇注　解◇

〈注1〉【隋《ずい》】五八一年〜六一八年。南北朝《なんぼくちょう》に分裂《ぶんれつ》していた中国を再統一した王朝。文帝《ぶんてい》（楊《よう》堅《けん》）が科挙《かきょ》をはじめ帝政の強化を図ったが、子の煬帝《ようだい》（晋王楊広《しんおうようこう》）の外征《がいせい》失敗などで混乱し、唐《とう》に滅《ほろ》ぼされ短命に終わった。文帝は北周《はくしゅう》の廃仏《はいぶつ》以降の仏教復興《ふっこう》を図り、寺院の建設や訳経《やっきょう》事業が活発に行われた。天台大師智顗《てんだいだいしちぎ》は文帝と煬帝の帰依《きえ》を受け、また同時代の吉《きち》蔵《ぞう》（嘉祥《かじょう》）が三論《さんろん》教学を大成《たいせい》した。

〈注2〉【唐《とう》】六一八年〜九〇七年。隋《ずい》に続く中国の王朝。律令《りつりょう》制度を軸《じく》とした中央集権的《ちゅうおうしゅうけんてき》な国家体制を築《きず》いて全国を統一し、強大な勢力《せいりょく》をもって東アジアに支配を広げた。儒教《じゅきょう》が低調《ていちょう》で道教《どうきょう》と仏教が盛《さか》んだったが、第十五代武宗《ぶそう》の廃仏《はいぶつ》（八四五年）によって仏教は衰《おとろ》えた。遣唐使《けんとうし》の往来《おうらい》などにより、仏教各派《かくは》の教えや大陸の多様な文化が日本に伝えられた。

〈注3〉【章安大師《しょうあんだいし》（灌頂《かんじょう》）】五六一年〜六三二年。中国・隋《ずい》の僧《そう》・灌頂のこと。天台《てんだい》大師の弟子。天台大師の講義をもとに『法華玄義《ほっけげんぎ》』『法華文句《ほっけもんぐ》』『摩訶止観《まかしかん》』などを筆記・編纂《へんさん》した。

〈注4〉【太宗《たいそう》】五九八年〜六四九年。中国・唐《とう》の第二代皇帝《こうてい》。姓名《せいめい》は李世民《りせいみん》。高祖《こうそ》・李淵《りえん》の次子。唐王朝繁栄《はんえい》の基礎《きそ》を確立し、その治世《ちせい》は「貞観《じょうがん》の治《ち》」と呼ばれ、後世の模範《もはん》とされた。インドから唐に諸経典を持ち帰った玄奘《げんじょう》は、太宗の命を受け国家事業として、多くの経論を漢訳する一方、後の法相宗《ほっそうしゅう》の教義となる唯識《ゆいしき》思想を広めた。

〈注5〉【深密経《じんみっきょう》】解深密経《げじんみっきょう》のこと。中国・唐《とう》の玄奘訳《げんじょうやく》。五巻。唯識説《ゆいしきせつ》（あらゆる事物・事象は心に立ち現れているもので固定的な実体はないという思想）を体系的に説《と》き明かし、法相宗《ほっそうしゅう》では根本経典とされた。

〈注6〉【『瑜伽論《ゆがろん》』】『瑜伽師地論《ゆがしじろん》』のこと。弥勒《みろく》（マイトレーヤ）または無著《むじゃく》（アサンガ）の作とされる。中国・唐《とう》の玄奘訳《げんじょうやく》。百巻。唯識《ゆいしき》思想に基《もと》づく修行やその結果として到達《とうたつ》する境地の位《くらい》を明かし、法相宗《ほっそうしゅう》でよりどころとされた。

〈注7〉【『唯識論《ゆいしきろん》』】『成唯識論《じょうゆいしきろん》』のこと。世親《せしん》（ヴァスバンドゥ）の『唯識三十論頌《ゆいしきさんじゅうろんじゅ》』に対する十人の論師《ろんじ》の解釈を、護法《ごほう》（ダルマパーラ）の説《せつ》を中心に、玄奘《げんじょう》が一書として漢訳したもの。十巻。唯識の論書として法相宗《ほっそうしゅう》でよりどころとされた。

〈注8〉【衆生《しゅじょう》の素質《そしつ》は五つに分かれている】法相宗《ほっそうしゅう》では、衆生が本来そなえている、仏教を信じ理解し実践する宗教的能力を五つに分類し、これを五性《ごしょう》という。五性の「性」は「姓」とも書く。①定性声聞《じょうしょうしょうもん》（声聞定姓）は、声聞の覚《さと》りである阿羅漢果《あらかんか》を得ることが決まっているもの。②定性縁覚《えんがく》（独覚《どっかく》定姓）は、縁覚の覚りである辟支仏《ひゃくしぶつ》果が得られると決まっているもの。③定性菩薩《ぼさつ》（菩薩定姓）は、菩薩の覚りである仏果《ぶっか》が得られると決まっているもの。④不定性《ふじょうしょう》（不定種性《しゅしょう》、三乗《さんじょう》不定姓）は、以上の三乗の修行とその結果が定まっていないもの。⑤無性《むしょう》（無種性、無姓有情）は、覚りの果を得ることができないもの。これらのうち、成仏《じょうぶつ》すなわち仏果が得られるのは③④のみとなる。

〈注9〉【則天武后《そくてんぶこう》】六二四年または六二八年〜七〇五年。中国・唐《とう》の高宗《こうそう》の皇后《こうごう》で、中国史上唯一《ゆいいつ》の女帝《じょてい》。病に倒《たお》れた高宗から実権を奪《うば》い、六九〇年に自ら帝位につき、国号を周《しゅう》（〜七〇五年）と改《あらた》めた。各州《かくしゅう》に大雲寺《だいうんじ》を設置するなど、仏教を利用して統治を進めた。

〈注10〉【新訳《しんやく》の華厳経《けごんぎょう》】中国・唐《とう》の実叉難陀《じっしゃなんだ》訳。八十巻あるので八十華厳といわれる。これに対し、前に訳された仏駄跋陀羅《ぶっだばっだら》訳の六十巻本の華厳経は旧訳《くやく》とされる。

〈注11〉【根本法輪《こんぽんほうりん》・枝末法輪《しまつ》】釈尊《しゃくそん》一代の教えを分類した教判《きょうはん》。華厳宗《けごんしゅう》は、華厳経《けごんぎょう》を根本の教え（根本法輪）とし、法華経を従属的《じゅうぞくてき》な教え（枝末法輪）と位置づけた。澄観《ちょうかん》が用《もち》いた三転法輪《さんてんぼうりん》では①根本法輪（華厳経）、②枝末法輪（阿含《あごん》・方等《ほうどう》・般若《はんにゃ》の諸経）、③摂末帰本《しょうまつきほん》法輪（法華経）とされる。ここでは、枝末法輪を法華経であると取り違《ちが》えた説《せつ》を妙楽大師《みょうらくだいし》湛然《たんねん》が『止観義例《しかんぎれい》』で紹介し、それが日本にも広まっていたため、日蓮大聖人もそれに依《よ》られたと思われる。

〈注12〉【玄宗皇帝《げんそうこうてい》】六八五年〜七六二年。中国・唐《とう》の第六代皇帝。治世《ちせい》の前半は「開元《かいげん》の治《ち》」と呼ばれる善政《ぜんせい》を行ったが、晩年は楊貴妃《ようきひ》を寵愛《ちょうあい》し政治を怠《おこた》ったことから安史《あんし》の乱《らん》（七五五年〜七六三年）を招《まね》き、これが王朝衰退《すいたい》のきっかけとなった。善無畏《ぜんむい》が七一六年に唐に渡って伝えた密教《みっきょう》を保護した。

〈注13〉【蘇悉地経《そしつじきょう》】詳しくは蘇悉地羯羅経《そしつじからきょう》という。中国・唐《とう》の善無畏《ぜんむい》訳《やく》。三巻。成立史の上からは、大日経《だいにちきょう》に先行する経典と考えられており、さまざまな密教《みっきょう》儀礼や行者《ぎょうじゃ》の規範《きはん》を説《と》いている。

〈注14〉【金剛頂経《こんごうちょうきょう》】もとは単一《たんいつ》の経典ではなく、大日如来《だいにちにょらい》が十八の会座《えざ》で説《と》いたとされるものを集めた経典の総称。一般に「金剛頂経」という場合、このうち初会《しょえ》の一部を訳《やく》して一経としたものを指す。ここでは金剛智《こんごうち》が訳した金剛頂瑜伽《こんごうちょうゆが》中略出念誦経《ちゅうりゃくしゅつねんじゅきょう》四巻のことだが、弟子の不空《ふくう》が訳した金剛頂一切如来真実摂大乗現証大教王経《こんごうちょういっさいにょらいしんじつしょうだいじょうげんしょうだいきょうおうぎょう》三巻もある。金剛界を説いた経とされ、大日経《だいにちきょう》とともに密教《みっきょう》の根本聖典《こんぽんせいてん》とされる。金剛界三十七尊《さんじゅうしちそん》が明かされ、金剛界曼荼羅《まんだら》とその供養法《くようほう》などが説かれている。

〈注15〉【印《いん》と真言《しんごん》】密教《みっきょう》で立てる印契《いんげい》と真言のこと。仏や菩薩《ぼさつ》などの智慧《ちえ》や力《ちから》を象徴する。印契は手の形や結び方のことで、真言は真実の言葉とされる一種の呪文《じゅもん》。印と真言の実践によって、仏や菩薩などの力が行者《ぎょうじゃ》にそなわり、祈禱《きとう》が成就《じょうじゅ》するという。

〈注16〉【般若経《はんにゃきょう》】「般若波羅蜜《はんにゃはらみつ》（智慧《ちえ》の完成）」を題名とする長短さまざまな経典の総称。漢訳には、中国・後秦《こうしん》の鳩摩羅什《くまらじゅう》訳の大品般若経《だいぼんはんにゃきょう》二十七巻、同じく羅什訳の小品般若経《しょうぼんはんにゃきょう》十巻、唐《とう》の玄奘《げんじょう》訳の大般若経《だいはんにゃきょう》六百巻など多数ある。般若波羅蜜を中心とする菩薩《ぼさつ》の修行を説《と》き、あらゆるものに常住《じょうじゅう》不変の実体はないとする「空《くう》」の思想を明かしている。天台《てんだい》教学では、方等部《ほうどうぶ》の経典の後に説いたとされ、二乗《にじょう》を排除《はいじょ》し菩薩だけを対象とした教え（別教《べっきょう》）と位置づけられる。

〈注17〉【顕教《けんきょう》】インドの伝統的な民間信仰を取り入れ呪術《じゅじゅつ》や秘密の儀礼を実践の中核《ちゅうかく》にすえて七世紀ごろに成立した仏教は密教《みっきょう》と呼ばれる。これに対し、それ以前の通常の仏教は顕教と呼ばれる。

〈注18〉【大日如来《だいにちにょらい》】大日は、サンスクリットのマハーヴァイローチャナの訳《やく》。音写では摩《ま》訶毘盧遮那《かびるしゃな》という。大日経《だいにちきょう》・金剛頂経《こんごうちょうきょう》などに説《と》かれる密教《みっきょう》の教主《きょうしゅ》で、密厳浄土《みつごんじょうど》の仏。密教の曼荼羅《まんだら》の中心尊格《そんかく》。真理そのものである法身仏《ほっしんぶつ》で、すべての仏・菩薩《ぼさつ》を生み出す根本の仏とされる。

〈注19〉【『菩提心論《ぼだいしんろん》』】竜樹《りゅうじゅ》（竜猛《りゅうみょう》）作、中国・唐《とう》の不空訳《ふくうやく》と伝えられる。一巻。即身成仏《そくしんじょうぶつ》を説《と》いて真言《しんごん》の優位性《ゆういせい》を明かした書として空海《くうかい》（弘法《こうぼう》）が重用したが、今日《こんにち》では竜樹作ではないとするのが一般的である。日蓮大聖人も不空自身の作であろうと諸御書で指摘されている（御書二六八ページなど）。

〈注20〉【『止観輔行伝弘決《しかんぶぎょうでんぐけつ》』十巻】妙楽大師湛然《みょうらくだいしたんねん》による『摩訶止観《まかしかん》』の注釈書。

〈注21〉【『法華玄義釈籤《ほっけげんぎしゃくせん》』十巻】妙楽大師による『法華玄義《ほっけげんぎ》』の注釈書。

〈注22〉【『法華文句記《ほっけもんぐき》』十巻】妙楽大師による『法華文句《ほっけもんぐ》』の注釈書。

第11章　日本で伝教大師《でんぎょうだいし》が法華経を宣揚《せんよう》

（御書三〇二ジペー十一行目〜三〇四ジペー四行目）

次に日本国には、第三十代欽明天皇《きんめいてんのう》〈注1〉の時代の十三年（五五二年）壬申《みずのえさる》十月十三日に、百済国《ひゃくさいこく》から経典と釈尊《しゃくそん》の像《ぞう》がもたらされた。また用明天皇《ようめいてんのう》〈注2〉の時代に聖徳太子《しょうとくたいし》〈注3〉が仏法を学び始め、和気妹子《わけのいもこ》〈注4〉という臣下《しんか》を中国に派遣《はけん》して、太子が前世に所持していたという一巻の法華経を取り寄《よ》せて、持経《じきょう》〈注5〉と定められた。その後、第三十七代孝徳天皇《こうとくてんのう》〈注6〉の時代に三論宗《さんろんしゅう》・華厳宗《けごんしゅう》・法相宗《ほっそうしゅう》・倶舎宗《くしゃしゅう》・成実宗《じょうじつしゅう》が伝えられた。第四十五代聖武天皇《しょうむてんのう》〈注7〉の時代に律宗《りっしゅう》が伝えられた。以上で六宗《ろくしゅう》である。孝徳天皇から第五十代の桓武《かんむ》天皇〈注8〉に至《いた》るまで十四代、百二十年余《あま》りの間は、天台《てんだい》・真言《しんごん》の二宗はなかった。

桓武天皇《かんむてんのう》の時代に最澄《さいちょう》（伝教大師《でんぎょうだいし》）という一介《いっかい》の僧《そう》がいた。山階寺《やましなでら》（興福寺《こうふくじ》）〈注9〉の行表僧正《ぎょうひょうそうじょう》〈注10〉の弟子である。法相宗《ほっそうしゅう》をはじめとして六宗《ろくしゅう》を完全に習得《しゅうとく》した。しかし、仏法の核心《かくしん》に達《たっ》したとはまだ思えなかったところに、華厳宗《けごんしゅう》の法蔵法師《ほうぞうほっし》が著《あらわ》した『大乗起信論《だいじょうきしんろん》』の注釈書《ちゅうしゃくしょ》〈注11〉を見ると、そこに天台大師《てんだい》（智顗《ちぎ》）の注釈〈注12〉が引用されていた。この天台の注釈書にこそ何か特別のことが書いてあるようであったが、この国に伝わっているか、あるいはまだ伝わっていないのかどうか不審《ふしん》であったので、ある人に尋《たず》ねたところ、その人は次のように語った。「大唐《だいとう》の揚州《ようしゅう》の竜興寺《りゅうこうじ》の僧である鑑真和尚《がんじんわじょう》〈注13〉は、天台宗《てんだいしゅう》の学者であり、また道宣律師《どうせんりっし》〈注14〉の弟子である。天宝《てんぽう》年間（七四二年〜七五六年）の末《すえ》に日本国に渡り、小乗《しょうじょう》の戒《かい》を広められたが、天台の注釈書を持ってきていながら広められなかった。第四十五代聖武《しょうむ》天皇の時代のことである」と。

「その書を見たい」と最澄が言ったので、その人が取り出してお見せしたところ、最澄は一度ご覧《らん》になって生死《しょうじ》の苦悩についての迷《まよ》いが消えた。この書によって六宗〈注15〉の趣旨《しゅし》を究明したところ、その一つ一つが邪見《じゃけん》であることが明らかになった。すぐさま誓願《せいがん》を立て、「日本国の人々は、みな謗法《ほうぼう》の者の支援《しえん》者《しゃ》なのか。天下が必ず乱《みだ》れるだろう」と思って六宗を批判《ひはん》されたので、七大寺《しちだいじ》〈注16〉や六宗のすぐれた学僧は蜂《はち》のように一斉《いっせい》に騒《さわ》ぎ出して、都《みやこ》にいる僧は烏《からす》のように寄《よ》り集まって、天下一同大騒《おおさわ》ぎとなった。七大寺や六宗の人々は邪悪《じゃあく》な思いが強くなっていた。

ところが、延暦《えんりゃく》二十一年（八〇二年）の正月十九日に、天皇《てんのう》が高雄山寺《たかおさんじ》（神護寺《じんごじ》）〈注17〉においでになった。天皇は、南都七大寺《なんとしちだいじ》の名僧《めいそう》十四人、すなわち善議《ぜんぎ》・勝猷《しょうゆう》・奉基《ほうき》・寵忍《ちょうにん》・賢玉《けんぎょく》・安福《あんぷく》・勤操《ごんぞう》・修円《しゅえん》・慈誥《じこう》・玄耀《げんよう》・歳光《さいこう》・道証《どうしょう》・光証《こうしょう》・観敏《かんびん》ら十人余《あま》り〈注18〉を招《まね》いて最澄《さいちょう》と議論させた。華厳宗《けごんしゅう》・三論宗《さんろんしゅう》・法相宗《ほっそうしゅう》などの人たちは、それぞれの自宗の元祖《がんそ》の教えと同じことを主張した。最澄上人《しょうにん》は、六宗《ろくしゅう》の人々の主張を一つ一つ書き付《つ》けて、各宗《かくしゅう》の根本となる経典や論書《ろんしょ》をはじめとして、さまざまな経典や論書と照《て》らし合わせて責《せ》めたので、六宗の人々は一言《いちごん》の答えもなく、まるで口《くち》が鼻《はな》のようになってしまった。天皇は驚《おどろ》かれて、詳《くわ》しくお尋《たず》ねになり、勅宣《ちょくせん》〈注19〉を下《くだ》して十四人を、再度、責められたので、彼らは天皇の仰《おお》せに従《したが》うという謝表《しゃひょう》〈注20〉を献呈《けんてい》した。

その文《もん》には「七大寺《しちだいじ》および六宗《ろくしゅう》の学者は、〈中略〉初めて仏法の究極の教えを覚《さと》った」とある。

また「聖徳太子《しょうとくたいし》が仏法を広めてから今日《こんにち》に至《いた》る二百年余《あま》りの間、講義された経典や論書《ろんしょ》は数多い。諸宗《しょしゅう》が互《たが》いに自らこそが正しいと主張したが、疑問《ぎもん》はまだ解決《かいけつ》していない。しかも、この最も深遠《しんえん》な円宗《えんしゅう》〈注21〉が広く示されたことはなかった」とある。

さらに「三論宗《さんろんしゅう》と法相宗《ほっそうしゅう》との長年にわたる論争《ろんそう》は、跡形《あとかた》もなく氷のように解《と》け、晴れ晴れとしてついに明快《めいかい》な理解に達《たっ》したさまは、ちょうど雲や霧《きり》がなくなって、太陽や月・星を見るようなものである」と言っている。

最澄和尚《さいちょうかしょう》は十四人の法門を判定《はんてい》して次のように述べている。

「六宗《ろくしゅう》の人々は、それぞれ法華経を一巻ずつ講義した。説法《せっぽう》の声を深い谷にまで響《ひび》かせて、主人も客もともに三乗《さんじょう》の道を巡《めぐ》り、法門の旗《はた》を高い峰《みね》に翻《ひるがえ》したところ、長老《ちょうろう》も幼稚《ようち》の者も、欲界《よっかい》・色界《しきかい》・無色界《むしきかい》〈注22〉の煩悩《ぼんのう》を打ち砕《くだ》いた。それでもまだ歴劫修行《りゃっこう》〈注23〉の軌道《きどう》を変えることなく、大白牛車《だいびゃくごしゃ》〈注24〉と門の外にあると言われた牛車とを混同《こんどう》している。どうして初発心《しょほっしん》の位《くらい》〈注25〉に無事《ぶじ》昇《のぼ》り、『阿《あ》』から『荼《だ》』までの四十二字〈注26〉の法門を火宅《かたく》の中で覚《さと》ることができるだろうか」と。

臣下《しんか》であった和気弘世《わけのひろよ》〈注27〉・和気真綱《まつな》〈注28〉の二人は「釈尊《しゃくそん》が霊鷲山《りょうじゅせん》で説《と》かれた妙法について南岳《なんがく》で拝聴《はいちょう》した〈注29〉。旋陀羅尼《せんだらに》〈注30〉を発揮《はっき》した深遠な覚《さと》りを天台山《てんだいさん》で開《ひら》いた。一乗《いちじょう》〈注31〉の妙法が権教《ごんきょう》に妨《さまた》げられていることを嘆《なげ》き、三諦《さんたい》〈注32〉の法門がまだ世に明らかにされていないことを悲しむ」と言った。

また十四人は「善議《ぜんぎ》たちは、過去世《かこせ》での縁《えん》にひかれて幸運な世に生まれ合わせ、希有《けう》のお言葉に接《せっ》することができた。過去世の縁が深くなければ、どうしてこのようなすばらしい時代に生まれることができただろうか」と述べた。

この十四人は、華厳宗《けごんしゅう》の法蔵《ほうぞう》・審祥《しんじょう》〈注33〉、三論宗《さんろんしゅう》の嘉祥《かじょう》（吉蔵《きちぞう》）・観勒《かんろく》〈注34〉、法相宗《ほっそうしゅう》の慈恩《じおん》（基《き》）・道昭《どうしょう》〈注35〉、律宗《りつしゅう》の道宣《どうせん》・鑑真《がんじん》など中国・日本における各宗《かくしゅう》の元祖《がんそ》らの法門を、あたかも瓶《かめ》は変わっても中の水は一つであるように受け継《つ》いでいた。ところが、その十四人が、それぞれの邪義《じゃぎ》を捨《す》て、伝教《でんぎょう》（最《さい》澄《ちょう》）の法華経に帰依《きえ》した以上は、末代《まつだい》の人の誰が「華厳・般若《はんにゃ》・深密経《じんみっきょう》などは法華経より優《すぐ》れている」ということができるだろうか。

小乗《しょうじょう》の三宗《しゅう》は、彼ら大乗《だいじょう》の三宗の人々が学ぶものでもある。大乗の三宗が破《やぶ》れた以上は、論ずるまでもない。ところが今でも詳《くわ》しい事情《じじょう》を知らない者は、六宗《ろくしゅう》はまだ破られていないと思っている。譬《たと》えを示せば、目の不自由な人が天空の太陽や月を見ることができず、耳の不自由な人が雷《かみなり》の音を聞くことができないために、天空には太陽や月がない、大空には音がないと思うようなものである。

◇注　解◇

〈注1〉【第三十代欽明天皇《きんめいてんのう》】六世紀半ば。継体《けいたい》天皇の嫡子《ちゃくし》。現在では一般に第二十九代とされるが、明治《めいじ》時代に歴代を正式に定めるまでは神功皇后《じんぐうこうごう》を歴代に数えるなどし、第三十代とするのが一般的であった。

〈注2〉【用明天皇《ようめいてんのう》】第三十一代天皇。欽明《きんめい》天皇の第四皇子《おうじ》。在位、五八五年〜五八七年。仏教を信仰することを群臣《ぐんしん》に協議《きょうぎ》させたところ、崇仏派《すうぶつは》の蘇我《そが》氏と廃仏《はいぶつ》派の物部《もののべ》氏の対立が激化《げきか》したと伝えられる。

〈注3〉【聖徳太子《しょうとくたいし》】五七四年〜六二二年。飛鳥《あすか》時代の政治家。厩戸皇子《うまやどのおうじ》・豊聡耳皇子《とよとみみのみこ》・上《じょう》宮王《ぐうおう》ともいう。聖徳太子とは後代における呼称《こしょう》。用明天皇《ようめいてんのう》の第二皇子。四天王寺《してんのうじ》や法隆寺《ほうりゅうじ》を造営《ぞうえい》し、法華経・勝鬘経《しょうまんぎょう》・維摩経《ゆいまきょう》の注釈書である三経義疏《さんぎょうぎしょ》を作ったと伝えられる。これらの業績が、実際に聖徳太子自身の手によるものであるか否《いな》かは、今後の研究に委《ゆだ》ねられている。ただし、妃《ひ》の橘大郎女《たちばなのおおいらつめ》に告《つ》げた、「世間は虚仮《こけ》なり、唯《ただ》、仏のみ是《こ》れ真なり」という太子の言葉が残されていて、ここから仏教への深い理解にたどり着いた境地がうかがわれる。

〈注4〉【和気妹子《わけのいもこ》】小野《おのの》妹子のこと。七世紀前半（生没年不詳）の豪族《ごうぞく》。『聖徳太子伝暦《しょうとくたいしでんりゃく》』

巻《まき》上によると、聖徳太子は小野妹子を中国へ派遣《はけん》して、法華経を取り寄《よ》せたといわれる。

〈注5〉【持経《じきょう》】常に手元に置《お》いて読誦《どくじゅ》する経典。

〈注6〉【孝徳天皇《こうとくてんのう》】五九六年?〜六五四年。中臣鎌足《なかとみのかまたり》や中大兄皇子《なかのおおえのおうじ》とともに大化《たいか》の改新《かいしん》を行い、中央集権的《ちゅうおうしゅうけんてき》な国家体制を築《きず》いた。日本で初めて元号《げんごう》を定め、六四五年から「大化」とした。

〈注7〉【聖武天皇《しょうむてんのう》】七〇一年〜七五六年。第四十五代天皇。鎮護《ちんご》国家の思想に基《もと》づき、国立寺院として国分寺《こくぶんじ》・国分尼寺《こくぶんにじ》を諸国に建立《こんりゅう》し、また東大寺《とうだいじ》の大仏《だいぶつ》を造営《ぞうえい》させた。奈良《なら》時代の平城京《へいじょうきょう》を中心とした貴族《きぞく》文化を、聖武天皇の時代の元号《げんごう》をとって天平《てんぴょう》文化という。

〈注8〉【桓武天皇《かんむてんのう》】七三七年〜八〇六年。第五十代天皇。光仁《こうにん》天皇の第一皇子《おうじ》。律令《りつりょう》政治を立て直すため、長岡京《ながおかきょう》、平安京《へいあんきょう》への遷都《せんと》を行った。伝教大師《でんぎょうだいし》最澄《さいちょう》に帰依《きえ》し、日本天台宗の成立に大きく貢献《こうけん》した。

〈注9〉【山階寺《やましなでら》（興福寺《こうふくじ》）】奈良《なら》にある法相宗《ほっそうしゅう》の寺。南都七大寺《なんとしちだいじ》の一つ。七世紀に藤原氏《ふじわらし》の氏《うじ》寺《でら》とされ、平安《へいあん》・鎌倉《かまくら》時代にも権勢《けんせい》を振《ふ》るっていた。

〈注10〉【行表僧正《ぎょうひょうそうじょう》】七二四年〜七九七年。奈良《なら》末期の三論宗《さんろんしゅう》の学僧《がくそう》。興福寺《こうふくじ》で受戒《じゅかい》し華《け》厳《ごん》・法相《ほっそう》・律《りつ》などを学び、後に近江国《おうみのくに》（滋賀《しが》県）の僧尼《そうに》を監督《かんとく》する国師《こくし》を務《つと》めた。伝教大師《でんぎょうだいし》が近江国分寺《おうみこくぶんじ》で出家《しゅっけ》した際《さい》の師。

〈注11〉【『大乗起信論《だいじょうきしんろん》』の注釈書】法蔵《ほうぞう》の『大乗起信論義記《だいじょうきしんろんぎき》』を指す。五巻。『大乗起信論』

は、大乗への信心を起こさせることを目的として、すべての衆生《しゅじょう》に如来《にょらい》となる可能性がそなわっていると説《と》く如来蔵思想《にょらいぞう》の立場から、大乗仏教の教理と実践を要約した論書。馬鳴《めみょう》の著作と伝えられるが諸説ある。法蔵は後半生で、この如来蔵思想を重視した。

〈注12〉【天台大師《てんだいだいし》（智顗《ちぎ》）の注釈】ここでは『摩訶止観《まかしかん》』のこと。『大乗起信論義記《だいじょうきしんろんぎき》』には「此等《これら》は皆《みな》、禅経《ぜんぎょう》の中及《およ》び顗禅師《ぎぜんじ》の止観の中に広説《こうせつ》するが如《ごと》し」とある。

『摩訶止観《まかしかん》』は、天台大師智顗《てんだいだいしちぎ》が法華経について講述《こうじゅつ》したものを弟子の章安《しょうあん》大師灌頂《かんじょう》が記した書で、『止観』と略される。十巻。『法華玄義《ほっけげんぎ》』『法華文句《ほっけもんぐ》』とともに天台三大部といわれる。本書で天台大師は、仏教の実践修行を「止観」として詳細に体系化した。それが前《ぜん》代未聞《だいみもん》のすぐれたものであるので、サンスクリットで偉大なという意の「摩訶」がつけられている。「止《し》」とは心を外界や迷《まよ》いに動かされずに静止させることで、それによって正しい智慧《ちえ》を起こして対象を観察することを「観《かん》」という。天台大師は特に、止観の対象を凡《ぼん》夫《ぶ》自身の心に定め（この観法《かんぽう》を観心《かんじん》という）、普通の人々が成仏《じょうぶつ》を実現するための実践とし、観心によって覚知《かくち》すべき究極の法門を一念三千《いちねんさんぜん》とした。

〈注13〉【鑑真和尚《がんじんわじょう》】六八八年～七六三年。中国・唐《とう》の僧《そう》で、日本律宗《りっしゅう》の祖。天平勝宝《てんぴょうしょうほう》五年（七五三年）に来日し、律《りつ》（出家《しゅっけ》教団の規則）にもとづく正式な授戒《じゅかい》出家の方式を伝えた。また、天台大師《てんだいだいし》の著作を含《ふく》むさまざまな文献《ぶんけん》をもたらした。

〈注14〉【道宣律師《どうせんりっし》】御書本文は「道暹《どうせん》律師」（三〇三㌻）。音通（音の通じる字を用いること）

と見て史実に合わせた。道宣（五九六年～六六七年）は、中国・唐《とう》の僧《そう》。律に詳しく、終南《しゅうなん》山《ざん》（長安《ちょうあん》の南方）で研究に励んでいたことから、彼の学派を南山律宗と呼ぶ。鑑真《がんじん》は彼の孫弟子に当たる。

〈注15〉**【六宗《ろくしゅう》】** 奈良《なら》時代までに日本に伝わった仏教の六つの学派。三論《さんろん》・成実《じょうじつ》・法相《ほっそう》・倶《く》舎《しゃ》・華厳《けごん》・律《りつ》の六宗。南都《なんと》六宗ともいう。第3章〈注1〉を参照。

〈注16〉**【七大寺《しちだいじ》】** 奈良《なら》の中心的な七つの大寺院のこと。南都六宗《なんとろくしゅう》の拠点《きょてん》。諸説あるが、一般には東大寺《とうだいじ》・興福寺《こうふくじ》・元興寺《がんごうじ》・大安寺《だいあんじ》・薬師寺《やくしじ》・西大寺《さいだいじ》・法隆寺《ほうりゅうじ》の七つをいう。

〈注17〉**【高雄山寺《たかおさんじ》】** 京都《きょうと》の北西の高雄山にある寺。現在の神護寺《じんごじ》に当たる。

〈注18〉**【善議《ぜんぎ》・勝猷《しょうゆう》……十人余《あま》り】**『叡山大師伝《えいざんだいしでん》』によれば、ここに挙《あ》げられた十四人が招《まね》かれたという。

善議《ぜんぎ》（七二九年～八一二年）は、平安《へいあん》初期の三論宗《さんろんしゅう》の僧《そう》。大安寺《だいあんじ》の道慈《どうじ》に学ぶ。弟子に勤《ごん》操《そう》がいる。

勝猷《しょうゆう》（生没年不詳）は、平安《へいあん》初期の南都七大寺《なんとしちだいじ》の高僧《こうそう》の一人。

奉基《ほうき》（八一六年～八九七年）は、平安《へいあん》初期の法相宗《ほっそうしゅう》の奈良《なら》・元興寺《がんごうじ》の僧《そう》。南都七大寺《なんとしちだいじ》の高僧の一人。

寵忍《ちょうにん》（生没年不詳）は、南都六宗《なんとろくしゅう》の僧《そう》の一人。

賢玉《けんぎょく》（生没年不詳）は、平安《へいあん》初期、法相宗《ほっそうしゅう》の奈良《なら》・元興寺《がんごうじ》の僧《そう》。

安福《あんぷく》（生没年不詳）は、南都六宗《なんとろくしゅう》の僧《そう》の一人。

勤操《ごんぞう》（七五四年または七五八年～八二七年）は、平安《へいあん》初期の南都七大寺《なんとしちだいじ》の高僧《こうそう》の一人で、三《さん》論宗《ろんしゅう》の僧。善議《ぜんぎ》から三論を学ぶ。僧都《そうず》となって東大寺《とうだいじ》と西大寺《さいだいじ》を管領《かんりょう》し、後に岩淵寺《いわぶちでら》を開いた。八二六年に大僧都となり、死後に勅《ちょく》をえて僧正《そうじょう》となった。

修円《しゅえん》（七七一年～八三五年）は、平安《へいあん》初期の法相宗《ほっそうしゅう》の僧《そう》。興福寺《こうふくじ》に住み、当時第一の学僧として有名だった。唐《とう》より帰国した伝教大師《でんぎょうだいし》から密教《みっきょう》の灌頂《かんじょう》を受けている。伝教大師は大《だい》乗戒壇建立《じょうかいだんこんりゅう》を請《こ》う上表文《じょうひょうぶん》を朝廷《ちょうてい》に提出したが、八一九年、修円は護命《ごみょう》らとともにそれに反対する上奏《じょうそう》を行った。弟子には、伝教大師と論争した得一《とくいつ》がいる。

慈誥《じこう》・玄耀《げんよう》・歳光《さいこう》は、いずれも南都七大寺《なんとしちだいじ》の高僧《こうそう》の一人。生没年不詳。

道証《どうしょう》（七五六年～八一六年）は、平安《へいあん》初期の法相宗《ほっそうしゅう》の僧《そう》。

光証《こうしょう》（生没年不詳）は、南都七大寺《なんとしちだいじ》の高僧《こうそう》の一人。

観敏《かんびん》（生没年不詳）は、平安《へいあん》初期の奈良《なら》・大安寺《だいあんじ》の僧《そう》。

〈注19〉**【勅宣《ちょくせん》】**天皇《てんのう》の命令のこと。

〈注20〉**【謝表《しゃひょう》】**目上の者から配慮《はいりょ》を受けた時のお礼の言葉。ここでは天皇《てんのう》から直々に言葉をかけられたことをお礼の対象としている。

〈注21〉**【円宗《えんしゅう》】**円教《えんぎょう》である法華経をよりどころとする宗派のこと。天台宗《てんだいしゅう》の別名。

〈注22〉**【欲界《よっかい》・色界《しきかい》・無色界《むしきかい》】**合わせて三界《さんがい》といい、地獄《じごく》から天界《てんかい》までの六道《ろくどう》の迷《まよ》いの衆《しゅ》生《じょう》が住む世界。このうち色界・無色界は、修得した禅定《ぜんじょう》の境地の報《むく》いとして生じる。
①欲界《よっかい》とは、欲望《よくぼう》にとらわれた衆生《しゅじょう》が住む世界。地獄界《じごくかい》から人界《にんかい》までの五界と、天界《てんかい》のうち六層《そう》からなる六欲天《ろくよくてん》が含《ふく》まれる。その最高の第六天を他化自在天《たけじざいてん》という。
②色界《しきかい》は、欲望《よくぼう》からは離《はな》れたが、物質的な制約がある衆生《しゅじょう》が住む世界。大きく四層《そう》の四《し》禅天《ぜんてん》、詳しくは十八層の十八天に分かれる。
③無色界《むしきかい》は、欲望《よくぼう》も物質的な制約も離《はな》れた高度に精神的な世界、境地のこと。四種からなる。最高は非想非非想処《ひそうひひそうしょ》。それに次ぐのが無所有処《むしょうしょ》。仏伝《ぶつでん》によると、釈尊《しゃくそん》が出家《しゅっけ》後に師事したというウドラカラーマプトラは無所有処、アーラーダカーラーマは非想非非想処という境地であったという。

〈注23〉【歴劫修行《りゃっこう》】無量義経説法品《むりょうぎきょうせっぽうほん》第二（法華経三三ページ）にある語で、成仏《じょうぶつ》までに極《きわ》めて長い時間をかけて修行すること。「歴劫」とはいくつもの劫（長遠《ちょうおん》な時間の単位）を経《へ》るとの意。無量義経では、爾前経《にぜんきょう》の修行は歴劫修行であり永久《えいきゅう》に成仏できないと断《だん》じ、速疾頓成《そくしつとんじょう》（速《すみ》やかに成仏すること）を明かしている。

〈注24〉【大白牛車《だいびゃくごしゃ》】白牛に引かれ七宝《しっぽう》に飾《かざ》られた大きな車。法華経譬喩品《ひゆほん》第三に説《と》かれる「三車火宅《さんしゃかたく》の譬《たと》え」に登場する。家が火事であることを知らずに、その中で遊んでいる子どもたちを救《すく》い出すために、父である長者は、方便《ほうべん》として羊車《ようしゃ》・鹿車《ろくしゃ》・牛車の三車を示して外に誘《さそ》い出し、出てきた時にはそれらに勝《まさ》る大白牛車を与えた。羊車・鹿車・牛車の三車は声聞《しょうもん》・縁覚《えんがく》・菩薩《ぼさつ》の三乗《さんじょう》を、大白牛車は三乗を統合する一仏乗《いちぶつじょう》の教え、すなわち法華経を譬える。ここでは、六宗《ろくしゅう》の僧《そう》が法華経（人白牛車）と権教《ごんきょう》（三車）とを混同《こんどう》し、仏法の正《せい》邪《じゃ》に迷《まよ》っていることを意味する。

〈注25〉**【初発心《しょほっしん》の位《くらい》】** 初めて覚《さと》りを求める心を起こす位。菩薩《ぼさつ》の修行段階である五十二位《ごじゅうにい》では、十住《じゅうじゅう》の第一（第十一位）、初発心住《しょほっしんじゅう》を指す。

〈注26〉**【『阿《あ》』から『荼《だ》』までの四十二字】**「阿」「荼」は、梵語《ぼんご》（サンスクリット）を表記する四十二字を音写するさいに用《もち》いられる漢字のうちの最初と最後に当たる。般若経《はんにゃきょう》・華厳《けごん》経《ぎょう》などでは四十二字になぞらえて修行の位《くらい》を四十二字門として定めている。すなわち初めの阿字が菩薩《ぼさつ》の最初の位である初住《しょじゅう》にあたり、最後四十二番目の荼字《だじ》が妙覚《みょうかく》（仏）の位を表す。

〈注27〉**【和気弘世《わけのひろよ》】** 生没年不詳。平安《へいあん》初期の貴族《きぞく》で、和気清麻呂《きよまろ》の長子。弟の真綱《まつな》と共《とも》に深く仏法を信じ、日本天台宗《てんだいしゅう》の成立に貢献《こうけん》した。

〈注28〉**【和気真綱《わけのまつな》】** 七八三年～八四六年。平安《へいあん》初期の貴族《きぞく》で、和気弘世《ひろよ》の弟。弘世とともに伝教大師《でんぎょうだいし》に帰依《きえ》し、和気氏の氏寺《うじでら》である高雄山寺《たかおさんじ》に南都六宗《なんとろくしゅう》の高僧《こうそう》十四人を集め、伝教大師を講師とする法華会《ほっけえ》を主催《しゅさい》した。

〈注29〉**【南岳《なんがく》で拝聴《はいちょう》した】** 天台大師《てんだいだいし》が南岳大師慧思《えし》に師事して大蘇山《だいそざん》で開悟《かいご》したことを指す。

〈注30〉【旋陀羅尼《せんだらに》】「旋」は、めぐらす、転《てん》じるの意。教えを転じることができる陀羅尼（記憶力《きおくりょく》）のこと。

〈注31〉【一乗《いちじょう》】成仏《じょうぶつ》のための唯一《ゆいいつ》の教えの意で、すべての者が成仏できるという法華経の教えのこと。

〈注32〉【三諦《さんたい》】天台大師《てんだいだいし》が立てた空諦《くうたい》・仮諦《けたい》・中諦《ちゅうたい》の法門。諸法《しょほう》（森羅万象《しんらばんしょう》）の実相《じっそう》を三つの側面《そくめん》からとらえ、それらが一つの事物・事象に円満《えんまん》にそなわり分かち難《がた》いものである（円融《えんゆう》）ことを明かしている。第5章〈注6〉を参照。

〈注33〉【審祥《しんじょう》】?～七四二年ごろ。奈良《なら》時代の学僧《がくそう》で、日本華厳宗《けごんしゅう》の初祖とされる。「新羅《しんら》学生《がくしょう》」と記録されていることから、新羅に学びにいった日本僧と推測される。唐《とう》の法蔵《ほうぞう》に華厳教学を学び、来日して大安寺《だいあんじ》に居住する。七四〇年、良弁《ろうべん》の請《こ》いにより金鐘寺《きんしょうじ》（東大《とうだい》寺《じ》の前身）で華厳経《けごんぎょう》を講義し、聖武天皇《しょうむてんのう》の外護《げご》を受けて華厳宗を広めた。

〈注34〉【観勒《かんろく》】生没年不詳。七世紀ごろの百済《ひゃくさい》出身の僧《そう》。六〇二年に来日して元興寺《がんごうじ》に住み、三論宗《さんろんしゅう》・成実宗《じょうじつしゅう》を伝えた。国家が仏教を統制するため任命した僧官を僧綱《そうごう》というが、六二四年に日本最初の僧綱として僧正《そうじょう》に任命された。

〈注35〉【道昭《どうしょう》】六二九年～七〇〇年。日本法相宗《ほっそうしゅう》の開祖。唐《とう》に渡り玄奘《げんじょう》に師事し、法相教学（または摂論《しょうろん》）を学んだ。経論を携《たずさ》えて帰朝し、元興寺《がんごうじ》で法相宗を広めた。弟子に行基《ぎょうき》がいる。

第12章　伝教大師《でんぎょうだいし》による真言《しんごん》の位置づけ

（御書三〇四ジペー五行目〜三〇五ジペー四行目）

真言宗《しんごんしゅう》という宗の伝来について言えば、日本の第四十四代の天皇《てんのう》である元正《げんしょう》天皇〈注1〉の時代に、善無畏三蔵《ぜんむいさんぞう》が大日経《だいにちきょう》を持ってきて〈注2〉、広めずに中国へ帰った。また、玄昉《げんぼう》〈注3〉らが『大日経義釈《だいにちきょうぎしゃく》』十四巻〈注4〉を持ってきた。さらに東大寺《とうだいじ》の得清大徳《とくしょうだいとく》〈注5〉も同書を持ってきた。これらの書を伝教大師《でんぎょうだいし》（最澄《さいちょう》）はご覧《らん》になっていたが、大日経と法華経の勝劣《しょうれつ》はどうなのかとお思いになっていたところ、あれこれ不審《ふしん》の点があったために、延暦《えんりゃく》二十三年（八〇四年）七月に唐《とう》に向かわれた〈注6〉。国清寺《こくせいじ》〈注7〉の道邃和尚《どうずいかしょう》〈注8〉、仏隴寺《ぶつろうじ》〈注

9〉の行満《ぎょうまん》〈注10〉らに会って、止観《しかん》と円頓《えんどん》の大戒《だいかい》〈注11〉を伝受《でんじゅ》し、霊巌寺《れいがんじ》〈注12〉の順暁和尚《じゅんぎょうわじょう》〈注13〉に会って真言を相伝《そうでん》し、同じ延暦年間の二十四年（八〇五年）六月に帰国して、桓武《かんむ》天皇にお会いした。天皇は宣旨《せんじ》を下《くだ》して六宗《ろくしゅう》の学者たちに止観・真言を習わせ、彼らを七大寺《しちだいじ》に置《お》かれた。

真言《しんごん》と天台止観《てんだいしかん》の二宗《しゅう》の勝劣《しょうれつ》は、中国ではさまざまな異論《いろん》があり、また『大《だい》日経義釈《にちきょうぎしゃく》』には「理同事勝《りどうじしょう》〈注14〉」と書かれているが、伝教大師《でんぎょうだいし》は「善無畏三《ぜんむいさん》蔵《ぞう》の誤《あやま》りである。大日経は法華経には劣《おと》っている」とお分かりになったので、（従来の六宗《ろくしゅう》に天台・真言の二宗を加えた）八宗《はっしゅう》とはされずに、真言宗《しんごんしゅう》の名を削《けず》り法華《ほっけ》宗《しゅう》の中に含《ふく》め七宗《しちしゅう》とされ、大日経については法華天台宗《ほっけてんだいしゅう》にとっての補助的《ほじょてき》な経と位置づけ、華厳経《けごんぎょう》・大品般若経《だいぼんはんにゃきょう》〈注15〉・涅槃経《ねはんぎょう》などと同列に置《お》かれた。

しかしながら、円頓《えんどん》の大乗別受戒《だいじょうべつじゅかい》の大戒壇《だいかいだん》〈注16〉という重大なものをわが国に建てる建てないという論争《ろんそう》が紛糾《ふんきゅう》していたからか、伝教大師《でんぎょうだいし》は、真言《しんごん》・天台《てんだい》の二宗《しゅう》の勝劣《しょうれつ》については、弟子にも明瞭《めいりょう》には教えられなかったのだろうか。ただし、『依憑集《えびょうしゅう》』〈注17〉という書には、紛《まぎ》れもなく「真言宗は法華天台宗《ほっけてんだいしゅう》の正しい教えを盗《ぬす》み取って大日経《だいにちきょう》に入れて、説《と》かれている理は同じとしている。それ故《ゆえ》、真言宗は、天台宗に屈服《くっぷく》した宗である」という趣旨《しゅし》のことが書かれている。

まして不空三蔵《ふくうさんぞう》には次のような逸話《いつわ》がある。不空三蔵は、善無畏《ぜんむい》・金剛智《こんごうち》が亡《な》くなった後、インドに帰り、竜智菩薩《りゅうちぼさつ》〈注18〉にお会いした。この時、「インドには仏の真意を明らかにした教理書や注釈書《ちゅうしゃくしょ》がない。中国にある天台《てんだい》という人の注釈書こそ邪正《じゃしょう》を立て分け、何が偏頗《へんぱ》な教えで何が円満《えんまん》な教えであるかを明らかにした書であるとのことです。恐《おそ》れ入《い》りますが、どうかそれをインドへ伝えてください」と竜智菩薩が心を込《こ》めて頼《たの》んだという。このことを、不空の弟子である含光《がんこう》〈注19〉という者が妙楽大師《みょうらくだいし》（湛然《たんねん》）に語ったのが『法華文句記《ほっけもんぐき》』の第十巻末《まつ》に記されているが、伝教大師《でんぎょうだいし》はそれをそのままこの『依憑集《えびょうしゅう》』に引用している。大日経《だいにちきょう》は法華経よりも劣《おと》るということをご存《ぞん》じだったという点について、伝教大師のお考えは明瞭《めいりょう》である。

したがって、釈尊《しゃくそん》・天台大師《てんだいだいし》（智顗《ちぎ》）・妙楽大師《みょうらく》・伝教大師《でんぎょう》は、一致《いっち》して、大日経《だいにちきょう》などを含むあらゆる経の中では法華経が最も優《すぐ》れているとお考えになっていたことは明白である。また、真言宗《しんごんしゅう》の元祖《がんそ》といわれる竜樹菩薩《りゅうじゅぼさつ》のお考えも同じである。竜樹の『大智度論《だいちどろん》』〈注20〉をよくよく調べたなら、このことは明らかであるはずなのに、不空《ふくう》が誤《あやま》りを交《まじ》えて訳《やく》した『菩提心論《ぼだいしんろん》』に皆がだまされて、このことに迷《まよ》っているのだろうか。

◇注　解◇

〈注1〉【元正天皇《げんしょうてんのう》】六八〇年〜七四八年。第四十四代天皇。元明《げんめい》天皇の娘。在位中の七二〇年、日本最初の勅撰《ちょくせん》の歴史書である『日本書紀《にほんしょき》』が完成した。

〈注2〉【善無畏三蔵《ぜんむいさんぞう》が大日経《だいにちきょう》を持ってきて】元正天皇《げんしょうてんのう》の時代にインドの善無畏三蔵が来日して大日経をもたらしたという伝説は明らかに史実ではない。しかし、この伝説は中世《ちゅうせい》には広く知られていたもので、平安《へいあん》時代の歴史書『扶桑略記《ふそうりゃっき》』巻《まき》六などにも記されている。聖武《しょうむ》天皇の時代に日本に来て南都七大寺《なんとしちだいじ》の一つである大安寺《だいあんじ》に居住したインドの菩提僊那《ぼだいせんな》（婆羅門僧正《ばらもんそうじょう》ともいう）と善無畏を混同《こんどう》したために生じた伝説とされる。

〈注3〉【玄昉《げんぼう》】?〜七四六年。奈良《なら》時代の法相宗《ほっそうしゅう》の僧《そう》。唐《とう》に渡って智周《ちしゅう》に師事し、経論五千巻をもって帰国。興福寺《こうふくじ》を拠点《きょてん》に法相教学を広めた。

〈注4〉【『大日経義釈《だいにちきょうぎしゃく》』十四巻】中国・唐《とう》の善無畏《ぜんむい》が一行《いちぎょう》の請《こ》いに応じておこなった大日経の講説《こうせつ》を一行が筆記《ひっき》したものが『大日経疏《だいにちきょうしょ》』で、それを弟子の智儼《ちごん》・温古《おんこ》らが補訂《ほてい》した書を『大日経義釈』という。

〈注5〉【得清大徳《とくしょうだいとく》】生没年不詳。奈良《なら》時代の僧《そう》。西大寺《さいだいじ》で学んだ後、唐《とう》に渡り『大日経義釈《だいにちきょうぎしゃく》』の異本《いほん》である『大日経義記《だいにちきょうぎき》』を日本に持ち帰った。御書本文で「東大寺《とうだいじ》の得清大徳」

（三〇四ページ）とされているのは、西大寺の誤記と考えられる。得清は徳清とも書かれる。

〈注6〉【唐《とう》に向かわれた】御書本文は「御入唐《ごにっとう》」（三〇四ページ）であるが、延暦《えんりゃく》二十三年七月は伝教大師最澄《でんぎょうだいしさいちょう》が日本を出発した月で、唐に到着《とうちゃく》したのは九月である。第13章〈注1〉を参照。

〈注7〉【国清寺《こくせいじ》】御書本文は「西明寺《さいみょうじ》」（三〇四ページ）であるが、史実に合わせた。

〈注8〉【道邃和尚《どうずいかしょう》】生没年不詳。中国・唐《とう》の僧《そう》で、妙楽大師湛然《みょうらくだいしたんねん》の弟子。天台山《てんだいさん》の修禅寺《しゅぜんじ》の座主《ざす》。唐に渡った伝教大師《でんぎょう》に台州《だいしゅう》の竜興寺《りゅうこうじ》で菩薩戒《ぼさつかい》を授《さず》け、天台の法門を伝えた。

〈注9〉【仏隴寺《ぶつろうじ》】御書本文は「仏滝寺《ぶつろうじ》」（三〇四ページ）であるが、音通と見て史実に合わせた。

〈注10〉【行満《ぎょうまん》】生没年不詳。中国・唐《とう》の僧《そう》で、妙楽大師《みょうらくだいし》の弟子。天台山《てんだいさん》の仏隴寺《ぶつろうじ》の座主《ざす》。伝教《でんぎょう》大師に天台の法門を伝えた。

〈注11〉【止観《しかん》と円頓《えんどん》の大戒《だいかい》】止観については第11章〈注12〉を参照。円頓の大戒は、大乗《だいじょう》の梵網経《ぼんもうきょう》に説《と》かれる戒（十重禁戒《じゅうじゅうきんかい》・四十八軽戒《しじゅうはちきょうかい》）のことと考えられる。伝教大師《でんぎょうだいし》の『顕戒論《けんかいろん》』巻《まき》上には「道邃和上《どうずいわじょう》は慈悲《じひ》をもって一心三観《いっしんさんがん》を一言に伝え、菩薩《ぼさつ》の円戒《えんかい》を至心《ししん》に授《さず》けてくださった」（通解）と記されている。

〈注12〉【霊巌寺《れいがんじ》】御書本文は「霊感寺《れいがんじ》」（三〇四ページ）であるが、音通と見て史実に合わせた。

〈注13〉【順暁和尚《じゅんぎょうわじょう》】生没年不詳。中国・唐《とう》の密教僧《みっきょうそう》。唐に渡った伝教大師《でんぎょうだいし》に密教灌頂《かんじょう》を授《さず》けた。

〈注14〉【理同事勝《りどうじしょう》】法華経と大日経《だいにちきょう》を比較《ひかく》すると、理（説《と》かれている法理）は同一であるが、事（修行における実践法など）においては大日経が法華経に勝《すぐ》れているとする説《せつ》。

〈注15〉【大品般若経《だいぼんはんにゃきょう》】般若経の漢訳の一つで、中国・後秦《こうしん》の鳩摩羅什《くまらじゅう》訳。二十七巻。天台《てんだい》教学における五時《ごじ》のうち般若時《はんにゃじ》の代表的な経典。第10章〈注16〉を参照。

〈注16〉【円頓《えんどん》の大乗別受戒《だいじょうべつじゅかい》の大戒壇《だいかいだん》】伝教大師《でんぎょうだいし》が従来の戒壇に代わるものとして建立《こんりゅう》を目指した大乗の戒壇のこと。円頓とは、円満《えんまん》にして欠《か》けることなく速《すみ》やかに成仏《じょうぶつ》するという法華経の教えをいう。大乗の菩薩戒《ぼさつかい》には①摂律儀戒《しょうりつぎかい》（仏の定めた戒律《かいりつ》のすべてを受持《じゅじ》して悪を防《ふせ》ぐこと）②摂善法戒《しょうぜんぼうかい》（あらゆる善《ぜん》を行うこと）③摂衆生戒《しょうしゅじょうかい》（あらゆる人々を教え導《みちび》きその利益《りやく》のために力《ちから》を尽《つ》くすこと）の三つ（三聚浄戒《さんじゅじょうかい》という）がある。この三つをまとめて受けることを通受《つうじゅ》、摂律儀戒だけを受けることを別受という。出家者《しゅっけしゃ》の場合、通常は別受では律《りつ》（ヴィナヤ、出家教団の規則）を受けるが、伝教大師は別受戒において大乗の梵網経《ぼんもうきょう》に説《と》かれる戒（十重禁戒《じゅうじゅうきんかい》・四十八軽戒《しじゅうはちきょうかい》）を用《もち》いることを主張した。この大乗戒を授《さず》ける場所が円頓の戒壇である。

〈注17〉【『依憑集《えびょうしゅう》』】伝教大師《でんぎょうだいし》が、弘仁《こうにん》四年（八一三年）に著《あらわ》し、同七年（八一六年）に序文《じょぶん》を付《ふ》して公表した書。一巻。詳しくは『大唐新羅諸宗義匠依憑天台義集《だいとうしんらしょしゅうぎしょうえひょうてんだいぎしゅう》』といい、略して『依憑天台集《えひょうてんだいしゅう》』ともいう。諸宗の僧《そう》が天台大師智顗《ちぎ》の教えを依憑（よりどころの意）としていることを、引用文によって具体的に明らかにしている。

〈注18〉【竜智菩薩《りゅうちぼさつ》】南インドの人。真言宗《しんごんしゅう》では第四祖とされ、竜樹《りゅうじゅ》から密教《みっきょう》の付法《ふほう》を受け金剛智《こんごうち》に付嘱《ふぞく》したとされる。実在は疑問視されている。真言宗では、竜樹は迦那提婆《かなだいば》に顕《けん》教《きょう》を、竜智に密教を付嘱したとする。

〈注19〉【含光《がんこう》】生没年不詳。中国・唐《とう》の密教僧《みっきょうそう》。不空《ふくう》の弟子として、その訳経《やっきょう》を助けた。

〈注20〉【『大智度論《だいちどろん》』】摩訶般若波羅蜜経《まかはんにゃはらみつきょう》（大品般若経《だいぼんはんにゃきょう》）に対する詳しい注釈書。竜樹《りゅうじゅ》著とされ、鳩摩羅什《くまらじゅう》の漢訳がある。百巻。法華経などの諸大乗経《しょだいじょうきょう》に基《もと》づいて、大乗の菩薩《ぼさつ》思想や六波羅蜜行《ろくはらみつぎょう》などの意義を解明《かいめい》しており、後のあらゆる大乗思想の展開の母胎《ぼたい》となった。

第13章　弘法《こうぼう》の真言宗《しんごんしゅう》の確立《かくりつ》

（御書三〇五ジペー五行目〜十七行目）

一方、石淵《いわぶち》の勤操僧正《ごんぞうそうじょう》の弟子に空海《くうかい》という人がいた。後《のち》には弘法大師《こうぼうだいし》と呼ばれた。延暦《えんりゃく》二十三年（八〇四年）五月十二日に唐《とう》に向け出発された〈注1〉。中国に渡っては、金剛智《こんごうち》・善無畏《ぜんむい》の両三蔵《りょうさんぞう》から数えて第三代の弟子である恵果和尚《けいかわじょう》〈注2〉という人から胎蔵《たいぞう》・金剛界《こんごうかい》の両界《りょうかい》の法〈注3〉を伝受《でんじゅ》した。そして大同《だいどう》二年（八〇七年）十月二十二日に日本に帰国された。平城天皇《へいぜいてんのう》〈注4〉の時代である。すでに桓武《かんむ》天皇は崩御《ほうぎょ》されていた。空海が平城天皇にお目にかかったところ、天皇は空海を引き立て、ことのほか帰依《きえ》なさったが、平城天皇はすぐに嵯《さ》峨《が》天皇〈注5〉に取って代わられたので、弘法は引きこもっていた。ところが、伝教《でんぎょう》大師（最澄《さいちょう》）が嵯峨天皇の時代の弘仁《こうにん》十三年（八二二年）六月四日にお亡《な》くなりになり、同じ弘仁年間の十四年（八二三年）から、弘法大師は天皇の師匠となり、真言宗《しんごんしゅう》を打ち立て、東寺《とうじ》〈注6〉を与えられ、真言和尚《しんごんわじょう》と呼ばれた。これから八宗《はっしゅう》が始まったのである。

弘法《こうぼう》は釈尊《しゃくそん》が一生のうちに説《と》いた教えの勝劣《しょうれつ》を判定《はんてい》して「第一は真言《しんごん》・大日《だいにち》経《きょう》、第二は華厳《けごん》、第三は法華《ほっけ》・涅槃《ねはん》である」と言っている。「法華経は、阿含《あごん》時《じ》・方等時《ほうどうじ》・般若時《はんにゃじ》などの経に対しては真実の経であるけれども、華厳経《けごんぎょう》・大日経に比較《ひかく》すれば言葉の上だけの空論《くうろん》の教え〈注7〉である。教主《きょうしゅ》釈尊は仏ではあるが、大日如来《だいにちにょらい》に対比《たいひ》すれば無明《むみょう》に覆《おお》われた境涯《きょうがい》〈注8〉といって、大日如来を皇帝《こうてい》とすれば俘囚《ふしゅう》〈注9〉のようなものである。天台大師《てんだいだいし》（智顗《ちぎ》）は盗人《ぬすびと》である。真言という醍醐《だいご》を盗んで、法華経を醍醐といっている」などと書かれたので、法華経は尊《とうと》い教えであると思うが、弘法大師《だいし》にかかってはまったく相手にもされないのである。

インドの仏教以外の思想はともかくとして、中国の南北の学者が、法華経は涅槃経《ねはんぎょう》に対すれば邪見《じゃけん》の経であると言ったことをも上回り、華厳宗《けごんしゅう》が、法華経は華厳経《けごんぎょう》に対しては派生的《はせいてき》な教えであると説《と》いたことも超《こ》えている。同様の例を挙《あ》げれば、有名なインドの大慢婆羅門《だいまんばらもん》が、大自在天《だいじざいてん》・那羅延天《ならえんてん》・婆藪天《ばすてん》〈注10〉・教主釈尊《きょうしゅしゃくそん》の四人を高座《こうざ》の足に彫刻《ちょうこく》して、その上にのぼって邪法《じゃほう》を広めたようなものである。

もし伝教大師《でんぎょうだいし》がご存命《ぞんめい》であったなら、必ずや一言《いちごん》あったにちがいない事柄《ことがら》である。また、義真《ぎしん》・円澄《えんちょう》・慈覚《じかく》（円仁《えんにん》）・智証《ちしょう》（円珍《えんちん》）らも、なぜ不審《ふしん》に思わなかったのだろうか。これは天下第一の大罪《たいざい》である。

◇注　解◇

〈注1〉【延暦《えんりゃく》二十三年（八〇四年）五月十二日に唐《とう》に向け出発された】御書では空海《くうかい》（弘法《こうぼう》）がこの日に入唐《にっとう》したとされる。空海は伝教大師最澄《でんぎょうだいしさいちょう》と同じく延暦二十三年五月十二日に難《なに》波津《わづ》（大阪湾《おおさかわん》にあった港）を発《た》って九州《きゅうしゅう》に向かい、七月、肥前国松浦郡《ひぜんのくにまつらぐん》（現在の佐賀《さが》県）の田《た》浦《うら》から遣唐船《けんとうせん》に乗り、唐に向かった。

〈注2〉【恵果和尚《けいかわじょう》】七四六年～八〇五年。中国・唐《とう》の密教僧《みっきょうそう》。不空《ふくう》の弟子。大日経《だいにちきょう》系と金《こん》剛頂経《ごうちょうきょう》系の密教を一体化した「両部《りょうぶ》」の教義をつくり、唐に留学した空海《くうかい》にこの両部の法を伝えた。

〈注3〉【胎蔵《たいぞう》・金剛界《こんごうかい》の両界《りょうかい》の法】大日経《だいにちきょう》に基《もと》づく胎蔵曼荼羅《まんだら》と金剛頂経《こんごうちょうきょう》に基づく金剛界曼荼羅による修法《しゅほう》のこと。

〈注4〉【平城天皇《へいぜいてんのう》】七七四年～八二四年。第五十一代天皇。桓武《かんむ》天皇の第一皇子《おうじ》。病気のため弟の嵯峨《さが》天皇に譲位《じょうい》した後、寵妃《ちょうひ》・藤原薬子《ふじわらのくすこ》やその兄・仲成《なかなり》とともに再び権力を握《にぎ》ろうと平城京《へいじょうきょう》への遷都《せんと》を企《くわだ》てたが、失敗し出家《しゅっけ》した（薬子の変）。

〈注5〉【嵯峨天皇《さがてんのう》】七八六年～八四二年。第五十二代天皇。桓武《かんむ》天皇の第二皇子《おうじ》。即位《そくい》の翌年の八一〇年、前帝《ぜんてい》の平城《へいぜい》天皇らが企《くわだ》てた謀叛《むほん》（薬子《くすこ》の変）を平定し、律令《りつりょう》政治の改革《かいかく》を行った。
〈注6〉**【東寺《とうじ》】** 教王護国寺《きょうおうごこくじ》のこと。平安京《へいあんきょう》の東半分にある寺なので、東寺と呼ばれる。「長《ちょう》者《じゃ》」といわれる東寺の住職《じゅうしょく》が、真言宗《しんごんしゅう》全体の管長《かんちょう》（最高責任者）の役目を果たした。
〈注7〉**【言葉の上だけの空論《くうろん》の教え】** 御書本文は「戯論《けろん》の法」（三〇五ページ）。単に言葉の上だけの仮構《かこう》の教えといった意味。空海が『秘蔵宝鑰《ひぞうほうやく》』巻《まき》下で述べている。
〈注8〉**【無明《むみょう》に覆《おお》われた境涯《きょうがい》】** 御書本文は「無明の辺域《へんいき》」（三〇五ページ）。『秘蔵宝鑰《ひぞうほうやく》』巻《まき》下にある。
〈注9〉**【俘囚《ふしゅう》】** 八世紀ごろから律令《りつりょう》国家に帰服《きふく》した東国《とうごく》の者のこと。
〈注10〉**【大自在天《だいじざいてん》・那羅延天《ならえんてん》・婆藪天《ばすてん》】** いずれもインドで崇拝《すうはい》されていた神々。大自在天はサンスクリットのマヘーシュヴァラの訳《やく》で、音写して摩醯首羅天《まけいしゅらてん》ともいう。色界《しきかい》の頂上に住み、三千世界《さんぜんせかい》を支配するとされる天。古代インド神話のシヴァと同一視される。
那羅延天《ならえんてん》の那羅延はサンスクリットのナーラーヤナの音写。金剛力士《こんごうりきし》ともいう。『大日経《だいにちきょう》疏《しょ》』には、毘紐天《びちゅうてん》（ヴィシュヌ神）の別名で、仏の分身《ふんじん》であり、迦楼羅《かるら》（ガルダ）鳥《ちょう》に乗って空《そら》をいくとある。『慧琳音義《えりんおんぎ》』には、大力《だいりき》で、この神を供養《くよう》する者は多くの力を得るとあり、『大毘婆沙論《だいびばしゃろん》』にも同様の大力が示されている。
婆藪天《ばすてん》は、古代インドのバラモン教で崇拝《すうはい》されている神。婆藪はサンスクリットのヴァスの音写。『玄応音義《げんおうおんぎ》』巻《まき》二十二では毘紐天《びちゅうてん》の別名とされているが、毘紐天の父またはクリシュナ神の父とする説《せつ》もある。

バラモン教から発展したヒンドゥー教では、梵天《ぼんてん》・那羅延天《ならえんてん》・大自在天《だいじざいてん》を三大神とし、それぞれ創造・維持《いじ》・破壊《はかい》をつかさどるとしている。

第14章　慈覚《じかく》の真言《しんごん》への傾倒《けいとう》

（御書三〇五㌻十七行目〜三〇六㌻十二行目）

慈覚大師《じかくだいし》（円仁《えんにん》）は、承和《じょうわ》五年（八三八年）に唐《とう》に向かわれた。中国で十年の間、天台《てんだい》・真言《しんごん》の二宗《しゅう》を学んだ。法華経と大日経《だいにちきょう》の勝劣《しょうれつ》について学んだところ、法全《はっせん》・元政《げんじょう》らの八人の真言師《しんごんし》〈注1〉には「法華経と大日経とは理同事勝《りどうじしょう》である」などと言われた。天台宗《てんだいしゅう》の志遠《しおん》・広修《こうしゅ》・維蠲《ゆいけん》〈注2〉らに学んだところ、「大日経は方等部《ほうどうぶ》〈注3〉に分類される」などと言われた。慈覚は、同じ承和年間の十三年（八四六年）〈注4〉九月十日に日本に帰国された。

嘉祥《かしょう》元年（八四八年）六月十四日に宣旨《せんじ》が下《くだ》った。慈覚《じかく》は、法華経と大日経《だいにちきょう》などとの勝劣《しょうれつ》について中国では見定めることができなかったためなのか、『金剛《こんごう》頂経疏《ちょうきょうしょ》』七巻〈注5〉、『蘇悉地経疏《そしつじきょうしょ》』七巻〈注6〉、以上十四巻を著《あらわ》した。この注《ちゅう》釈書《しゃくしょ》の趣旨《しゅし》は、大日経・金剛頂経・蘇悉地経の説《と》く教えと法華経の教えは、それらによって明らかにされる理は同一であるが、事相《じそう》である印《いん》と真言《しんごん》は、真言の三部経《さんぶきょう》〈注7〉が優《すぐ》れているというものである。これは、善無畏《ぜんむい》・金剛智《こんごうち》・不《ふ》空《くう》のつくった『大日経疏《だいにちきょうしょ》』の趣旨と何の違《ちが》いもない。

そうではあったが、自分の心になお不審《ふしん》が残っていたのだろうか、また自分の心では納得《なっとく》していても、他の人々の不審を晴らそうと思われたのだろうか、慈覚《じかく》は、この十四巻の注釈書《ちゅうしゃくしょ》を本尊の前に置《お》いて願《がん》をかけて祈《いの》られた。「このように注釈書を書いてみましたが、仏のお考えはたやすく分かるはずもありません。大日《だいにち》の三部《さんぶ》〈注8〉の方が優《すぐ》れているのでしょうか。法華経の三部〈注9〉の方が優れているのでしょうか」と祈念《きねん》したところ、五日目の夜明け前に〈注10〉にわかに夢《ゆめ》を見た。青空に太陽が輝《かがや》いていた。矢でこれを射《い》たところ、矢が飛んで天空に上《のぼ》り、太陽に命中した。太陽が揺《ゆ》れ動いて間もなく地に落ちてしまうと思った時に夢から醒《さ》めた。慈覚は喜《よろこ》んで「私に吉夢《きちむ》があった。法華経より真言《しんごん》が優れていると書いた書は、仏のお考えにかなっていたのである」と言って、天皇《てんのう》にお願《ねが》いし宣旨《せんじ》を出していただいて〈注11〉、日本全国に真言の教えを広めた。その上、その宣旨の趣旨《しゅし》として「ついに分かった。天台《てんだい》の止観《しかん》と真言の法とは、深い次元で内実が一致《いっち》していると」と言っている。願をかけた趣旨からすると、法華経は大日経《だいにちきょう》に劣《おと》っているようである。実際に宣旨をお願いした時には、「法華経と大日経とは同じである」と言っている。

◇注　解◇

〈注1〉【法全《はっせん》・元政《げんじょう》らの八人の真言師《しんごんし》】法全（生没年不詳）は中国・唐《とう》の密教僧《みっきょうそう》。唐に渡った空海《くうかい》（弘法《こうぼう》）に密教を伝えた恵果《けいか》の孫弟子に当たる。円仁《えんにん》（慈覚《じかく》）に長安《ちょうあん》（現在の西安《せいあん》）の玄法寺《げんぽうじ》で大日経《だいにちきょう》系の密教を伝えた。また後に円珍《えんちん》（智証《ちしょう》）にも両部《りょうぶ》の灌頂《かんじょう》を授《さず》けている。

元政《げんじょう》（生没年不詳）は唐《とう》の密教僧《みっきょうそう》で、恵果《けいか》の孫弟子。長安《ちょうあん》の大興善寺《だいこうぜんじ》翻経院《ほんきょういん》に住み、唐の開成《かいせい》五年（八四〇年）十月に金剛界法《こんごうかいほう》を円仁《えんにん》に伝えた。

さらに円仁《えんにん》は、宗叡《しゅうえい》・全雅《ぜんが》・義真《ぎしん》・元侃《げんかん》（元簡《げんかん》）・宝月三蔵《ほうがつさんぞう》・惟謹《ゆいきん》から密教《みっきょう》や梵書《ぼんしょ》（悉《しっ》曇《たん》）を学んでいる（『慈覚大師伝《じかくだいしでん》』〈寛平親王《かんぴょうしんのう》撰〉による）。

〈注2〉【志遠《しおん》・広修《こうしゅ》・維蠲《ゆいけん》】志遠（七六八年～八四四年）は中国・唐《とう》の天台宗《てんだいしゅう》の僧《そう》。五台山《ごだいさん》の大華厳寺《だいけごんじ》で円仁《えんにん》に止観《しかん》の法門を教えた。

広修《こうしゅ》（七七一年～八四三年）は中国・唐《とう》の僧《そう》で、妙楽大師《みょうらくだいし》湛然《たんねん》の法統《ほうとう》を次ぐ中国天台宗《てんだいしゅう》では第十一祖とされる。師は、伝教大師《でんぎょうだいし》最澄《さいちょう》に法を伝えた道邃《どうずい》。弟子に、円珍《えんちん》に法を伝えた良諝《りょうしょ》がいる。

維蠲《ゆいけん》（生没年不詳）は中国・唐《とう》の天台宗《てんだいしゅう》の僧《そう》で、広修《こうしゅ》の高弟《こうてい》。

円仁《えんにん》が広修《こうしゅ》・維蠲《ゆいけん》に直接会ったという記録はないが、比叡山《ひえいざん》の円澄《えんちょう》が天台山《てんだいさん》に提出した質問三十条に対して広修・維蠲が回答した「唐決《とうけつ》」を学んでいる。この「唐決」の中で広修は、大日経《だいにちきょう》は五時教判《ごじきょうはん》において第三時であり方等部《ほうどうぶ》の経典であるとし、維蠲も同じ問いに対して方等部に属《ぞく》するとしている。次章にも関連するが、伝教大師《でんぎょうだいし》以降の日本天台宗《てんだいしゅう》では、天台教学において密教《みっきょう》をどう位置づけるかが大きな課題だった。

〈注3〉**【方等部《ほうどうぶ》】** 方等は広大な教えの意で、大乗《だいじょう》経典のこと。方等部は、大乗経典のうち、華厳経《けごんぎょう》・般若経《はんにゃきょう》・法華経・涅槃経《ねはんぎょう》などを除《のぞ》いた経典の総称。天台《てんだい》教学の教判《きょうはん》である五時八《ごじはっ》教《きょう》では、阿含経《あごんぎょう》の後に説《と》かれたとされ、二乗《にじょう》と菩薩《ぼさつ》に共通の教え（通教《つうぎょう》）と位置づけられる。

〈注4〉**【承和《じょうわ》年間の十三年（八四六年）】** 円仁《えんにん》の『入唐求法巡礼行記《にっとうぐほうじゅんれいぎょうき》』には、円仁の帰国は唐の大中《たいちゅう》元年（八四七年）と記されている。これは日本の承和十四年に当たる。『元亨釈書《げんこうしゃくしょ》』『続日本後紀《しょくにほんこうき》』も同じ。

〈注5〉**【『金剛頂経疏《こんごうちょうきょうしょ》』七巻】** 円仁《えんにん》が仁寿《にんじゅ》元年（八五一年）に著《あらわ》した『金剛頂大教王経疏《こんごうちょうだいきょうおうぎょうしょ》』七巻のこと。不空訳《ふくうやく》の金剛頂一切如来真実摂大乗現証大教王経《こんごうちょういっさいにょらいしんじつしょうだいじょうげんしょうだいきょうおうぎょう》（金剛頂経）三巻の注釈書（ただし、下巻は口伝《くでん》の教えであるとして、注釈していない）。天台宗《てんだいしゅう》は、嘉祥《かしょう》三年（八五〇年）に金剛頂経業《こんごうちょうきょうごう》・蘇悉地経業《そしつじきょうごう》各一名の年分度者《ねんぶんどしゃ》を獲得《かくとく》しており、学生《がくしょう》の教育のためにこの『金剛頂経疏』が作成された。

〈注6〉**【『蘇悉地経疏《そしつじきょうしょ》』七巻】** 円仁《えんにん》が斉衡《さいこう》二年（八五五年）に著《あらわ》した『蘇悉地羯羅経略疏《そしつじからきょうりゃくしょ》』七巻のこと。善無畏訳《ぜんむいやく》の蘇悉地羯羅経（蘇悉地経）三巻の注釈書。円仁は、蘇悉地経を大日《だいにち》経《きょう》・金剛頂経《こんごうちょうきょう》を統合する経典と位置づけ、大日経・金剛頂経が一体であること（両部不二《りょうぶふに》）を主張する真言宗《しんごんしゅう》に対して、蘇悉地経を加えた三経の一致《いっち》を説《と》くところに天台密教《てんだいみっきょう》（台《たい》密《みつ》）の特色があるとした。

〈注7〉**【真言《しんごん》の三部《さんぶ》経《きょう》】** 天台密教《てんだいみっきょう》（台密《たいみつ》）で重視する大日経《だいにちきょう》・金剛頂経《こんごうちょうきょう》・蘇悉地経《そしつじきょう》を指す。

〈注8〉**【大日《だいにち》の三部《さんぶ》】** 前注に同じ。

〈注9〉**【法華経の三部《さんぶ》】** 妙法蓮華経《みょうほうれんげきょう》、その開経《かいきょう》である無量義経《むりょうぎきょう》、結経《けっきょう》の観普賢菩薩行法経《かんふげんぼさつぎょうぼうきょう》の三つ。

〈注10〉**【五日目の夜明け前に】** 御書本文は「五日《いつか》と申す五更《こう》に」（三〇六㌻）。五更とは、一夜を五分した時刻のこと。午後七時ごろから九時ごろまでを初更《しょこう》とし、二時間ごとに二更・三更・四更・五更とした。ここでは、その五番目（午前三時ごろから五時ごろ）を指す。

〈注11〉**【天皇《てんのう》にお願《ねが》いし宣旨《せんじ》を出していただいて】** ここでは、円仁《えんにん》が、二経《きょう》の注釈書（『金《こん》剛頂経疏《ごうちょうきょうしょ》』『蘇悉地経疏《そしつじきょうしょ》』）を執筆《しっぴつ》し終わり、その上で夢《ゆめ》を見た後、宣旨（天皇から下達された命令）を賜《たまわ》るよう申し上げたとされている。同様の記述は、「撰時抄《せんじしょう》」第26段（御書二八〇〜二八一㌻）にもある。実際には、円仁は宣旨の申請《しんせい》をせずに没《ぼっ》しており、「下山御消息《しもやまごしょうそく》」では、円珍《えんちん》が円仁の遺言《ゆいごん》にしたがって「宣旨を申し下《くだ》し給《たも》う」（御書三五三㌻）と仰《おお》せになられている。詳しくは『現代語訳　撰時抄』（池田大作先生監修、創価学会教学部編、聖教新聞社刊）第26段〈注16〉を参照。

第15章　智証《ちしょう》の真言《しんごん》への傾倒《けいとう》

（御書三〇六ジペー十三行目〜三〇七ジペー六行目）

智証大師《ちしょうだいし》（円珍《えんちん》）は、わが国においては義真和尚《ぎしんかしょう》〈注1〉・円澄大師《えんちょう》〈注2〉・別当和尚《べっとうかしょう》（光定《こうじょう》）〈注3〉・慈覚《じかく》（円仁《えんにん》）らの弟子である。顕教《けんきょう》・密教《みっきょう》の二つの教えは、ほとんどこの日本国で学ばれたということである。天台《てんだい》・真言《しんごん》の二宗《しゅう》の勝劣《しょうれつ》について不審《ふしん》があって、中国へ渡られたのだろうか。仁寿《にんじゅ》二年（八五二年）〈注4〉に唐《とう》に向かわれた。中国では、真言宗《しんごんしゅう》は法全《はっせん》・元政《げんじょう》らに学ばれ、「おおむね大日経《だいにちきょう》と法華経とは理同事勝《りどうじしょう》である」とのことで、慈覚の主張と同様であった。天台宗《てんだいしゅう》については良諝和尚《りょうしょかしょう》〈注5〉に学ばれたが、真言と天台の勝劣については、「大日経は華厳経《けごんぎょう》・法華経などには及《およ》ばない」というものであった。七年の間、中国で過《す》ごし、貞観《じょうがん》元年（八五九年）五月十七日に日本に帰国された〈注6〉。

智証《ちしょう》の『大日経指帰《だいにちきょうしき》』〈注7〉には「法華経でも大日経には及《およ》ばない。ましてその他の教えは言うまでもない」などとある。この注釈《ちゅうしゃく》では「法華経は大日経に劣《おと》る」と言っている。その一方で、彼の著《あらわ》した『授決集《じゅけつしゅう》』〈注8〉には「真言《しんごん》や禅宗《ぜんしゅう》は、〈中略〉もし華厳経《けごんぎょう》・法華経・涅槃経《ねはんぎょう》などと比較《ひかく》すれば、人々を究極の真理へと導《みちび》いていくための教え〈注9〉であり、真理そのものではない」とある。『観普賢菩薩行法経記《かんふげんぼさつぎょうぼうぎょうき》』〈注10〉『法華論記《ほっけろんき》』〈注11〉には「法華経と大日経は同じである」とある。

貞観《じょうがん》八年（八六六年）丙戌《ひのえいぬ》五月二十九日壬申《みずのえさる》〈注12〉に勅宣《ちょくせん》を出していただいたが、そこには「聞くところによれば、真言《しんごん》と止観《しかん》という二つの教えを立てる天台宗《てんだいしゅう》では、どちらも最高の醍醐味《だいごみ》〈注13〉と呼び、ともに深秘《じんぴ》と言っている」

とある。また六月三日の勅宣には「先師《せんし》である伝教大師《でんぎょうだいし》（最澄《さいちょう》）は、すでに止《し》観業《かんごう》・遮那業《しゃなごう》の両業《りょうごう》〈注14〉を開《ひら》いて、それを自らの宗の修行法とされた。代々の座主《ざす》はみなこれを相承《そうじょう》して、止観業・遮那業を両方とも伝えた。後の人々がどうして古くからの事跡《じせき》に背《そむ》いてよいだろうか。聞くところによれば、比叡山《ひえいざん》の僧《そう》らは、先師の教えに背いてどちらか一方に執着《しゅうちゃく》する心を起こしてばかりいるという。先師の残した教えを宣揚《せんよう》して古くからの実践を興隆《こうりゅう》させることに心を配っていないと言っても過言《かごん》ではない。そもそも師匠から弟子へと相承する修行は両業のうち一つでも欠《か》けてはならない。法を伝え広めるものの務《つと》めとして、どうして止観業・遮那業の両業を兼《か》ね備《そな》えないでよいだろうか。今より以後は、両方の教えに通達《つうだつ》した人を延暦寺《えんりゃくじ》の座主《ざす》〈注15〉とするのがよい。このことを確立して恒例《こうれい》とせよ」とある。

◇注　解◇

〈注1〉【義真和尚《ぎしんかしょう》】七八一年〜八三三年。平安《へいあん》初期の天台宗《てんだいしゅう》の僧《そう》で、比叡山延暦寺《ひえいざんえんりゃくじ》の初代座主《ざす》。伝教大師最澄《でんぎょうだいしさいちょう》の弟子で、伝教大師の通訳として共《とも》に唐《とう》に渡った。伝教大師の没後《ぼつご》、延暦寺の運営を担《にな》い、八二四年、初代天台座主となった。

〈注2〉【円澄大師《えんちょうだいし》】七七二年〜八三七年（または七七一年〜八三六年）。平安《へいあん》初期の天台宗《てんだいしゅう》の僧《そう》で、伝教《でんぎょう》大師の弟子。比叡山延暦寺《ひえいざんえんりゃくじ》の初代座主《ざす》である義真《ぎしん》の後を受けて第二代座主となった。

〈注3〉【別当和尚《べっとうかしょう》（光定《こうじょう》）】七七九年〜八五八年。平安《へいあん》初期の天台宗《てんだいしゅう》の僧《そう》で、伝教大師《でんぎょうだいし》の弟子。伝教大師の意向を受けて大乗戒壇《だいじょうかいだん》設立に奔走《ほんそう》し、伝教大師の没後《ぼつご》七日目、弘仁《こうにん》十三年（八二二年）にその勅許《ちょっきょ》を得た。延暦寺《えんりゃくじ》別当を務《つと》めたことから、別当和尚と通称される。

〈注4〉【仁寿《にんじゅ》二年（八五二年）】『智証大師伝《ちしょうだいしでん》』（石山寺本）によれば、円珍《えんちん》（智証《ちしょう》）が日本を発《た》ったのは仁寿三年（八五三年）。このことは、国家が円珍の入唐《にっとう》を許可した証明書である「大宰府公験《だざいふくげん》」が仁寿三年付で発行されていることからも裏付《うらづ》けられる。

〈注5〉【良諝和尚《りょうしょかしょう》】生没年不詳。中国・唐《とう》の天台宗《てんだいしゅう》の僧《そう》。唐《とう》に渡った日本の円珍《えんちん》に法を伝えたとされる。

〈注6〉**【七年の間……帰国された】**『智証大師伝《ちしょうだいしでん》』（石山寺本）によれば、円珍《えんちん》が唐《とう》に着いたのは仁寿《にんじゅ》三年八月十五日。帰国（大宰府着《だざいふ》）は天安《てんあん》二年（八五八年）六月二十二日とされる。在唐は約五年である。

〈注7〉**【『大日経指帰《だいにちきょうしき》』】**『大毘盧遮那経指帰《だいびるしゃなきょうしき》』のこと。円珍《えんちん》の著作。一巻。密教《みっきょう》は一切《いっさい》の仏教を統括する教え（一大円教《いちだいえんぎょう》）であるとし、また空海《くうかい》（弘法《こうぼう》）の十住心《じゅうじゅうしん》の教判《きょうはん》を批判《ひはん》している。

〈注8〉**【『授決集《じゅけつしゅう》』】**円珍《えんちん》の著作。二巻。円珍が留学中に良諝《りょうしょ》から受けた口伝《くでん》の法門などを集成《しゅうせい》したもの。前掲『大日経指帰《だいにちきょうしき》』から一転、法華経が一大円教《いちだいえんぎょう》であると説《と》く。

〈注9〉**【人々を究極の真理へと導《みちび》いていくための教え】**御書本文は「摂引門《しょういんもん》」（三〇六ページ）。

〈注10〉**【『観普賢菩薩行法経記《かんふげんぼさつぎょうぼうぎょうき》』】**円珍《えんちん》の著作。法華経の結経《けっきょう》とされる観普賢菩薩行法経を注釈した書。

〈注11〉**【『法華論記《ほっけろんき》』】**円珍《えんちん》の著作。十巻。世親《せしん》の『法華論』の注釈書。

〈注12〉**【五月二十九日壬申《みずのえさる》】**御書本文は「四月廿九《にじゅうく》日壬申」（三〇七ページ）。勅宣《ちょくせん》が引かれた太政官牒《だいじょうかんちょう》には、発行日として「五月二十九日」と記されている。また、『日本三代実録《にほんさんだいじつろく》』貞《じょう》観《がん》八年五月廿九日壬申の条にも、勅して円珍《えんちん》に真言《しんごん》・止観《しかん》を弘伝《ぐでん》せしむと記されている。

〈注13〉**【醍醐味《だいごみ》】**釈尊《しゃくそん》の教えの高低浅深《せんじん》を、牛乳を精製《せいせい》する五つの過程《かてい》の味に譬《たと》えて分類したものを五味《ごみ》というが、醍醐はその中で最高に位置する。五味は、①乳味《にゅうみ》（牛乳そのもの）②酪味《らくみ》（発酵乳《はっこうにゅう》、ヨーグルトの類《たぐい》）③生蘇味《しょうそみ》（サワークリームの類）④熟蘇味《じゅくそみ》（発酵バターの類）⑤醍醐味（バターオイルの類）。

〈注14〉【止観業《しかんごう》・遮那業《しゃなごう》の両業《りょうごう》】いずれも伝教大師《でんぎょうだいし》が定めた、天台宗《てんだいしゅう》の学生《がくしょう》の履修《りしゅう》課程。止観業は天台大師智顗《ちぎ》の『摩訶止観《まかしかん》』を学習する課程、遮那業は大毘盧遮那経《だいびるしゃなきょう》（大日経《だいにちきょう》）をはじめとする密教《みっきょう》を学習する課程をいう。

〈注15〉【延暦寺《えんりゃくじ》の座主《ざす》】座主とは、①学徳《がくとく》ともに優《すぐ》れて一座中の指導者となる者のこと。②大寺《だいじ》の管長《かんちょう》（行政を管轄《かんかつ》する長）を呼ぶ公称《こうしょう》。日本天台宗《てんだいしゅう》では、天長《てんちょう》元年（八二四年）に就任《しゅうにん》した義真《ぎしん》を初代とする。

第16章　慈覚《じかく》・智証《ちしょう》を糺《ただ》す

（御書三〇七ジペ七行目〜三〇九ジペ七行目）

それ故《ゆえ》、慈覚《じかく》（円仁《えんにん》）と智証《ちしょう》（円珍《えんちん》）の二人は、伝教《でんぎょう》（最澄《さいちょう》）・義真《ぎしん》の弟子であり、その上、中国に渡り、そこでも天台宗《てんだいしゅう》と真言宗《しんごんしゅう》の優《すぐ》れた師に会っていたのであるが、二宗の勝劣《しょうれつ》については決めきれなかったのか、「真言の方が優れている」と言ったり、「法華経の方が優れている」と言ったり、「法華経に対して大日経《だいにちきょう》は理同事勝《りどうじしょう》である」などと言ったりしている。宣旨《せんじ》を出していただいた時には、二宗の勝劣を論ずる人は勅宣《ちょくせん》に背《そむ》く者であると戒《いまし》められている。これらは、みな自語相違《じごそうい》と言うほかない。他宗の人なら到底《とうてい》信用しないだろうと思われる。

ただし、「二宗《しゅう》が等しいということは、先師《せんし》・伝教大師《でんぎょうだいし》の主張である」と宣《せん》旨《じ》に引用されている。いったい伝教大師がどの書に「二宗は等しい」と書かれているのか。このことはよくよく調べてみなければならない。

伝教大師《でんぎょうだいし》のことについて、私が慈覚《じかく》・智証《ちしょう》の二人に対して不審《ふしん》を述べるのは、俗《ぞく》に言う「親に対して年齢《ねんれい》を競《きそ》ったり、太陽とにらめっこする」といったようなものではあるが、慈覚・智証の味方をなされるような人々は、はっきりした証拠《しょうこ》となる文《もん》をご用意なさらなければならない。要《よう》は真実を見極《みきわ》め納得《なっとく》するためである。

玄奘三蔵《げんじょうさんぞう》はインドにある『大毘婆沙論《だいびばしゃろん》』〈注1〉を見た人である。しかし、インドに行ったことのない法宝法師《ほうぼうほっし》〈注2〉に責《せ》められてしまった。法護《ほうご》三蔵〈注3〉はインドの法華経を見たが、彼の訳《やく》による法華経嘱累品《ぞくるいほん》の位置〈注4〉について、中国の人々はインドの法華経を見たことはなくとも「誤《あやま》っている」と言ったではないか。たとえ慈覚《じかく》が伝教大師《でんぎょうだいし》にお会いしてその主張を学び伝えているとしても、智証《ちしょう》が義真和尚《ぎしんかしょう》から口伝《くでん》の教えを受けたと言っても、伝教・義真が実際に書いたものと相違《そうい》するなら、どうして不審《ふしん》を抱《いだ》かないでいられるだろうか。

伝教大師《でんぎょうだいし》の『依憑集《えびょうしゅう》』という書は、伝教大師が最高の秘伝《ひでん》とした書である。その『依憑集《えびょうしゅう》』の序文《じょぶん》には「近年伝来した真言《しんごん》の人々は、大日経《だいにちきょう》を翻訳《ほんやく》する際、筆受《ひつじゅ》〈注5〉の任《にん》に当たった一行禅師《いちぎょうぜんじ》が天台宗《てんだいしゅう》の相承《そうじょう》を受けていたことをなかったことにし、古くから伝来している華厳《けごん》の人々は、自宗が天台宗の教えを手本としたことを隠《かく》している。空《くう》の教えにはまりこんでいる三論宗《さんろんしゅう》は、元祖《がんそ》の吉蔵《きちぞう》（嘉祥《かじょう》）が天台大師《てんだいだいし》（智顗《ちぎ》）に誤《あやま》りを責《せ》められて恥《はじ》をかいたことを忘《わす》れ、吉蔵が称心精舎《しょうしんしょうじゃ》〈注6〉に住む章安《しょうあん》大師（灌頂《かんじょう》）の説法《せっぽう》に心酔《しんすい》したことを覆《おお》い隠している。有《う》の法門に執着《しゅうちゃく》する法相宗《ほっそうしゅう》は第三祖の濮陽《ぼくよう》〈注7〉の智周《ちしゅう》が天台宗に帰《き》依《え》したことを否定し、青竜寺《せいりゅうじ》〈注8〉の良賁《ろうひ》〈注9〉が仁王経《にんのうきょう》〈注10〉の注釈《ちゅうしゃく》にあたって天台大師の『仁王経疏《にんのうきょうしょ》』〈注11〉に基《もと》づいたことを無視《むし》している」などとある。

そして、その後に「謹《つつし》んで依憑集《えびょうしゅう》一巻を著《あらわ》して、私と心を同じくする後世《こうせい》の哲人《てつじん》に贈《おく》る。時に、大日本国第五十二代〈注12〉、弘仁《こうにん》七年（八一六年）丙申《ひのえさる》の年である」**とある。**

そのあとの本文《ほんもん》には「インドの名僧《めいそう》が『大唐《だいとう》にある天台《てんだい》の説《と》いた教えは、最もよく邪正《じゃしょう》を区別している』と聞いて、どうしても学びたいと思って訪問《ほうもん》した」**とある。**

そのあとの文《もん》には「この言葉は、仏法の中心の国（インド）〈注13〉で仏法が失《うしな》われたために、仏法を四方《しほう》の国に求めているということではないか。しかし、この中国では、そうした見識《けんしき》のある者は少ない。まるで母国が生んだ孔子《こうし》の偉大さを知らない魯国《ろこく》の人〈注14〉のようなものである」**とある。**

この書は、法相《ほっそう》・三論《さんろん》・華厳《けごん》・真言《しんごん》の四宗《しゅう》を責《せ》めている書である。天台《てんだい》・真言の二宗が五味《ごみ》〈注15〉の中で同じ醍醐味《だいごみ》に属《ぞく》するなら、どうして責めることがあるだろうか。しかも不空三蔵《ふくうさんぞう》らを「魯国《ろこく》の人のようである」などと書かれているのである。善無畏《ぜんむい》・金剛智《こんごうち》・不空の真言宗《しんごんしゅう》がすばらしいものであれば、どうして「魯国の人」などと悪く言うだろうか。またインドにある真言が天台宗《てんだいしゅう》と同じであるなら、または真言が天台宗より優《すぐ》れているなら、どうしてインドの名僧《めいそう》が不空に天台の教えをもたらすよう頼《たの》み、「インドには正法《しょうほう》がない」と言うだろうか。

それはともかくとしても、慈覚《じかく》・智証《ちしょう》の二人は、口《くち》では伝教大師《でんぎょうだいし》の弟子と名乗られているけれども、心は弟子ではない。その理由は、この書に「謹《つつし》んで依《え》憑集《ひょうしゅう》一巻を著《あらわ》して、私と心を同じくする後世《こうせい》の哲人《てつじん》に贈《おく》る」とあるからである。「私と心を同じくする」という言葉は、真言宗《しんごんしゅう》は天台宗《てんだいしゅう》に劣《おと》ると学んではじめて、「私と心を同じくする」と言えるのである。自分の方からお願《ねが》いし出していただいた宣旨《せんじ》には「先師《せんし》の教えに背《そむ》いてどちらか一方に執着《しゅうちゃく》する心を起こしてばかりいる」とある。また「そもそも師匠から弟子へと相承《そうじょう》する修行は（止観業《しかんごう》と遮那業《しゃなごう》という）両業《りょうごう》のうち一つでも欠《か》けてはならない」とある。この宣旨に従《したが》えば、慈覚《じかく》・智証《ちしょう》こそ先師に背いてばかりいる人ということになる。このように責《せ》めることも恐《おそ》れ多いことであるけれども、これを責めなければ大日経《だいにちきょう》と法華経の勝劣《しょうれつ》が覆《くつがえ》されてしまうと思い、命を懸《か》けて責めるのである。この二人が弘法大師《こうぼうだいし》（空海《くうかい》）の邪義《じゃぎ》を責めなかったというのは、至極《しごく》当然であったのである。

そうであるから、二人は食糧《しょくりょう》を食べ尽《つ》くすほどの長旅をし、人に面倒《めんどう》をかけて中国へお渡りになるようなことよりも、本師《ほんし》である伝教大師《でんぎょうだいし》の法門を完全に理解できるまで学ばれるのがよかったのではなかったか。それ故《ゆえ》、比叡山《ひえいざん》の仏法は、ただ伝教大師・義真和尚《ぎしんかしょう》・円澄大師《えんちょう》の三代〈注16〉のみであったということになるだろうか。天台座主《てんだいざす》はすでに真言《しんごん》座主となってしまった。その名と所《しょ》領《りょう》とは天台山《てんだいさん》であるが、その主《あるじ》は真言師である。それ故、慈覚《じかく》大師・智証《ちしょう》大師は「已今当《いこんとう》〈注17〉」の経文を無視《むし》された人である。「已今当」の経文を無視されたなら、どうして釈尊《しゃくそん》・多宝仏《たほうぶつ》・十方《じっぽう》の世界の仏たちの敵《てき》でないことがあるだろうか。

弘法大師《こうぼうだいし》こそが第一の謗法《ほうぼう》の人だと思っていたのに、この二人の言っていることは弘法の主張とは比《くら》べようもないほど道理に外れたことである。その理由は、水と火、天と地ほど道理からかけ離《はな》れたことは、道理に外れていることではあるけれども、（あまりにひどいので）人は受け入れることがないから、その道理に外れたことが影響《えいきょう》を及《およ》ぼすことがない。弘法大師の教えはあまりに道理に外れたものなので、弟子たちも受け入れることはない。彼らは、真言《しんごん》の事相《じそう》〈注18〉だけは弘法の門流に属《ぞく》しているが、その教相《きょうそう》の法門については、弘法の教えは口《くち》に出しにくいために、善無畏《ぜんむい》・金剛智《こんごうち》・不空《ふくう》・慈覚《じかく》・智証《ちしょう》の教えなのである。慈覚・智証の教えこそが「真言と天台《てんだい》は理ではは同じである」などと説《と》いているために、誰もがそうなのかと思っている。このように思うので、事相で優《すぐ》れているとする印《いん》と真言を採用《さいよう》して、天台宗《てんだいしゅう》の人々が画像《えぞう》・木像《もくぞう》の開眼《かいげん》の仏事《ぶつじ》〈注19〉を自分たちの手に入れようとするため、日本は皆が真言宗《しんごんしゅう》へと転落《てんらく》して、天台宗の人は一人もいないのである。

同様の例を挙《あ》げれば、法師《ほっし》と尼《あま》と、黒と青とはそれぞれ紛《まぎ》らわしいので、目が悪い人は見間違《みまちが》ってしまうのである。僧《そう》と男、白と赤であれば、目が悪い人も迷《まよ》わない。まして目がよく見える人は言うまでもない。慈覚《じかく》・智証《ちしょう》の教えは、法師と尼、黒と青のようなものであるから、智慧《ちえ》のある人も迷い、愚《おろ》かな人も誤《あやま》ってしまい、この四百年余《あま》りの間は、比叡山《ひえいざん》・園城寺《おんじょうじ》・東寺《とうじ》・奈良《なら》〈注20〉、五畿七道《ごきしちどう》〈注21〉、日本全国みな謗法《ほうぼう》の者となってしまった。

◇注　解◇

〈注1〉【『大毘婆沙論《だいびばしゃろん》』】部派《ぶは》仏教のうち説一切有部《せついっさいうぶ》が根本とした『発智論《ほっちろん》』を注釈し、有部の正統性を説《と》いた書。中国・唐《とう》の玄奘訳《げんじょうやく》は二百巻。二世紀後半、カニシカ王のもとで脇比《きょうび》丘《く》ら五百人の比丘がカシュミールで第四回仏典結集《けつじゅう》を行った際《さい》に編纂《へんさん》されたと伝えられる。

〈注2〉【法宝法師《ほうぼうほっし》】中国・唐《とう》の僧《そう》で、玄奘《げんじょう》の四大《しだい》弟子の一人。法宝の批判《ひはん》により玄奘は『大毘婆沙論《だいびばしゃろん》』の訳文《やくぶん》を訂正《ていせい》した。

〈注3〉【法護三蔵《ほうごさんぞう》】二三九年～三一六年。中国・西晋《せいしん》の訳経僧《やっきょうそう》。竺《じく》法護と言われる。法華経の最初の漢訳である正法華経《しょうほけきょう》十巻（二八六年）の訳者。

〈注4〉【法華経嘱累品《ぞくるいほん》の位置】鳩摩羅什訳《くまらじゅうやく》の妙法蓮華経《みょうほうれんげきょう》では、嘱累品は二十二番目にあるが、竺法護《じくほうご》訳の正法華経《しょうほけきょう》には経末《きょうまつ》にある。

〈注5〉【筆受《ひつじゅ》】御書本文は「筆授《ひつじゅ》」（三〇七ページ）。「筆受」の音通と見られる。筆受は、経典を漢訳する際《さい》、翻訳者《ほんやくしゃ》の言葉を記録する人をいう。

〈注6〉【称心精舎《しょうしんしょうじゃ》】章安大師《しょうあんだいし》灌頂《かんじょう》が晩年に住んだ寺院。「精舎」とはサンスクリットのヴィハーラの訳《やく》で、もとは修行に精錬《せいれん》する出家者《しゅっけしゃ》がいる舎《しゃ》を意味し、後代に寺院を意味するようになった。

〈注7〉【濮陽《ぼくよう》】中国・河南省《かなんしょう》北東部の都市。御書本文は「撲揚《ぼくよう》」（三〇七ページ）となっているが、これは濮陽の音通とみられる。

〈注8〉【青竜寺《せいりゅうじ》】中国・唐《とう》の都《みやこ》・長安《ちょうあん》にあった寺。空海《くうかい》（弘法《こうぼう》）以来、円仁《えんにん》（慈覚《じかく》）・円珍《えんちん》（智証《ちしょう》）など唐に渡った僧《そう》の多くがここで密教《みっきょう》を学んだ。

〈注9〉【良賁《ろうひ》】中国・唐《とう》の僧《そう》。不空《ふくう》の翻訳《ほんやく》作業に参加し、また不空訳の仁王経《にんのうきょう》を注釈した。

〈注10〉【仁王経《にんのうきょう》】中国・後秦《こうしん》の鳩摩羅什《くまらじゅう》による仁王般若波羅蜜経《にんのうはんにゃはらみつきょう》と、唐《とう》の不空《ふくう》による仁王《にんのう》護国般若波羅蜜多経《ごこくはんにゃはらみったきょう》の二訳《やく》が現存《げんそん》するが、中国撰述《せんじゅつ》の経典とする説《せつ》もある。二巻。正法《しょうほう》が滅《めっ》して思想が乱《みだ》れる時、悪業《あくごう》のために受ける七難《しちなん》を示し、この災難《さいなん》を逃《のが》れるためには般若を受持《じゅじ》することであるとして菩薩《ぼさつ》の行法《ぎょうぼう》を説《と》く。法華経・金光明経《こんこうみょうきょう》とともに護国三部経《ごこくさんぶきょう》とされる。

〈注11〉【『仁王経疏《にんのうきょうしょ》』】天台大師智顗《てんだいだいしちぎ》の講義を弟子の章安《しょうあん》大師が編集《へんしゅう》整理した仁王経の注釈書。五巻。

〈注12〉【大日本国第五十二代】第五十二代嵯峨天皇《さがてんのう》のこと。なお「大日本国」は、御書本文の「興《おこ》ること日本」（三〇八ページ）を意訳したもの。

〈注13〉【仏法の中心の国（インド）】御書本文は「中国」（三〇八ページ）。ここでは仏教の中心地という意味で、インドを指す。

〈注14〉【母国が生んだ……魯国《ろこく》の人】孔子《こうし》（紀元前五五一年～前四七九年、生没年には異説がある）は、中国・春秋時代《しゅんじゅう》の思想家。姓《せい》は孔、名は丘《きゅう》、字《あざな》は仲尼《ちゅうじ》。儒教《じゅきょう》の祖。社会秩序《ちつじょ》を回復《かいふく》するために、「仁《じん》」という社会的な道徳《どうとく》を強調した。『論語《ろんご》』は、孔子の言行《げんこう》を弟子が編纂《へんさん》したものである。魯国で生まれたが、受け入れられず、諸国を遍歴《へんれき》した。

〈注15〉【五味《ごみ》】第15章〈注13〉を参照。

〈注16〉【伝教大師《でんぎょうだいし》……の三代】伝教大師最澄《さいちょう》が開創《かいそう》した日本天台宗《てんだいしゅう》では、義真《ぎしん》を延暦寺《えんりゃくじ》の初代座主《ざす》、円澄《えんちょう》を第二代座主としている。第三代円仁《えんにん》・第四代安慧《あんね》・第五代円珍《えんちん》と続く。

〈注17〉【已今当《いこんとう》】既出。第4章〈注7〉を参照。

〈注18〉【真言《しんごん》の事相《じそう》】真言密教《みっきょう》では、理論的な側面《そくめん》を教相《きょうそう》、実践的な側面を事相と称《しょう》する。

〈注19〉【画像《えぞう》・木像《もくぞう》の開眼《かいげん》の仏事《ぶつじ》】画《え》に描《えが》いた仏像や木でつくった仏像に魂《たましい》を入れる儀式を開眼供養《くよう》という。仏事は供養・儀礼のこと。

〈注20〉【比叡山《ひえいざん》・園城寺《おんじょうじ》・東寺《とうじ》・奈良《なら》】比叡山は日本天台宗《てんだいしゅう》の中心寺院である延暦寺《えんりゃくじ》のこと。園城寺は天台宗寺門派《じもんは》の中心寺院。東寺（教王護国寺《きょうおうごこくじ》）は京都《きょうと》にある真言宗《しんごんしゅう》の中心寺院。「奈良《なら》」は七大寺《しちだいじ》のことで、奈良（南都《なんと》）の中心的な七つの寺。第11章〈注16〉を参照。

〈注21〉【五畿七道《ごきしちどう》】五畿は山城《やましろ》（京都府《きょうと》南部）、大和《やまと》（奈良県《なら》）、河内《かわち》（大阪府《おおさか》東南部）、和泉《いずみ》（大阪府西南部）、摂津《せっつ》（大阪府北部と兵庫県《ひょうご》の一部）の畿内《きない》五カ国。七道は東海《とうかい》・東山《とうさん》・北陸《ほくりく》・山陰《さんいん》・山陽《さんよう》・南海《なんかい》・西海《さいかい》の七道。五畿七道で日本全国を表す。

第17章　法華経が最も優《すぐ》れているとの経と釈《しゃく》

（御書三〇九ジペー八行目〜三一〇ジペー一二行目）

そもそも法華経の第五巻には「文殊師利菩薩《もんじゅしりぼさつ》よ。この法華経はあらゆる仏の秘密の教えを収《おさ》めた蔵《くら》であり、あらゆる経の中で、その最上位にある」（安楽行品《あんらくぎょうほん》）とある。この経文のとおりであるなら、法華経は大日経《だいにちきょう》などのあらゆる経の頂上に位置する正しい教えである。そうである以上、善無畏《ぜんむい》・金剛智《こんごうち》・不《ふ》空《くう》・弘法《こうぼう》（空海《くうかい》）・慈覚《じかく》（円仁《えんにん》）・智証《ちしょう》（円珍《えんちん》）らは、この経文についてはどのように解釈なさるのだろうか。

また法華経の第七巻には「この経を受持《じゅじ》する者がいれば、この経が諸経《しょきょう》の中で第一であるのと同じように、あらゆる衆生《しゅじょう》の中で同様に第一である」（薬王菩《やくおうぼ》薩本事品《さつほんじほん》）とある。この経文のとおりであるなら、法華経の行者《ぎょうじゃ》は大中小の河《か》川《せん》の中の大海《たいかい》であり、多くの山の中の須弥山《しゅみせん》であり、多くの星の中の月天《がってん》であり、多くの光の中の大日天《だいにってん》であり、転輪聖王《てんりんじょうおう》・帝釈天《たいしゃくてん》・そのほかの王たちの中の大梵天王《だいぼんてんのう》である。

伝教大師《でんぎょうだいし》（最澄《さいちょう》）の『法華秀句《ほっけしゅうく》』〈注1〉という書には「この経もまた同じように、〈中略〉さまざまな経に説《と》かれる教えの中で最も第一である。この経を受《じゅ》持《じ》する者もまた同じように、あらゆる衆生《しゅじょう》の中で同様に第一である〈以上、経文である〉」と経文をお引きになって、その次に「天台《てんだい》（智顗《ちぎ》）が『法華玄義《ほっけげんぎ》』で言うには……〈以上、『法華玄義』の文《もん》〉」と書かれて、先に引いた経文の趣旨《しゅし》を解説《かいせつ》して「以下のことが分かる。他宗《たしゅう》がよりどころとしている経は、あらゆる経の中で第一というには至《いた》らない。その経を受持する者も同様にまだ第一ではない。天台法華宗《てんだいほっけしゅう》が持《たも》つ法華経はあらゆるものの中で第一であるので、法華経を受持する者も同様に衆生の中で第一である。仏説《ぶっせつ》によっている以上、どうして自画自賛《じがじさん》だろうか〈注2〉」**とある。**

次いで、詳細《しょうさい》は別の箇所《かしょ》に譲《ゆず》ることを述べて「諸宗《しょしゅう》が天台《てんだい》をよりどころとしていることの詳細は、具体的には別の書にある」**とある。その『依憑集《えびょうしゅう》』には**「今、わが天台大師《てんだいだいし》は、法華経を説《と》き、法華経を解釈することにおいて、群《ぐん》を抜《ぬ》いて秀《すぐ》れており、中国で並《なら》ぶ者はいない。天台大師こそ如来《にょらい》の使いであるとはっきりと分かる。天台大師を讃嘆《さんたん》する者は福を須弥山《しゅみせん》のように高く積《つ》み、謗《そし》る者は無間地獄《むけんじごく》に堕《お》ちる罪《つみ》を作る」**とある。**

◇注　解◇

〈注1〉【『法華秀句《ほっけしゅうく》』】伝教大師《でんぎょうだいし》最澄《さいちょう》の著作。三巻。法華経が十の点で諸経典より優《すぐ》れていることを説《と》く。特に、法相宗《ほっそうしゅう》の僧《そう》・得一《とくいつ》が法華経を誹謗《ひぼう》したことを糾弾《きゅうだん》している。

〈注2〉【どうして自画自賛《じがじさん》だろうか】御書本文は「豈自歎《あにじたん》ならん哉《や》」（三〇九ページ）。原典の『法華秀句《ほっけしゅうく》』巻《まき》下も同文であるが、「撰時抄《せんじしょう》」の御真筆《ごしんぴつ》における引用では「自歎」が「百《ひゃく》難《なん》」となっており、「大田殿許御書《おおたどののもとごしょ》」の御真筆でも「百難」としていることから、日蓮大聖人は「百難」（どうして批判《ひはん》されることがあるだろうか）の意で理解されていたと拝《はい》される。

第18章　法華経を広めた三国《さんごく》の三師《さんし》

（御書三一〇ジペー二行目〜十三行目）

法華経の経文、天台《てんだい》（智顗《ちぎ》）・妙楽《みょうらく》（湛然《たんねん》）・伝教《でんぎょう》（最澄《さいちょう》）の注釈《ちゅうしゃく》の趣旨《しゅし》によるなら、いま日本国には法華経の行者《ぎょうじゃ》は一人もいないのである。

インドでは、教主釈尊《きょうしゅしゃくそん》は宝塔品《ほうとうほん》で、あらゆる仏を集められて大地の上に列座《れつざ》させたが、大日如来《だいにちにょらい》だけは宝塔の中の南の下座《しもざ》に座《すわ》らせ〈注1〉、教主釈尊自らは北の上座《かみざ》に着かれた。この大日如来は、大日経《だいにちきょう》の胎蔵《たいぞう》の大日如来および金剛頂経《ちょうきょう》の金剛界《こんごうかい》の大日如来両方の主君である。これら両部の大日如来を家来などと定めた多宝仏《たほうぶつ》の上座に、教主釈尊は席《せき》をとられた。これが法華経の行者《ぎょうじゃ》にほかならない。インドでは、以上のとおりである。

中国では、陳《ちん》の皇帝《こうてい》の時、天台大師《てんだいだいし》が南三北七《なんさんほくしち》を責《せ》めて勝利をおさめ、存命《ぞんめい》中《ちゅう》に大師となった〈注2〉。「群《ぐん》を抜《ぬ》いて秀《すぐ》れており、中国で並《なら》ぶ者はいない」と言うのはこのことである。

日本国では、伝教大師《でんぎょうだいし》が六宗《ろくしゅう》を責《せ》めて勝利をおさめ、日本で初めて大師号を授《さず》けられ根本《こんぽん》大師と呼ばれた。

インド・中国・日本で、ただこの三人だけが、経文に説《と》かれる「あらゆる衆《しゅ》生《じょう》の中で（諸経《しょきょう》の中で法華経が第一であるのと）同様に第一」の人にあたるのである。それ故《ゆえ》、『法華秀句《ほっけしゅうく》』には「浅い教えは易《やさ》しく、深い教えは難《むずか》しいとは、釈尊《しゃくそん》による判定《はんてい》である。浅い教えを捨《す》てて深い教えを採用《さいよう》することは、仏〔丈《じょう》夫《ぶ》〕の心である。天台大師《てんだいだいし》は釈尊に従《したが》い、法華宗《ほっけしゅう》に力《ちから》を添《そ》えて中国に宣揚《せんよう》し、比叡山《ひえいざん》の一門は天台大師から相承《そうじょう》を受け、法華宗に力を添えて日本に広める」とある。

仏が亡《な》くなってから千八百年余《あま》りの間に、法華経の行者《ぎょうじゃ》は、中国に一人、日本に一人、以上二人であり、これに釈尊《しゃくそん》をお加え申し上げて、以上三人である。中国の古典《こてん》に「聖人《せいじん》は千年に一度出現し、賢人《けんじん》は五百年に一度出現する。黄河《こうが》は上流では涇水《けいすい》・渭水《いすい》〈注3〉という二つの流れに分かれているが、五百年に一度片方《かたほう》が澄《す》み、千年に一度両方が澄む」と言われているのは、確かなことだったのである。

◇注　解◇

〈注1〉【大日如来《だいにちにょらい》だけは宝塔《ほうとう》の中の南の下座《しもざ》に座《すわ》らせ】多宝《たほう》如来の宝塔は東方に出現し、西に面している。南が下座、北が上座《かみざ》である。この下座には多宝如来がいるが、日蓮大聖人は「法華取要抄《ほっけしゅようしょう》」で「大日経《だいにちきょう》・金剛頂経《こんごうちょうきょう》・両界《りょうかい》の大日如来は宝塔品《ほうとうほん》の多宝如来の左右の脇士《きょうじ》なり、例《れい》せば世の王の両臣《りょうしん》の如《ごと》し此《こ》の多宝仏《たほうぶつ》も寿量品《じゅりょうほん》の教主釈尊《きょうしゅしゃくそん》の所従《しょじゅう》なり」（御書三三三ジペー）と仰《おお》せのように、胎蔵《たいぞう》・金剛界《こんごうかい》の両大日如来がこの多宝如来の脇士として座《ざ》していると考えられている。

〈注2〉【存命中《ぞんめいちゅう》に大師《だいし》となった】隋《ずい》の晋王楊広《しんおうようこう》（後の煬帝《ようだい》）に「智者《ちしゃ》大師」と呼ばれたことを指す。

〈注3〉【涇水《けいすい》・渭水《いすい》】中国・陝西省《せんせいしょう》を流れる涇水と渭水のこと。両河《りょうが》は合流した後、黄河《こうが》に注ぐ。涇水は常に濁《にご》り、渭水は澄《す》んでいるため、合流の後もその違《ちが》いがはっきりとわかり、二つの流れのように見える。古くから清濁《せいだく》の譬《たと》えに用《もち》いられてきた。

第19章　日本は謗法《ほうぼう》の者ばかり

（御書三一〇ジペー十三行目～三一一ジペー十七行目）

ところが、日本国では、比叡山《ひえいざん》だけに、伝教大師《でんぎょうだいし》（最澄《さいちょう》）の時、法華経の行者《ぎょうじゃ》がいらっしゃったということになる。義真《ぎしん》・円澄《えんちょう》は、第一代・第二代の天台《てんだい》座主《ざす》である。第一の義真だけは、伝教大師に近かった。第二の円澄は、半分は伝教の弟子、半分は弘法《こうぼう》（空海《くうかい》）の弟子である。

第三の慈覚大師《じかくだいし》（円仁《えんにん》）は、初めは伝教《でんぎょう》大師の弟子のようであった。四十歳で中国に渡ってからは、名は伝教の弟子であり、伝教の残した延暦寺《えんりゃくじ》を継《つ》がれたのであるが、法門はまったく弟子ではない。しかしながら、円頓戒《えんどんかい》だけは、また弟子のようであった。コウモリのようなものである。鳥でもなく鼠《ねずみ》でもない。母を食らう梟鳥《きょうちょう》（フクロウ）という鳥、父を食らう破鏡《はけい》〈注1〉という獣《けもの》のようなものである。法華経という父を食らい、法華経を受持《じゅじ》する者という母を噛《か》むのである。慈覚が太陽を射《い》たと夢《ゆめ》に見たのは、このことである。それ故《ゆえ》、死去の後は、墓《はか》がないままなのである。

智証《ちしょう》（円珍《えんちん》）の門流の園城寺《おんじょうじ》と慈覚《じかく》の門流の比叡山《ひえいざん》〈注2〉は、修羅《しゅら》が帝釈《たいしゃく》と戦い、悪竜《あくりゅう》が金翅鳥《こんじちょう》と戦う〈注3〉ように、不断《ふだん》に争《あらそ》いをしている。一方が園城寺を焼《や》けば、他方が比叡山を焼く。智証大師《だいし》が本尊としていた弥勒菩薩《みろくぼさつ》も焼けてしまった。慈覚大師の本尊も大講堂《だいこうどう》も焼けてしまった。この世にいながら無間地獄《むけんじごく》の苦を受けた。ただ伝教《でんぎょう》大師の建てた根本中堂《こんぽんちゅうどう》〈注4〉だけが残っている。

弘法大師《こうぼうだいし》もまた残した寺がない。弘法大師には「東大寺《とうだいじ》で受戒《じゅかい》を受けない者については東寺《とうじ》の長者《ちょうじゃ》にしてはならない」などと注意事項《ちゅういじこう》を述べた文書《もんじょ》がある。しかし、寛平法王《かんぴょうほうおう》（宇多天皇《うだてんのう》）〈注5〉は仁和寺《にんなじ》〈注6〉を建立《こんりゅう》して東寺の僧《そう》をそこに移《うつ》したが、「わが寺には比叡山《ひえいざん》の円頓戒《えんどんかい》を持《たも》たない者を住まわせてはならない」との宣旨《せんじ》は明白である。それ故《ゆえ》、今の東寺の法師《ほっし》は、（東大寺での受戒の戒を伝えた）鑑真《がんじん》の弟子でもなく、弘法の弟子でもない。戒については伝教《でんぎょう》の弟子である。しかし、一方では伝教の弟子でもない。伝教の法華経を否定しているからである。

弘法《こうぼう》は、承和《じょうわ》二年（八三五年）三月二十一日に死去したので、天皇《てんのう》のご配慮《はいりょ》を得て遺体《いたい》が葬《ほうむ》られた。その後、人をたぶらかす弟子たちが集まって「弘法大師《だいし》はお亡《な》くなりになったのではなく禅定《ぜんじょう》に入られた」と言った。「禅定に入っている弘法大師の髪《かみ》を剃《そ》って差し上げます」とか、「三鈷《さんこ》〈注7〉を中国から投げられた」とか、「太陽が夜中に現《あらわ》れた」とか、「その身のままで大日如来《だいにちにょらい》となられた」とか、「伝教《でんぎょう》大師に十八道《じゅうはちどう》〈注8〉をお教え申し上げた」などと言って、師匠の徳《とく》を挙《あ》げることによって智慧《ちえ》のない代わりとし、自分たちの師の邪義《じゃぎ》に力《ちから》を添《そ》えて、天皇や臣下《しんか》たちをたぶらかすのである。

また高野山《こうやさん》には本寺《ほんじ》と伝法院《でんぽういん》〈注9〉という二つの寺がある。本寺は弘法《こうぼう》の建立《こんりゅう》した大塔《だいとう》で、本尊は大日如来《だいにちにょらい》である。伝法院というのは正覚房《しょうがくぼう》（覚鑁《かくばん》）〈注10〉の建立したもので、本尊は金剛界《こんごうかい》の大日如来である。この本末《ほんまつ》の二寺は、いつも合戦《かっせん》をしている。比叡山《ひえいざん》・園城寺《おんじょうじ》の例と同じである。

うそが積《つ》もり積もって、日本に二つの災《わざわ》いが出現したのだろうか。糞《ふん》を集めて栴檀《せんだん》〈注11〉としても、焼《や》けばただ糞の臭《にお》いしかしない。大うそを集めて仏と自称《じしょう》しても、ただ無間地獄《むけんじごく》に堕《お》ちるだけである。インドの尼犍外道《にけんげどう》の塔《とう》〈注12〉は、数年の間は人々に大いに利益《りやく》を与えたけれども、馬鳴菩薩《めみょうぼさつ》の礼拝《らいはい》を受けて、たちまち崩《くず》れてしまった。鬼弁婆羅門《きべんばらもん》の帷《とばり》〈注13〉は長年の間、人々をたぶらかしたけれども、阿湿縛窶沙《あしゅばくしゃ》（馬鳴《めみょう》）菩薩に責《せ》められて破《やぶ》れてしまった。拘留外道《くるげどう》は石となって〈注14〉八百年を経《へ》たところで、陳那《じんな》菩薩〈注15〉に責められて水となった。道士《どうし》〈注16〉は、中国の人々をたぶらかして数百年に及《およ》んだが、迦葉摩騰《かしょうまとう》・竺法蘭《じくほうらん》〈注17〉に責められて、道教《どうきょう》〈注18〉の経典も焼けてしまった。秦《しん》の趙高《ちょうこう》〈注19〉が国を奪《うば》い取り、王莽《おうもう》〈注20〉が帝位《ていい》を奪ったように、真言宗《しんごんしゅう》は、法華経の位《くらい》を奪って、大日経《だいにちきょう》の所領《しょりょう》としている。法の王である法華経がすでに国から消え去った以上、人の王である天皇《てんのう》がどうして安穏《あんのん》であるだろうか。

◇注　解◇

〈注1〉**【母を食らう梟鳥《きょうちょう》……破鏡《はけい》】** 梟鳥（フクロウ）と破鏡は、ともに古代中国で不孝《ふこう》の生き物とされた。梟《ふくろう》は母を食うとされた。破鏡は想像上の獣《けもの》で、獍《けい》ともいい、父を食うとされた。

〈注2〉**【智証《ちしょう》の門流の園城寺《おんじょうじ》と慈覚《じかく》の門流の比叡山《ひえいざん》】** 円仁《えんにん》（慈覚）系の尋禅《じんぜん》（九三四年〜九九〇年または九八九年）が天台座主《てんだいざす》を引退して、九八九年に円珍《えんちん》（智証）系の余慶《よけい》（九一九年〜九九一年）が座主に任命されると、円仁門下と円珍門下の争《あらそ》いが起こり、円珍系は園城寺に移《うつ》った。園城寺は九世紀中ごろ円珍が再興《さいこう》した寺院。

〈注3〉**【修羅《しゅら》が帝釈《たいしゃく》と戦い、悪竜《あくりゅう》が金翅鳥《こんじちょう》と戦う】** 御書本文は「修羅と悪竜と合戦《かっせん》ひまなし」（三二一ページ）。ここでは「ひまなし」と戦闘《せんとう》が繰《く》り返《かえ》されたことから、修羅・帝釈の戦い、悪竜・金翅鳥の戦いと解釈したが、正法念処経《しょうぼうねんじょきょう》に基《もと》づいて「修羅と悪竜が戦う」と解釈する説《せつ》もある。

修羅《しゅら》は、古代インドの神話で、もとは善神《ぜんじん》の一つだったが、帝釈《たいしゃく》などの台頭により、その敵として帝釈を憎《にく》み常に戦いを挑《いど》む悪鬼《あっき》とみなされるようになった。金翅鳥《こんじちょう》はサンスクリットのガルダの訳《やく》で、古代インドの神話に登場する怪鳥《かいちょう》。竜《りゅう》を主食とするとされた。

〈注4〉【根本中堂《こんぽんちゅうどう》】延暦寺《えんりゃくじ》は、初め薬師堂《やくしどう》・文殊堂《もんじゅどう》・経蔵《きょうぞう》の三宇《う》から成《な》り、この総称として一乗止観院《いちじょうしかんいん》といったが、後に三宇の中心にある薬師堂をさして根本中堂または止観院と称《しょう》した。

〈注5〉【寛平法王《かんぴょうほうおう》（宇多天皇《うだてんのう》）】八六七年～九三一年。菅原道真《すがわらのみちざね》を重用し寛平の治《ち》と呼ばれる政治改革《かいかく》を行った。譲位《じょうい》後は仁和寺《にんなじ》で出家《しゅっけ》し、上皇《じょうこう》が出家した場合の呼称《こしょう》として初めて「法皇《ほうおう》（法王）」を用《もち》いた。

〈注6〉【仁和寺《にんなじ》】京都《きょうと》市右京《うきょう》区御室《おむろ》にある寺。第29章〈注7〉を参照。

〈注7〉【三鈷《さんこ》】密教《みっきょう》の祈禱《きとう》に用《もち》いる道具。両端《りょうたん》が三つに分かれている武器を模《も》した法具。

〈注8〉【十八道《じゅうはちどう》】密教《みっきょう》の印《いん》の基本形である十八種の印（十八契印《けいいん》）で組織される修法《しゅほう》。

〈注9〉【本寺《ほんじ》と伝法院《でんぽういん》】本寺とは、高野山《こうやさん》にある金剛峯寺《こんごうぶじ》のこと。伝法院とは、もとは覚《かく》鑁《ばん》が高野山の中に建てた堂《どう》をいう。覚鑁が高野山の北麓《ほくろく》の根来《ねごろ》に移《うつ》った後も、覚鑁派の異《い》名《みょう》として用《もち》いられていた。日蓮大聖人の時代には、高野山では覚鑁派と反覚鑁派が激《はげ》しく争《あらそ》っていた。

〈注10〉【正覚房《しょうがくぼう》（覚鑁《かくばん》）】一〇九五年～一一四三年。平安《へいあん》後期の真言宗《しんごんしゅう》の僧《そう》。新義《しんぎ》真言宗の祖とされる。高野山《こうやさん》に大伝法院《だいでんぽういん》を建立《こんりゅう》し伝法会《でんぽうえ》を再興《さいこう》したが、同山の金剛峯寺《こんごうぶじ》との確執《かくしつ》から所を追われ、根来寺《ねごろじ》に移《うつ》った。浄土《じょうど》思想を密教的《みっきょうてき》に解釈したことで知られる。

〈注11〉【栴檀《せんだん》】仏典にみえる栴檀とはビャクダン科の白檀《びゃくだん》のことで、インド原産の香木《こうぼく》。

高さ七〜一〇メートルに達する常緑《じょうりょく》高木で半寄生《はんきせい》生活をする。香気《こうき》を発し腐《くさ》らないので、仏像・仏具などの材料や、医薬・香油《こうゆ》の原料として使われる。

〈注12〉【尼犍外道《にけんげどう》の塔《とう》】『付法蔵因縁伝《ふほうぞういんねんでん》』巻《まき》五にある。尼犍外道とは、尼犍（ニルグランタジユニャープトラ）を祖とするジャイナ教徒のこと。かつて月氏国《げっしこく》のカニシカ王が道を歩いている時に、外道の塔が七宝《しっぽう》で荘厳《そうごん》されているのを見て、如来《にょらい》の塔と思い、香華《こうげ》をそえ、偈《げ》を読んでその徳《とく》をたたえた。すると、その塔が崩《くず》れ落ちてしまった。王は驚《おどろ》いたが、ある人が「それは外道の塔です。王の福徳がすばらしいので、王の礼拝《らいはい》で破壊《はかい》したのです」と教えたという。このカニシカ王は、熱心な仏教信者で、戦争の結果、馬鳴菩薩《めみょうぼさつ》を手に入れて、大いに歓喜《かんき》したという。

〈注13〉【鬼弁婆羅門《きべんばらもん》の帷《とばり》】鬼弁婆羅門はインドのバラモンの一人。『大唐西域記《だいとうさいいきき》』巻《まき》八によると、鬼弁婆羅門は議論が巧《たく》みで世間から尊敬を受けていた。人が彼を論駁《ろんばく》すると、帷を垂《た》れてその中から答えていたが、馬鳴菩薩《めみょうぼさつ》は、婆羅門が鬼神《きじん》や妖怪《ようかい》の力《ちから》を借《か》りて議論していることを見破《みやぶ》り、彼を責《せ》め立てながら、隙《すき》を見て帷を開くと、婆羅門が妖怪にものを尋《たず》ねているところであったという。

〈注14〉【㸆留外道《くるげどう》は石となって】㸆留外道は、古代インドの六派哲学《ろっぱてつがく》の一つ勝論《かつろん》（ヴァイシエーシカ）学派のこと。中国・唐《とう》の智周《ちしゅう》の『成唯識論演秘《じょうゆいしきろんえんぴ》』などでは、数論《すろん》（サーンキヤ）外道（六派哲学の一つ）が石に変《へん》じたが、陳那《じんな》（ディグナーガ）の説《せつ》を石に書いたところ砕《くだ》けてしまったという。しかし、同じく唐の神清《しんしょう》の『北山録《ほくざんろく》』に慧宝《えほう》がつけた注では、勝論外道が変じた石が陳那の批判《ひはん》によって砕けたとしている。日蓮大聖人は後者の説《せつ》を採用《さいよう》されたと思われる。

〈注15〉【陳那菩薩《じんなぼさつ》】五～六世紀ごろ。陳那はサンスクリットのディグナーガの音写。南インドのバラモン出身。世親《せしん》（ヴァスバンドゥ）のもとで唯識《ゆいしき》と論理学を学び、仏教独自《どくじ》の論理学と認識論を大成《たいせい》した。

〈注16〉【道士《どうし》】道教《どうきょう》の修行者のこと。

〈注17〉【迦葉摩騰《かしょうまとう》・竺法蘭《じくほうらん》】ともにインドの人で、後漢《ごかん》の明帝《めいてい》の時代に中国に初めて仏教を伝えたとされる（『梁高僧伝《りょうこうそうでん》』巻一）。迦葉摩騰は、サンスクリットのカーシャパマータンガの音写で、大小乗《だいしょうじょう》の経典に通じていたという。竺法蘭のサンスクリット名は不明。経典・論書数万章を暗誦《あんしょう》し、インドの学者の師匠格だったという。

〈注18〉【道教《どうきょう》】中国民族固有の宗教で、主に不老長寿や現世利益《げんぜりやく》をめざし、長生術《ちょうせいじゅつ》・養生《ようじょう》法《ほう》・呪《のろ》い・占《うらな》い・易《えき》などを行う。中国古来の鬼神《きじん》観念や神仙《しんせん》思想などを基《もと》に、道家《どうか》の老荘《ろうそう》思想、仏教教理などを取り入れて発展した。

〈注19〉【秦《しん》の趙高《ちょうこう》】？～紀元前二〇七年。中国・秦の宦官《かんがん》。始皇帝《しこうてい》に仕えていたが、皇帝の死後、その長子・扶蘇《ふそ》を殺して末子・胡亥《こがい》を後継者《こうけいしゃ》とし、権力を掌握《しょうあく》。反対派《はんたいは》を次々と粛清《しゅくせい》したが、国中に反乱を招《まね》いた。

〈注20〉【王莽《おうもう》】中国・前漢《ぜんかん》の末期の政治家。漢の帝位《ていい》を奪《うば》い、新《しん》と称《しょう》する王朝を開いたが、内乱が続発して、新はほどなく滅亡《めつぼう》した。

第20章　日蓮大聖人の国主《こくしゅ》諫暁《かんぎょう》

（御書三一一ページ十七行目～三一二ページ十五行目）

日本国は、慈覚《じかく》（円仁《えんにん》）・智証《ちしょう》（円珍《えんちん》）・弘法《こうぼう》（空海《くうかい》）の門下である。一人として謗法《ほうぼう》でない人はいない。

ただし、このことの内実を考えてみると、今の日本は、大荘厳仏《だいしょうごんぶつ》の末法《まっぽう》〈注1〉や師子音王仏《ししおんのうぶつ》の末法〈注2〉のようなものである。威音王仏《いおんのうぶつ》の末法〈注3〉では、罪《つみ》を悔《く》い改《あらた》めた者でも、千劫《せんごう》の間、阿鼻地獄《あびじごく》〈注4〉に堕《お》ちた。まして日本国の真言師《しんごんし》・禅宗《ぜんしゅう》・念仏者《ねんぶつしゃ》らは、少しも改心《かいしん》していない。「このように阿鼻地獄に堕ちて一劫《こう》の間苦しんだ後に、この世界に生まれてきて、再び阿鼻地獄に堕ちるということを繰《く》り返《かえ》して数えきれないほどの長期間を経《へ》る」（譬喩品《ひゆほん》）ことは疑《うたが》いないのではないか。

このような謗法《ほうぼう》の国であるから、梵天《ぼんてん》・帝釈天《たいしゃくてん》などの上位の神も国を捨《す》てたのである。彼らが捨ててしまったので、古くからこの国を守護《しゅご》してきた善神《ぜんじん》も自らの住む祠《ほこら》を焼《や》いて、寂光《じゃっこう》の都《みやこ》〈注5〉にお帰りになってしまった。

ただ私だけがこの国にとどまり続け、このことをはっきりと口《くち》にしたので、国主はこれを敵視《てきし》し、数百人の民衆をそそのかして、罵詈《めり》したり、悪口《わるくち》を言ったり、棒《ぼう》で打ったり、刀剣《とうけん》で斬《き》りかかったり、どの住まいも入らせないようにしたり、どの家からも追《お》い払《はら》ったりさせた。それでも思いどおりにならないとなると、直接手を下《くだ》して、二度まで流罪《るざい》に処《しょ》した。文永《ぶんえい》八年（一二七一年）九月の十二日には、私の首を切ろうとした〈注6〉。

最勝王経《さいしょうおうきょう》〈注7〉には「悪人を大切に敬《うやま》い、善人《ぜんにん》を罰《ばっ》したことが原因で、国外から侵略者《しんりゃくしゃ》が来て、自国の人々がたくさん亡《な》くなり世の乱《みだ》れにあう」と説《と》かれている。

大集経《だいじっきょう》〈注8〉には「もしクシャトリヤ出身の国王〈注9〉で、種々の悪事をなし、釈尊《しゃくそん》の声聞《しょうもん》の弟子を悩《なや》ませ、または誹謗《ひぼう》し悪口《わるくち》を言ったり、刀や棒《ぼう》で打ったり切ったり、衣服《いふく》や食器、種々の必需品《ひつじゅひん》を奪《うば》い、あるいは布施《ふせ》しようとする人に迫害《はくがい》をなすといった者がいれば、私たち諸天善神《しょてんぜんじん》は、彼ら自身の行為《こうい》の自明の結果として国外の敵《てき》をすぐさま生じさせ、彼ら自身の国土にも同様に合戦《かっせん》や疫病《えきびょう》、飢饉《ききん》、季節外《きせつはず》れの風雨、言い争《あらそ》い・誹謗を起こさせ、一方、その王は寿命《じゅみょう》が短くなり、ついには国を失《うしな》うに至《いた》らせるだろう」とある。

これらの経文のとおりなら、日蓮がこの国にいなければ、仏は大うそつきの人であり、阿鼻地獄《あびじごく》からどうして逃《のが》れることができるだろうか。

文永《ぶんえい》八年（一二七一年）九月十二日、平左衛門尉頼綱《へいのさえもんのじょうよりつな》〈注10〉とその配下の数百人に向かって、私は「日蓮は日本国の柱である。日蓮を亡《な》きものにするようなことがあれば、日本国の柱を倒《たお》すことになるのである」などと言った。

先の経文に、「智慧《ちえ》のある人を、国主らが、悪僧《あくそう》らの讒言《ざんげん》や人々の悪口《あっこう》によって罪《つみ》に処《しょ》するなら、たちまち戦《いくさ》が起こり、また大風《おおかぜ》が吹《ふ》いたり、他国から攻《せ》められたりするだろう」などとある。文永《ぶんえい》九年（一二七二年）二月の北条氏《ほうじょうし》の中での争《あらそ》い〈注11〉、同十一年（一二七四年）四月の大風《おおかぜ》〈注12〉、同年十月の大蒙古《だいもうこ》の来襲《らいしゅう》〈注13〉は、ただただ日蓮を迫害《はくがい》したからではないか。まして、このことは前々から予言していたこと〈注14〉である。誰が疑《うたが》うだろうか。

◇注　解◇

〈注1〉**【大荘厳仏《だいしょうごんぶつ》の末法《まっぽう》】** 仏蔵経《ぶつぞうきょう》にみえる仏。同経によると、大荘厳仏の亡《な》き後、五人の比丘《びく》がいて、このうち普事《ふじ》比丘のみが大荘厳仏の教えを正しく守っていた。苦岸《くがん》など他の四比丘らは、邪見《じゃけん》を起こしてこの普事比丘を誹謗《ひぼう》したため、地獄《じごく》へ堕《お》ちたという。

〈注2〉**【師子音王仏《ししおんのうぶつ》の末法《まっぽう》】** 御書本文は「一切明王仏《いっさいみょうおうぶつ》の末法」（三一一ページ）。「諫暁八幡抄《かんぎょうはちまんしょう》」には「大荘厳仏《だいしょうごんぶつ》の末《まつ》の四比丘《しびく》が六百万億那由佗《まんのくなゆた》の人を皆無間地獄《みなむけんじごく》に堕《おと》せると、師子音王仏の末の勝意《しょうい》比丘が無量無辺《むりょうむへん》の持戒《じかい》の比丘・比丘尼《びくに》・うばそく《優婆塞》・うばい《優婆夷》を皆阿鼻大城《あびだいじょう》に導《みちび》きし」（御書五八七ページ）とあり、「神国王御書《しんこくおうごしょ》」にも「彼《か》の大荘厳仏の末法の四比丘並《ならび》に六百八十万億那由佗の諸人《しょにん》が普事比丘一人をあだみしにも超《こ》へ・師子音王仏の末の勝意比丘・無量の弟子等が喜根《きこん》比丘をせめしにも勝《まさ》れり」（御書一五二四ページ）と記されている。

師子音王仏《ししおんのうぶつ》とは、詳しくは師子吼鼓音王仏《ししくくおんのうぶつ》という。諸法無行経《しょほうむぎょうきょう》によれば、師子吼鼓音王仏の亡《な》くなった後、正法《しょうほう》を説《と》く喜根比丘《きこんびく》を謗《そし》った勝意《しょうい》比丘は大地が裂《さ》けて地獄《じごく》に堕《お》ち、謗法《ほうぼう》の罪《つみ》によって極《きわ》めて長い間、苦しみを受けたという。勝意比丘が弟子とともに喜根比丘を責《せ》めたという話は、安然《あんねん》の『教時問答《きょうじもんどう》』にある。

〈注3〉**【威音王仏《いおんのうぶつ》の末法《まっぽう》】** 法華経常不軽菩薩品《じょうふきょうぼさつほん》第二十には、不軽菩薩は最初の威音王仏の像法《ぞうほう》時代の末《まつ》に出現したと説《と》かれているが、「顕仏未来記《けんぶつみらいき》」に「彼《か》の像法の末と是《こ》の末法の初《はじめ》と全く同じ」（御書五〇七ページ）と仰《おお》せのように、不軽菩薩出現の時を御自身の末法の初めと同じととらえられている。その意から経文にある「像法時代の末」を「末法」と言い換《か》えられている。

〈注4〉【阿鼻地獄《あびじごく》】無間《むけん》地獄のこと。「阿鼻」はサンスクリットのアヴィーチの音写で、間《かん》断《だん》がないこと。

〈注5〉【寂光《じゃっこう》の都《みやこ》】久遠《くおん》の仏の国土である常寂光土《じょうじゃっこうど》を都に譬《たと》えたもの。

〈注6〉【文永《ぶんえい》八年……私の首を切ろうとした】竜《たつ》の口《くち》の法難《ほうなん》を指す。

〈注7〉【最勝王経《さいしょうおうきょう》】中国・唐《とう》の義浄《ぎじょう》が訳《やく》した金光明最勝王経《こんこうみょうさいしょうおうきょう》のこと。十巻。懺悔《さんげ》による滅《めつ》罪《ざい》の功徳《くどく》を強調するとともに、この経を護持《ごじ》するものを、四天王《してんのう》をはじめ一切《いっさい》の諸天善神《しょてんぜんじん》が加護《かご》するが、もし正法《しょうほう》をないがしろにすれば、諸天が国を捨て去《さ》って種々の災難《さいなん》が競《きそ》い起こると説《と》いている。異訳《いやく》に北涼《ほくりょう》の曇無讖《どんむしん》訳の金光明経《こんこうみょうきょう》四巻がある。

〈注8〉【大集経《だいじっきょう》】中国・北涼《ほくりょう》の曇無讖《どんむしん》らが訳《やく》した大方等大集経《だいほうどうだいじっきょう》のこと。六十巻。大乗《だいじょう》の諸経を集めて一部の経としたもの。国王が仏法を守護《しゅご》しないなら三災《さんさい》が起こると説《と》く。また、釈尊滅後《しゃくそんめつご》に正法《しょうほう》が衰退《すいたい》していく様相を五百年ごとに五つに区分する「五五百歳《ごごひゃくさい》」を説き、これが日蓮大聖人の御在世《ございせ》当時の日本において、釈尊滅後二千年以降を末法《まっぽう》とする根《こん》拠《きょ》とされた。

〈注9〉【クシャトリヤ出身の国王】御書本文は「諸《もろもろ》の刹利国王《せつりこくおう》」（三一二ページ）。「刹利」とは刹帝利《せっていり》のことで、サンスクリットのクシャトリヤを音写したもの。古代インドの身分制度であるカースト（四姓《しせい》）制で、第二位にあった者。第一位にあるブラーフマナ（婆羅門《ばらもん》）が宗教的権威《けんい》であったのに対し、実際の政治権力を握《にぎ》った階層《かいそう》と考えられている。しかし、これはあくまで建前《たてまえ》で、実際には、婆羅門が農業に従事していたり、クシャトリヤ出身でない者が王になることがあった。「クシャトリヤ」は一種の家柄《いえがら》を示すもので、日本語の「王族階級《おうぞくかいきゅう》」や「貴族《きぞく》階級」とは必ずしも一致《いっち》しないため、原語のままとした。

〈注10〉【平左衛門尉頼綱《へいのさえもんのじょうよりつな》】？～一二九三年。平頼綱《たいらのよりつな》のこと。北条得宗家《ほうじょうとくそうけ》（北条氏の嫡流《ちゃくりゅう》）の御内人《みうちびと》（従者《じゅうしゃ》）で、内管領《ないかんれい》として、大きな権勢《けんせい》をふるった。文永《ぶんえい》八年（一二七一年）当時、侍所所司《さむらいどころしょし》（警察・軍事の次官）として、日蓮大聖人の捕縛《ほばく》に当たった。左衛門尉は、左衛門《さえもん》府《ふ》（皇居《こうきょ》の門の警備を行う部署《ぶしょ》）の三等官のこと。

〈注11〉【文永《ぶんえい》九年（一二七二年）二月の北条氏《ほうじょうし》の中での争《あらそ》い】同年二月、京都《きょうと》と鎌倉《かまくら》で起きた北条一族の内乱、二月騒動《にがつそうどう》（北条時輔《ときすけ》の乱）のこと。

〈注12〉【同十一年（一二七四年）四月の大風《おおかぜ》】第24章、本書一八六ページの「阿弥陀堂《あみだどう》の加賀法印《かがのほういん》という東寺第一《とうじだいいち》の智慧《ちえ》ある人が、雨を降《ふ》らす祈禱《きとう》をしたことで吹《ふ》いた逆風《ぎゃくふう》」を指す。

〈注13〉【同年十月の大蒙古《だいもうこ》の来襲《らいしゅう》】蒙古（モンゴル帝国）が壱岐《いき》・対馬《つしま》や博多《はかた》などを攻《せ》めた文永《ぶんえい》の役《えき》のこと。

〈注14〉【このことは前々から予言していたこと】文応《ぶんおう》元年（一二六〇年）七月に「立正安国《りっしょうあんこく》論《ろん》」で他国侵逼難《たこくしんぴつなん》・自界叛逆難《じかいほんぎゃくなん》を予言されていたこと。

第21章　災難《さいなん》の原因を明かす

（御書三一二ジペー十五行目〜三一三ジペー十四行目）

弘法《こうぼう》（空海《くうかい》）・慈覚《じかく》（円仁《えんにん》）・智証《ちしょう》（円珍《えんちん》）の誤《あやま》りは、この国にはびこって長い年月が経《た》っている。その上に、禅宗《ぜんしゅう》と念仏宗《ねんぶつしゅう》という災《わざわ》いが同時に起きているのは、逆風《ぎゃくふう》に大波が起こるようなものであり、大地震《おおじしん》が度重なるようなものである。

それ故《ゆえ》、次第に国は衰《おとろ》えてきた。太政入道《だいじょうのにゅうどう》（平清盛《たいらのきよもり》）〈注1〉が国を意のままにし、承久《じょうきゅう》の乱《らん》〈注2〉で朝廷側《ちょうていがわ》が敗《やぶ》れて王位が尽《つ》き果《は》てて、世の実権は東国《とうごく》に移《うつ》ったけれども、その時はただ国内の動乱《どうらん》だけであって、他国から攻《せ》められることはなかった。

当時は、謗法《ほうぼう》の者が国にいたけれども、天台《てんだい》の正法《しょうほう》もまだ少し残っていた。また謗法を押《お》しとどめようとして、それを指摘《してき》する智慧《ちえ》ある人もいなかった。これらの理由で、たいしたことは起きなかった。

譬《たと》えば、眠《ねむ》っている獅子《しし》は、手を触《ふ》れなければ、吼《ほ》えない。急流であっても、櫓《ろ》をつっぱらなければ、波は高くならない。盗人《ぬすびと》も、やめさせようとしなければ怒《いか》ることはない。火は薪《たきぎ》を加えなければ、燃《も》え盛《さか》ることはない。謗法《ほうぼう》があっても、それを指摘《してき》する人がいなければ、王の権勢《けんせい》もしばらくは続き、国も穏《おだ》やかであるのに似《に》ている。

同様の例を挙《あ》げれば、日本国に仏法が伝わり始めた時に、初めは何ごとも起こらなかったけれども、物部守屋《もののべのもりや》が仏像を焼《や》き〈注3〉、僧《そう》をとらえて堂塔《どうとう》を焼いたため、天から火の雨が降《ふ》り、国に疱瘡《ほうそう》が流行し、戦乱《せんらん》が続いたようなものである。

このたびは、それとは比較《ひかく》にならない。謗法《ほうぼう》の人々も国中に充満《じゅうまん》している。私が主張する仏法の正しい教えも、それを強く責《せ》めている。修羅《しゅら》と帝釈《たいしゃく》の合戦《かっせん》や、仏と魔王《まおう》の合戦にも匹敵《ひってき》する。

金光明経《こんこうみょうきょう》には「その時に隣国《りんごく》の侵略者《しんりゃくしゃ》が、このような思いを起こすだろう。『象兵《ぞうへい》・騎馬兵《きばへい》・車兵《しゃへい》・歩兵《ほへい》の四兵《しへい》をそろえて、あの国土を破壊《はかい》しよう』とある。また「その時、王は（敵国《てきこく》の状況を）見て、ただちに四兵をそろえて、その国へと出発し、その国を討罰《とうばつ》しようとするだろう。われら四天王《してんのう》はその時に、従者《じゅうしゃ》である、数え切れないほど多くの夜叉《やしゃ》〈注4〉や神々とともに、それぞれ姿《すがた》を隠《かく》して王を援護《えんご》し、その敵が自分から降伏《こうふく》するようにするだろう」と説《と》かれている。

最勝王経《さいしょうおうきょう》の文《もん》〈注5〉もまたこのとおりである。大集経《だいじっきょう》・仁王経《にんのうきょう》にも（同様のことが）説《と》かれている。

これらの経文のとおりであれば、正法《しょうほう》を行ずる者を国主が敵視《てきし》し、邪法《じゃほう》を行ずる者の味方となるなら、大梵天王《だいぼんてんのう》・帝釈天《たいしゃくてん》・日天《にってん》・月天《がってん》・四天王《してんのう》らが、隣国《りんごく》の賢王《けんおう》の身に入って、その国を必ず責め立《せ》てるにちがいないということである。同様の例を挙《あ》げれば、仏法に敵対《てきたい》する訖利多王《きりたおう》を雪山下王《せっせんげおう》が攻《せ》め〈注6〉、仏法を破壊《はかい》しようとする大族王《だいぞくおう》を幼日王《ようにちおう》が滅《ほろ》ぼした〈注7〉ようなものである。訖利多王と大族王は、インドの仏法を滅ぼした王である。中国でも、仏法を滅ぼした王はみな賢王に責められた。

今の日本は、インド・中国とは比較《ひかく》にならないほどである。国主は、仏法の味方であるかのように見えながら仏法を滅《ほろ》ぼす法師《ほっし》を助け、正法《しょうほう》の行者《ぎょうじゃ》を滅ぼすので、愚《おろ》か者《もの》にはまったく分からない。智慧《ちえ》のある人であっても、普通の智慧ある人では簡単には分からない。天に住む神々でも、位《くらい》の低い神々は、知らないかもしれない。そうであるから、中国やインドの昔の混乱よりも、大きい混乱があるにちがいない。

◇注　解◇

〈注1〉**【太政入道《だいじょうのにゅうどう》（平清盛《たいらのきよもり》）】** 一一一八年〜一一八一年。平安《へいあん》後期の武将。武士として初めて太政大臣《だいじょうだいじん》になるなど、平氏《へいし》の全盛期《ぜんせいき》をもたらし大きな権勢《けんせい》をふるった。出家《しゅっけ》し太政入道と呼ばれたのちも、後白河上皇《ごしらかわじょうこう》を幽閉《ゆうへい》し実権を握《にぎ》った。

〈注2〉**【承久《じょうきゅう》の乱《らん》】** 承久三年（一二二一年）に起きた朝廷《ちょうてい》と鎌倉幕府《かまくらばくふ》の争《あらそ》い。後鳥羽上皇《ごとばじょうこう》は政治の実権を拡大・掌握《しょうあく》しようと図り幕府を圧迫《あっぱく》したが、幕府に制圧され、朝廷側はかえって勢力《せいりょく》を弱め、幕府の支配力が強まった。第29章で詳述される。

〈注3〉**【物部守屋《もののべのもりや》が仏像を焼《や》き】** 敏達天皇《びだつてんのう》の時に、大臣《おおおみ》の蘇我馬子《そがのうまこ》が仏法を信じた。そのとき疫病《えきびょう》が流行したので、物部守屋は、それを仏法を崇拝《すうはい》したためであるとして、堂塔《どうとう》を壊《こわ》し仏像を焼いた。

〈注4〉**【夜叉《やしゃ》】** サンスクリットのヤクシャの音写で、薬叉《やくしゃ》ともいう。樹神《じゅしん》など古代インドの民間信仰の神に由来《ゆらい》し、猛悪《もうあく》な鬼神《きじん》とされる。鬼神とは、仏道《ぶつどう》修行者を守護《しゅご》する働《はたら》き（善鬼神《ぜんきじん》）や生命をむしばむ働き（悪鬼神《あっきじん》）に大別されるが、ここでは前者の意。

〈注5〉**【最勝王経《さいしょうおうきょう》の文《もん》】** 金光明経《こんこうみょうきょう》には北涼《ほくりょう》の曇無讖《どんむしん》訳《やく》の金光明経四巻、唐《とう》の義浄《ぎじょう》訳の金光《こんこう》明最勝王経《みょうさいしょうおうきょう》十巻などがある。ここで引用されている二つの経文のうち、前半の「その時に隣国《りんごく》の侵略者《しんりゃくしゃ》が（時に鄰国《りんごく》の怨敵《おんてき》）」以下の文は、曇無讖訳の金光明経巻《まき》二の四天王品《してんのうぼん》第六、義浄訳の金光明最勝王経巻六の四天王護国品《ごこくぼん》第十二からの引用文で、両者に訳の違《ちが》いはない。後半の「その時、王は見て（時に王見已《みおわ》って）」以下の文は、実際には義浄訳の金光明最勝王経からの引用である。

〈注6〉**【訖利多王《きりたおう》を雪山下王《せっせんげおう》が攻《せ》め】** 玄奘《げんじょう》の『大唐西域記《だいとうさいいきき》』巻《まき》三によると、雪山下王は覩貨《とか》羅国《らこく》（トハラ）の王で、仏法を弾圧《だんあつ》した迦湿弥羅国《かしゅうみらこく》（カシュミール）の訖利多王を攻め、仏法を復興《ふっこう》したという。

〈注7〉**【大族王《だいぞくおう》を幼日王《ようにちおう》が滅《ほろ》ぼした】**『大唐西域記《だいとうさいいきき》』巻《まき》四によると、大族王はインドの磔迦《たっか》国《こく》の王で、仏法を破壊《はかい》し残虐《ざんぎゃく》な政治を行った。一方、幼日王は仏法を篤《あつ》く信仰していた。大族王は幼日王を征伐《せいばつ》しようとしたが、逆《ぎゃく》に生《い》け捕《ど》りにされた。なお、御書本文では「幻《げん》日王《にちおう》」（三二三ページ）となっているが、現存《げんそん》する「撰時抄《せんじしょう》」の御真筆《ごしんぴつ》では「幼日王」とあり、しかも「幼」に「えう」と振《ふ》り仮名《がな》を記されている。

第22章　日本国中が謗法《ほうぼう》

（御書三一三ジ十五行目〜三一四ジ九行目）

法滅尽経《ほうめつじんぎょう》〈注1〉には「私（釈尊《しゃくそん》）が亡《な》くなった後、五逆罪《ごぎゃくざい》〈注2〉の者が充満《じゅうまん》する混乱した時代には仏法に敵対《てきたい》する魔《ま》が盛《さか》んになり、魔が出家者《しゅっけしゃ》となって現《あらわ》れ私の教えを混乱させるだろう。〈中略〉悪人はますます多くなり、海の砂《すな》のようである。善人《ぜんにん》はきわめて少なく、一人か二人である」とある。

涅槃経《ねはんぎょう》には「このような涅槃経典を信ずる者は、爪《つめ》の上の土のように少なく、〈中略〉またこの経を信じない者は、十方《じっぽう》の世界のあらゆる大地の土のように多い」とある。

この経文は、時にかなって貴《とうと》く、私の心から離《はな》れることがない。

現在の日本国では、人ごとに「私も法華経を信じている」「私も信じている」と口《くち》にしている。人々の言葉のとおりであれば、一人も謗法《ほうぼう》の者はいないことになる。

ところが、この涅槃経《ねはんぎょう》の経文には「末法《まっぽう》の時代では、謗法《ほうぼう》の者は、十方《じっぽう》の世界の大地の土のように多く、正法《しょうほう》の者は爪《つめ》の上の土のように少ない」（趣意）とある。経文で説《と》いていることと世間の人々が言っていることには水火の違《ちが》いがある。

世間の人は「日本国では、日蓮一人だけが謗法《ほうぼう》の者である」と言う。また経文には「（謗法の者は）大地より多いだろう」とある。

法滅尽経《ほうめつじんぎょう》には「善人《ぜんにん》は一人か二人である」とあり、涅槃経《ねはんぎょう》には「信ずる者は爪《つめ》の上の土」とある。

経文のとおりであるなら、日本国では、ただ日蓮一人だけが「爪《つめ》の上の土」

であり、「一人、二人」にあたるのである。そうであるなら、心ある人は、経文を信用すべきだろうか、世間の人々を信用すべきだろうか。

問う。涅槃経《ねはんぎょう》の文《もん》には「涅槃経の行者《ぎょうじゃ》は爪《つめ》の上の土」（趣意）とある。あなたの主張では「法華経の行者」と言っている。これは、どういうことか。

答える。涅槃経《ねはんぎょう》には「法華経の中に説《と》かれているとおりである」〈注3〉とある。妙楽大師《みょうらくだいし》（湛然《たんねん》）は「大経《だいきょう》自らが法華《ほっけ》を指して究極の教えとしている」（『法《ほっ》華文句記《けもんぐき》』）と言っている。「大経」と言うのは、涅槃経のことである。涅槃経には、法華経を究極の教えと定めているのである。

にもかかわらず、涅槃宗《ねはんしゅう》〈注4〉の人が「涅槃経《ねはんぎょう》は法華経より優《すぐ》れている」と言ったのは、主人を家来といい、身分の低い人を身分の高貴《こうき》な人であると言う人たちである。

涅槃経《ねはんぎょう》を読むというのは、法華経を読むことを言うのである。譬《たと》えを示せば、賢人《けんじん》は、国主を重んずる人については、自分が国主より低く評価《ひょうか》されているにもかかわらず、喜《よろこ》ぶものである。涅槃経は、法華経を低く評価して涅槃経をほめる人を、強く敵《かたき》として憎《にく》むのである。

◇注　解◇

〈注1〉【法滅尽経《ほうめつじんぎょう》】訳者《やくしゃ》不明。一巻。仏の滅後《めつご》に法が滅する時の様相を説《と》いた経。末世《まっせ》法滅の時は魔《ま》が比丘《びく》となって現れ、非法《ひほう》の言動をすると説かれている。

〈注2〉【五逆罪《ごぎゃくざい》】五種の最も重い罪《つみ》のこと。諸説があるが、仏教全般に通ずるものとして①父を殺す②母を殺す③阿羅漢《あらかん》を殺す④仏身《ぶっしん》より血を出《いだ》す⑤和合僧《わごうそう》を破《やぶ》る、の五罪をいう。

〈注3〉【「法華経の中に説《と》かれているとおりである」】御書本文は「法華《ほっけ》の中の如《ごと》し」（三一四ページ）。涅槃経《ねはんぎょう》の「法花《ほっけ》の中の八千の声聞《しょうもん》の記莂《きべつ》を受くることを得て大果実《だいかじつ》を成《じょう》ずるが如し」の冒頭《ぼうとう》の「如法花中」を引用したもの。

〈注4〉【涅槃宗《ねはんしゅう》】涅槃経《ねはんぎょう》の教説を研究した学派。涅槃経には、中国・北涼《ほくりょう》の曇無讖《どんむしん》が訳出《やくしゅつ》した北本《ほっぽん》と、それを慧観《えかん》・慧厳《えごん》・謝霊運《しゃれいうん》らが再編集した南本《なんぽん》がある。以上の二本の訳出以前に竺道生《じくどうしょう》が異訳《いやく》の般泥洹経《はつないおんぎょう》を研究し一闡提《いっせんだい》の成仏《じょうぶつ》を主張したが、受け入れられず排斥《はいせき》された。その後、北本が江南《こうなん》に伝わったことでこれが再評価《さいひょうか》され、涅槃経の研究が盛《さか》んになり、学派が形成された。しかし、涅槃経は法華経の付随的《ふずいてき》な教えであると天台大師智顗《てんだいだいしちぎ》に破折《はしゃく》された。第8・9章を参照。

第23章　嘉祥《かじょう》が謗法《ほうぼう》を懺悔《さんげ》

（御書三一四ジペー九行目～三一五ジペー十二行目）

この例によって、華厳経《けごんぎょう》・観無量寿経《かんむりょうじゅきょう》〈注1〉・大日経《だいにちきょう》などを読む人も、法華経が自分の読む経より劣《おと》ると読むのは、それぞれの経典の真意に背《そむ》くことになるということが分かる。

これによって、法華経を読む人が、法華経を信じているようであっても、他の諸経《しょきょう》でも覚《さと》りが得られると思うのは、法華経を読んでいない人であると分かるのである。

同様の例を挙《あ》げると、嘉祥大師《かじょうだいし》（吉蔵《きちぞう》）は『法華玄論《ほっけげんろん》』〈注2〉という書物十巻を著《あらわ》して法華経を讃嘆《さんたん》したけれども、妙楽《みょうらく》（湛然《たんねん》）はその書を批判《ひはん》して「法華経に対する誹謗《ひぼう》がその中にある。どうして法華経を広め讃嘆するものと言えるだろうか」（『法華文句記《ほっけもんぐき》』）と言っている。

このように嘉祥《かじょう》は法華経を否定する人である。それ故《ゆえ》、嘉祥は責《せ》め落《お》とされて、天台《てんだい》（智顗《ちぎ》）に仕え、法華経を講義しなかった。「もし私が法華経を講義したなら、悪道に堕《お》ちることを免《まぬか》れがたい」と言って、七年間も天台が高座《こうざ》に上《のぼ》る際《さい》の踏《ふ》み台《だい》になった〈注3〉。

慈恩大師《じおんだいし》（基《き》）には『法華玄賛《ほっけげんざん》』〈注4〉という法華経をたたえる書物十巻がある。伝教大師《でんぎょう》（最澄《さいちょう》）は批判《ひはん》して「法華経をほめるといっても、かえって法《ほっ》華《け》の心を殺《ころ》している」（『法華秀句《ほっけしゅうく》』）と言っている。こうしたことから考えると、法華経を読み讃嘆《さんたん》する人々の中に、無間地獄《むけんじごく》に堕《お》ちた人がたくさんいるのである。

嘉祥《かじょう》・慈恩《じおん》ですら、一乗《いちじょう》の教えを誹謗《ひぼう》した人たちなのである。弘法《こうぼう》（空海《くうかい》）・

慈覚《じかく》(円仁《えんにん》)・智証《ちしょう》(円珍《えんちん》)が、どうして法華経を見下している人でないことがあるだろうか。

嘉祥大師《かじょうだいし》のように、法華経の講義をやめ、弟子たちを解散《かいさん》させ、わが身を踏《ふ》み台《だい》にしたとしても、それでも以前の法華経誹謗《ひぼう》の罪《つみ》は消えないかもしれない。同様の例を挙《あ》げれば、不軽菩薩《ふきょうぼさつ》〈注5〉を見下し謗《そし》った人々は、後に不軽菩薩に帰依《きえ》し従《したが》ったけれども、重罪《じゅうざい》はまだ残っていて千劫《せんごう》ものあいだ阿鼻地獄《あびじごく》に堕《お》ちた。

それ故《ゆえ》、弘法《こうぼう》・慈覚《じかく》・智証《ちしょう》らは、たとえ悔《く》い改《あらた》めようとする心があって、法華経を読んだとしても、それでも重罪《じゅうざい》は消え難《がた》い。まして彼らは悔い改める心がない。それに、法華経を否定し、真言《しんごん》の教えを昼夜に修行し、朝晩《あさばん》に真言の法を伝授《でんじゅ》したのだから、彼らの重罪が消えないことは言うまでもない。

世親菩薩《せしんぼさつ》〈注6〉・馬鳴菩薩《めみょう》は、小乗教《しょうじょうきょう》によって大乗教《だいじょうきょう》を否定した罪《つみ》に対し自分の舌《した》を切ろう〈注7〉とまでなさった。世親菩薩は、仏の教えであっても阿含《あごん》経《ぎょう》〈注8〉については冗談《じょうだん》にも口《くち》にしないと誓《ちか》い、馬鳴菩薩は、懺悔《さんげ》のために『大乗起信論《だいじょうきしんろん》』〈注9〉を著《あらわ》して、小乗教を否定なさった。

嘉祥大師《かじょうだいし》は、天台《てんだい》大師をお招《まね》きして百人余《あま》りの智慧《ちえ》ある人々の前で五体を地につけ、全身から汗《あせ》を流し、心から泣《な》いて、「今後、私は弟子にも会いません。法華経を講義しません。弟子の顔を見て法華経を講義申し上げると、いかにも自分に力《ちから》があって法華経を分かっているように見えるからです」と言って、天台よりも位《くらい》も高く、出家《しゅっけ》年数も長かったが、わざわざ人が見ている時に天台大師を背負《せお》って河《かわ》を渡った。また、高座《こうざ》に近づいて自分の背中を踏《ふ》み台《だい》にして天台大師を高座に上げた。最後に、天台大師の御臨終《ごりんじゅう》の後に、隋《ずい》の皇帝《こうてい》に対面されて、まるで子どもが母に先立たれたように足をすり合わせてお泣きになったのである。

嘉祥大師《かじょうだいし》の『法華玄論《ほっけげんろん》』を見ると、それほど強く法華経を誹謗《ひぼう》している注釈《ちゅうしゃく》書《しょ》ではない。ただし、「法華経と諸大乗経《しょだいじょうきょう》は、法門には浅深《せんじん》の差があるけれども、根本の趣旨《しゅし》は同じである」と確かに書いている。これが謗法《ほうぼう》の根本であるのだろうか。

華厳宗《けごんしゅう》の澄観《ちょうかん》も真言宗《しんごんしゅう》の善無畏《ぜんむい》も、「大日経《だいにちきょう》と法華経は、理においては同じである」ということを書いているのである。嘉祥大師《かじょうだいし》に罪《つみ》があって責《せ》められるなら、善無畏三蔵《さんぞう》もそれから逃《のが》れることはできない。

◇注　解◇

〈注1〉【観無量寿経《かんむりょうじゅきょう》】中国・南北朝《なんぼくちょう》時代の宋《そう》の畺良耶舎《きょうりょうやしゃ》訳。一巻。阿弥陀仏《あみだぶつ》と極楽世界《ごくらくせかい》を対象とする十六種類の観想法《かんそうほう》を説《と》いている。

〈注2〉【『法華玄論《ほっけげんろん》』】中国の隋《ずい》・唐《とう》の吉蔵《きちぞう》（嘉祥《かじょう》）による法華経の注釈書。十巻。

〈注3〉【天台《てんだい》が高座《こうざ》に上《のぼ》る際《さい》の踏《ふ》み台《だい》になった】御書本文は「身を橋《はし》とし給《たま》いき」（三一四㌻）。中国・唐《とう》の道暹《どうせん》（八世紀ごろ）の『法華文句輔正記《ほっけもんぐふしょうき》』巻《まき》三では、吉蔵《きちぞう》が法盛《ほうじょう》という沙弥《しゃみ》（見習い僧《そう》）に論破《ろんぱ》され、その結果、法盛の師である天台大師智顗《てんだいだいしちぎ》に仕え、「身を肉隥《にくとう》と為《な》して（背中をスロープにして）」天台大師を高座に登らせたという伝承《でんしょう》を載《の》せている。日本天台宗《てんだいしゅう》の蓮剛《れんごう》（平安《へいあん》初期）が著《あらわ》した『定宗論《じょうしゅうろん》』では、これを踏まえて「嘉祥大徳《かじょうだいとく》（吉蔵のこと）、首を座下《ざか》に接《せっ》し、自ら肉橋《にくきょう》と称《しょう》し、道を天台に稟《う》く」と述べられている。

〈注4〉【『法華玄賛《ほっけげんざん》』】中国・唐《とう》の基《き》（慈恩《じおん》）が法相宗《ほっそうしゅう》の立場から法華経を注釈した書。十巻。法華経方便品《ほうべんぼん》は三乗方便《さんじょうほうべん》・一乗真実《いちじょうしんじつ》の思想を説《と》くが、修行においては、一乗は声聞《しょうもん》・縁覚《えんがく》・菩薩《ぼさつ》のいずれにも定まっていない者を菩薩の修行へと導《みちび》くための方便の教えであるとし、三乗真実・一乗方便が正しいと主張している。第10章を参照。

〈注5〉【不軽菩薩《ふきょうぼさつ》】法華経常不軽菩薩品《じょうふきょうぼさつほん》第二十に説《と》かれる菩薩で、釈尊《しゃくそん》の過去世《かこせ》の姿《すがた》。威《い》音王仏《おんのうぶつ》の滅後《めつご》、像法《ぞうほう》時代に出現し、悪口罵詈《あっくめり》・杖木瓦石《じょうもくがしゃく》の難《なん》に遭《あ》いながらも、会う人ごとに「二十四字の法華経」を説《と》いて、成仏《じょうぶつ》を予言（授記《じゅき》）し礼拝《らいはい》をした。

〈注6〉**【世親菩薩《せしんぼさつ》】**四～五世紀ごろのインドの仏教思想家。サンスクリット名はヴァスバンドゥ。旧訳《くやく》で天親《てんじん》、新訳で世親という。無著《むじゃく》（アサンガ）の弟で、唯識《ゆいしき》思想（実在するのは認識主体の識《しき》だけであって、外界は心に立ち現れているだけで実在しないという思想）を大成《たいせい》した。主著に『倶舎論《くしゃろん》』『唯識三十論頌《ゆいしきさんじゅうろんじゅ》』など。

〈注7〉**【小乗教《しょうじょうきょう》によって……舌《した》を切ろう】**世親《せしん》が兄の無著《むじゃく》に導《みちび》かれて大乗教《だいじょうきょう》を学び、小乗に固執《こしゅう》した非を悔《く》いて舌を切ろうとしたことを指す。

〈注8〉**【阿含経《あごんぎょう》】**阿含はサンスクリットのアーガマの音写で、伝承《でんしょう》された聖典《せいてん》の意。各部《かくぶ》派《は》が伝承した釈尊《しゃくそん》の教説のこと。歴史上の釈尊に比較的《ひかくてき》近い時代の伝承を伝えている。漢訳では長《じょう》阿含・中《ちゅう》阿含・増一《ぞういち》阿含・雑《ぞう》阿含の四つがある。中国や日本では、大乗《だいじょう》との対比《たいひ》で、小乗《しょうじょう》の経典として位置づけられた。

〈注9〉**【『大乗起信論《だいじょうきしんろん》』】**第11章〈注11〉を参照。

第24章　中国の真言《しんごん》の三祖《さんそ》を糾弾《きゅうだん》

（御書三一五㌻十二行目〜三一七㌻二行目）

そもそも善無畏三蔵《ぜんむいさんぞう》は、中央インドの国主であった。王位を捨《す》てて他国に行き、殊勝《しゅしょう》・招提《しょうだい》〈注1〉の二人に会って法華経を授《さず》けられ、数多くの石の塔《とう》を立てたので、法華経の行者《ぎょうじゃ》そのものに見えた。しかし、大日経《だいにちきょう》を学んでからは、法華経を大日経より劣《おと》ると思ったのだろうか、初めはそうした主張もはっきりしていなかったが、中国に渡って玄宗皇帝《げんそうこうてい》の師となった。天台宗《てんだいしゅう》に嫉妬《しっと》する心が起きたためだろうか、突然《とつぜん》死んでしまい、二人の獄卒《ごくそつ》に鉄の縄《なわ》を七つつけられ、閻魔王《えんまおう》〈注2〉の宮殿《きゅうでん》に到着《とうちゃく》した。「寿命《じゅみょう》がまだ尽《つ》きていない」と言われ、帰されたのだが、（地獄《じごく》に堕《お》ちたのは）法華経を誹《そし》ったせいだと思ったのか、真言《しんごん》宗《しゅう》の観想《かんそう》・印《いん》・真言などを投《な》げ捨《す》てて、法華経譬喩品《ひゆほん》の「今この三界《さんがい》は……」の文《もん》〈注3〉を唱えると、縄も切れ、現世《げんぜ》に帰された。また雨を降《ふ》らす祈禱《きとう》を命じられた時に、たちまち雨は降ったけれども、大風《おおかぜ》が吹《ふ》いて国土を破壊《はかい》した。結局、死去された時には、弟子たちが集まって、臨終《りんじゅう》の見事な様子をほめたが、無間《むけん》地獄に堕ちていた。

問う。何によってそのことが分かるのか。

答える。彼の伝記をみると、そこには「今、善無畏《ぜんむい》の遺体《いたい》を見ると、次第《しだい》に遺体は縮小《しゅくしょう》し、黒い皮膚《ひふ》がわずかに見え、骨《ほね》はむきだしになっている」とある。彼の弟子たちは、死後に地獄《じごく》の相が現《あらわ》れたのを知らずに、師の立派《りっぱ》さをほめたたえたなどと思っているが、書き著《あらわ》した文字は善無畏の過《あやま》ちを記している。「死んでしまうと、身体は次第に縮《ちぢ》まって小さくなり、皮膚は黒い。骨はむきだしになっている」という趣旨《しゅし》である。「人が死んだ後に色が黒いのは、地獄の業《ごう》を表す」と定めたのは、仏のお言葉ではないか。善無畏三蔵《さんぞう》の地獄の業は何によるのか。少年時代に王位を捨《す》てた。これは最高の求道心《きゅうどうしん》である。インドの五十余《あま》りの国で修行した。慈悲《じひ》が深いあまりに中国に渡った。インド・中国・日本、全世界で、真言行者《しんごんぎょうじゃ》が真言を伝授《でんじゅ》し、金剛鈴《こんごうれい》〈注4〉を振《ふ》って修法《しゅほう》を行うことは、この人の功績《こうせき》ではないのか。どうして地獄に堕《お》ちることになったのかと、死後のことを気にかける人々は探究する必要がある。

また、金剛智三蔵《こんごうちさんぞう》は南インドの大王の太子であった。金剛頂経《こんごうちょうきょう》を中国に伝えた。その功績《こうせき》は善無畏《ぜんむい》に匹敵《ひってき》する。また善無畏とは、互《たが》いに相手の師となった。ところが、金剛智三蔵が皇帝《こうてい》の命令によって、雨を降《ふ》らす祈禱《きとう》をしたことがあった。七日の内《うち》に雨が降って皇帝は大いにお喜《よろこ》びになったが、たちまち大《おお》風《かぜ》が吹《ふ》いてきた。皇帝も臣下《しんか》たちもがっかりした。使者を遣《つか》わして彼を追放しようとされたが、あれこれ言って中国にとどまっていたのである。あげくは、お姫《ひめ》さまがお亡《な》くなりになった時、祈《いの》れとの命令を受けて、身代わりに宮中にいた少女で七歳だった者二人を、積《つ》み重ねた薪《たきぎ》の中に入れて焼《や》き殺《ころ》してしまったことこそ、残酷《ざんこく》なことであったと思えてならない。それでも、お姫さまも生き返られなかった。

不空三蔵《ふくうさんぞう》は、インドから金剛智《こんごうち》のお供《とも》をして来た。これらのことを不審《ふしん》に思ったのだろうか、善無畏《ぜんむい》と金剛智が亡《な》くなった後、インドに戻って竜智《りゅうち》に会い、真言《しんごん》を習いなおし、天台宗《てんだいしゅう》に帰伏《きふく》していたが、心だけは帰伏していたものの、身まで帰伏することはなかった。雨を降《ふ》らす祈禱《きとう》を命じられて引き受けたところ、三日経《た》ったところで雨が降った。皇帝《こうてい》はお喜《よろこ》びになって、みずからお布施《ふせ》をお与えになった。しばらくすると大風《おおかぜ》が吹《ふ》きつけて、皇帝のお住まいをも吹き破《やぶ》り、朝廷《ちょうてい》にお仕えする貴族《きぞく》たちの屋敷《やしき》は一つでも残っているとは思えないほどであった。そのため皇帝は大いに驚《おどろ》き、「風を吹き止《や》ませよ」とお命じになった。風はしばらくしてはまた吹き、またしばらくしては吹くといった様子で、数日の間、止むことがなかった。結局、使者を遣《つか》わして不空を追放してはじめて風が止んだ。

この三人による風の害《がい》は、中国・日本のあらゆる真言師《しんごんし》に共通の大風《おおかぜ》である。

きっとそういうことであるのだろう、文永《ぶんえい》十一年（一二七四年）四月十二日の大風《おおかぜ》は、阿弥陀堂《あみだどう》の加賀法印《かがのほういん》〈注5〉という東寺《とうじ》第一の智慧《ちえ》ある人が、雨を降《ふ》らす祈禱《きとう》をしたことで吹《ふ》いた逆風《ぎゃくふう》である。善無畏《ぜんむい》・金剛智《こんごうち》・不空《ふくう》の悪法を少しの違《ちが》いもなく伝えているということか。心憎《こころにく》いことではないか。

◇注　解◇

〈注1〉【殊勝《しゅしょう》・招提《しょうだい》】詳細は不明。『宋高僧伝《そうこうそうでん》』巻《まき》二の善無畏伝《ぜんむいでん》によれば、二人は善無畏に法華三昧《ほっけざんまい》の法を授《さず》けたとされる。

〈注2〉【閻魔王《えんまおう》】閻魔はサンスクリットのヤマの音写で、炎魔《えんま》・爓魔《えんま》などとも書く。もとは古代インドの伝説において死者の世界を統《す》べる王である神。インド神話の思想を反映しながら仏法にも取り入れられ、やがて中国の思想と結びついて十王《じゅうおう》思想が形成された。もともと天界の神で、欲天《よくてん》の第三である夜摩天《やまてん》に住むとされる。しかし、餓鬼界《がきかい》・地獄界《じごくかい》の主とされ、死んで地獄に堕《お》ちた人間の生前の善悪《ぜんあく》を審判《しんぱん》・懲罰《ちょうばつ》して、不善《ふぜん》を防止《ぼうし》するとされるようになった。

〈注3〉【法華経譬喩品《ひゆほん》の「今この三界《さんがい》は……」の文《もん》】「今此《いまこ》の三界は　皆是《みなこ》れ我《わ》が有《う》なり」（法華経一九一㌻）以下の文。釈尊《しゃくそん》がこの世界の主であることを述べた文。

〈注4〉【金剛鈴《こんごうれい》】真言宗《しんごんしゅう》で用いる仏具。手で握《にぎ》って振《ふ》って鳴らす。

〈注5〉【阿弥陀堂《あみだどう》の加賀法印《かがのほういん》】一一八五年～一二八〇年。鎌倉《かまくら》時代の真言宗《しんごんしゅう》の僧《そう》・加賀法印定清《じょうせい》のこと。鎌倉大倉《おおくら》の阿弥陀堂（勝長寿院《しょうちょうじゅいん》）の別当《べっとう》（長官）を務《つと》めた。

第25章　弘法《こうぼう》・慈覚《じがく》の誤《あやま》りの証拠《しょうこ》

（御書三一七ジペー三行目～十六行目）

弘法大師《こうぼうだいし》（空海《くうかい》）は、天長《てんちょう》元年（八二四年）の二月、大干《だいかん》ばつのあった時、まず初めに守敏《しゅびん》〈注1〉が祈雨《きう》をして七日のうちに雨を降《ふ》らせた。ただ京《きょう》の都《みやこ》に降ったただけで、田舎《いなか》には降らなかった。次に弘法がこれを引き継《つ》いで祈《いの》ったが、最初の七日間には雨の気配はなかった。次の七日間には雲もなかった。三度目の七日間が過《す》ぎた時に、天皇《てんのう》が和気真綱《わけのまつな》を使者として御幣《ごへい》〈注2〉を天皇の庭園である神泉苑《しんせんえん》〈注3〉にささげられたところ、三日間、雨が降り続いた。弘法大師《こうぼうだいし》と弟子たちはこの雨を奪《うば》い取り、自分たちが降《ふ》らせた雨であるとして、現在まで四百年余《あま》り「弘法の雨」と称《しょう》している。

慈覚大師《じかくだいし》（円仁《えんにん》）は夢《ゆめ》で太陽を射《い》たと言い、弘法《こうぼう》大師の大うそには「弘仁《こうにん》九年（八一八年）の春、大疫病《だいえきびょう》の終息を祈《いの》ったところ夜中に大きな太陽が出現した」とある。成劫《じょうこう》以来、住劫《じゅうこう》の第九の減《げん》〈注4〉にあたる今日《こんにち》まで、二十九劫の間に、太陽が夜中に出たということはない。

慈覚大師《じかくだいし》は夢《ゆめ》で太陽を射《い》たという。仏教の経論《きょうろん》の五千巻・七千巻〈注5〉、中国の聖典《せいてん》三千巻余《あま》り〈注6〉に、太陽を射るということを夢に見るのが、吉夢《きちむ》であるということはあるのだろうか。修羅《しゅら》は帝釈《たいしゃく》を敵視《てきし》し、日天《にってん》を射た。その矢は、かえって自分の眼《まなこ》に突《つ》き刺《さ》さった。殷《いん》の紂王《ちゅうおう》〈注7〉は、日天を的《まと》として矢を射て身を滅《ほろ》ぼした。

日本の神武天皇《じんむてんのう》〈注8〉の時代に、登美《とみ》の長《おさ》である長髄彦《ながすねひこ》〈注9〉と天皇の兄である五瀬命《いつせのみこと》の合戦《かっせん》があった際《さい》、五瀬命の手に矢が刺《さ》さった。五瀬命は「私は太陽の神〈注10〉の子孫である。太陽にお向かい申し上げて弓を引いたために、太陽からの責《せ》めを受けてしまった」と言った。

阿闍世王《あじゃせおう》は、誤《あやま》った考えを改《あらた》めて仏に帰依《きえ》し、宮中に帰ってお休みになっていたが、急に目を覚《さ》まし、大臣《だいじん》たちに向かって「太陽が天から地上に落ちたと夢《ゆめ》で見た」と言った。大臣たちは「仏が亡《な》くなられたのだろうか」と言った〈注11〉。釈尊《しゃくそん》最後の弟子とされる須跋陀羅《しゅばっだら》の夢〈注12〉もこれと同様である。

わが国においては、太陽を射《い》るという夢《ゆめ》は特別に避《さ》けなければならない夢である。神についてはは天照《あまてらす》といい、国については日本という。また教主釈尊《きょうしゅしゃくそん》は日種《にっしゅ》〈注13〉と言われる。摩耶夫人《まやふじん》が太陽を懐妊《かいにん》する夢を見て、お産《う》みになった太子である。慈覚大師《じかくだいし》は、大日如来《だいにちにょらい》を比叡山《ひえいざん》に祭り、釈尊を捨《す》て、真言《しんごん》の三部経《さんぶきょう》をあがめて、法華経の三部経の敵《かたき》としたために、この夢を見たのである。

◇注　解◇

〈注1〉【守敏《しゅびん》】生没年不詳。平安《へいあん》初期の真言僧《しんごんそう》。八二三年、嵯峨天皇《さがてんのう》より西寺《さいじ》を与えられる。東寺《とうじ》の空海《くうかい》（弘法《こうぼう》）と祈雨《きう》を競《きそ》った。

〈注2〉【御幣《ごへい》】神に祈《いの》る時にささげる物。

〈注3〉【神泉苑《しんせんえん》】平安京《へいあんきょう》の大内裏《だいだいり》の南（京都《きょうと》市中京《なかぎょう》区）に隣接《りんせつ》していた禁苑《きんえん》（天皇《てんのう》の庭）。

〈注4〉【成劫《じょうこう》以来、住劫《じゅうこう》の第九の減《げん》】成劫は、世界が成立するまでの期間のことで、四劫《しこう》の一つ（第6章〈注12〉を参照）。現在は、住劫（世界が安定して存続する期間）に当たるとされる。住劫は二十小劫《しょうこう》に分けられ、はじめに人の寿命《じゅみょう》が無量歳《むりょうさい》から百年に一歳ずつ減《げん》じて十歳になるまでを第一小劫とし、これを第一減劫《げんこう》という。次に十歳から百年に一歳ずつ増して八万歳になり、再び百年に一歳ずつ減じて十歳になるまでを第二小劫とし、これを第二の増劫《ぞうこう》および減劫という。このようにして増減を繰《く》り返《かえ》し、最後の第二十小劫は人の寿命が十歳から無量歳にいたる増劫のみであり、減劫はない。住劫第九の減とは、この二十の増減のうち、九番目の減劫をいう。

〈注5〉【仏教の経論《きょうろん》の五千巻・七千巻】中国・唐《とう》の開元《かいげん》十八年（七三〇年）に智昇《ちしょう》が撰述《せんじゅつ》した『開元釈教録《かいげんしゃっきょうろく》』には、後漢《ごかん》の永平《えいへい》十年（六七年）から開元十八年までに翻訳《ほんやく》・著述された仏典として五千四十八巻が挙《あ》げられている。また唐の貞元《ていげん》十六年（八〇〇年）に円照《えんしょう》が撰述した『貞元新定釈教目録《じょうげんしんじょうしゃっきょうもくろく》』には、永平十年から貞元十六年までに翻訳・著述された仏典として七千三百八十八巻が挙げられている。

〈注6〉**【中国の聖典《せいてん》三千巻余《あま》り】**『漢書《かんじょ》』の芸文志《げいもんし》では、その時代に伝わっていた書籍の数を「三千一百二十三篇」としている。また、『太平記《たいへいき》』巻《まき》二十六では、秦《しん》の始皇帝《しこうてい》の時代に焚書《ふんしょ》された書籍を「三千七百六十余巻」としている。

〈注7〉**【殷《いん》の紂王《ちゅうおう》】**紀元前十一世紀ごろ。中国古代・殷の最後の王。悪王として知られ、周《しゅう》の武王《ぶおう》によって滅《ほろ》ぼされた。

〈注8〉**【神武天皇《じんむてんのう》】**日本神話に登場する人物。『古事記《こじき》』『日本書紀《にほんしょき》』では、日本に降《お》り立った天の神の子孫で、その系譜《けいふ》を継《つ》いで人間として初代天皇になり、神代と人代をつなぐ皇統の祖とされる。日向《ひゅうが》（宮崎《みやざき》県）から東征《とうせい》し長髄彦《ながすねひこ》を破《やぶ》って大和《やまと》地方を平定し、橿原宮《かしはらのみや》（奈良《なら》県橿原市）で即位《そくい》した。この大和平定の物語は建国神話として有名。

〈注9〉**【登美《とみ》の長《おさ》である長髄彦《ながすねひこ》】**日本神話上の人物で大和《やまと》地方にいた豪族《ごうぞく》とされる。登美《とみ》能那賀須泥毘古《のながすねびこ》ともいう。『日本書紀《にほんしょき》』によると、神武天皇《じんむてんのう》の東征《とうせい》の時、天皇に敵対して孔《く》舎衛坂《さえのさか》で戦い、天皇の兄・五瀬命《いつせのみこと》を負傷《ふしょう》させた。しばらくして五瀬命は没《ぼっ》し、その後、長髄彦は皇軍に撃《う》たれたという。

〈注10〉**【太陽の神】**御書本文は「日天《ひのかみ》」（三一七ページ）。日本では天照太神《あまてらすおおみかみ》のこと。日本神話に登場する太陽神で、天皇家《てんのうけ》の祖先神とされる。

〈注11〉**【阿闍世王《あじゃせおう》は、誤《あやま》った考えを……大臣《だいじん》たちは……と言った】**「撰時抄《せんじしょう》」では「阿闍世王は空《そら》から月が落ちると夢《ゆめ》に見て、耆婆《ぎば》大臣に夢を解釈させたところ、大臣は解釈して『釈尊《しゃくそん》が亡《な》くなられたのです』と言った」（御書二八二ページ、通解）と仰《おお》せである。これは涅槃《ねはん》経後分巻《ぎょうこうぶんまき》下の聖軀廓潤品《しょうくろうじゅんほん》第四にあり、夢の内容として「月落ち、日、地より出《い》づるを見る。……天上に大火聚有《だいかじゅあ》って空に遍《あまね》く、熾燃《しねん》として一時に地に堕《お》つ」と記されている。「報恩抄《ほうおんしょう》」「撰時抄」ともに同趣旨の仰せであり、円仁《えんにん》（慈覚《じかく》）が太陽を射《い》たという夢が忌《い》むべきものであることの例として挙《あ》げられている。

〈注12〉**【須跋陀羅《しゅばっだら》の夢《ゆめ》】**須跋陀羅はサンスクリットのスバドラの音写で、善賢《ぜんげん》と訳《やく》される。釈尊《しゃくそん》から最後に教えを受けたとされる修行者。『大智度論《だいちどろん》』巻《まき》三によると、須跋陀羅は、太陽が空から落ちるなどの夢を見るもその意味が分からず恐《おそ》れたが、これは仏が入滅《にゅうめつ》する予《よ》兆《ちょう》であると天から告《つ》げられ、翌日、入滅間近の釈尊のもとへ行き問答をしたという。

〈注13〉**【日種《にっしゅ》】**釈尊《しゃくそん》の家系の始祖は、仙人《せんにん》の血からできた卵が太陽の熱で温められて生まれたとされており、釈尊の家系を「日種（太陽の種族）」と呼ぶ。日蓮大聖人は、「日種」を釈尊の幼名《ようみょう》とし、これは母である摩耶夫人《まやふじん》が胎内《たいない》に太陽が入る夢《ゆめ》を見て釈尊を産《う》んだことに由来《ゆらい》すると説明されている。

第26章　善導《ぜんどう》の悪夢《あくむ》の例

（御書三一七ジペー十七行目〜三一八ジペー六行目）

同様の例を挙《あ》げると、中国の善導《ぜんどう》は、初めは密州《みっしゅう》〈注1〉の明勝《みょうしょう》〈注2〉という者に巡《めぐ》り会《あ》って法華経を学んだが、後に道綽《どうしゃく》に出会って法華経を捨《す》て、観無量寿経《かんむりょうじゅきょう》をよりどころとし、注釈書《ちゅうしゃくしょ》を著《あらわ》して、法華経については「千人のうち一人も成仏《じょうぶつ》する者はいない」〈注3〉、念仏《ねんぶつ》については「十人が十人とも往生《おうじょう》し、百人が百人とも往生する」〈注4〉と定めて、この教えを確立するために、阿弥陀《あみだ》仏《ぶつ》〈注5〉の前で誓《ちか》いを立て、「仏意《ぶつい》にかなうか否《いな》か」と祈《いの》った。

善導《ぜんどう》が言うには「毎夜、夢《ゆめ》の中にいつも一人の僧《そう》が現《あらわ》れて教えを授《さず》けてくれた」とのことである。さらに、注釈書《ちゅうしゃくしょ》の末尾《まつび》には「この注釈書を書写しようとする者は、経を書写するのとまったく同様に書写せよ」とある。また、自分の著作を「観念法門経《かんねんほうもんきょう》」〈注6〉と名づけ経と称《しょう》している。

法華経には「もし法華経を聞く者がいれば、一人として成仏《じょうぶつ》しない者はいない」とある。善導《ぜんどう》は「千人のうち一人も成仏する者はいない」と言っている。法華経と善導は、水と火のように正反対である。

善導《ぜんどう》は、観無量寿経《かんむりょうじゅきょう》について「十人が十人とも往生《おうじょう》し、百人が百人とも往生する」と言っている。無量義経《むりょうぎきょう》には、観無量寿経は「いまだ真実を顕《あらわ》していない」とある。無量義経と楊柳房《ようりゅうぼう》〈注7〉は、天と地の違《ちが》いがある。これを、阿弥《あみ》陀仏《だぶつ》が僧《そう》となって現《あらわ》れて、「あなたの注釈書《ちゅうしゃくしょ》は真実である」と保証《ほしょう》なさったというのは、一体本当のことだろうか。そもそも、阿弥陀仏は、法華経の会座《えざ》に来て舌《した》を出して法華経が真実であることを保証されなかったというのだろうか。阿弥陀仏の脇士《きょうじ》〈注8〉である観音菩薩《かんのんぼさつ》〈注9〉・勢至《せいし》菩薩〈注10〉は、法華経の座にいなかったというのだろうか。

このことから分かるだろう。慈覚大師《じかくだいし》（円仁《えんにん》）の夢《ゆめ》は不吉《ふきつ》なものであると。

◇注　解◇

〈注1〉【密州《みっしゅう》】現在の中国山東省《さんとうしょう》の一部。

〈注2〉【明勝《みょうしょう》】中国・唐《とう》の僧《そう》。善導《ぜんどう》は幼少時に明勝のもとで法華経や維摩経《ゆいまきょう》を学んだと伝えられる。

〈注3〉【「千人のうち一人も成仏《じょうぶつ》する者はいない」】御書本文は「千中無一《せんちゅうむいち》」（三一七ジペー）。善《ぜん》導《どう》の『往生礼讃偈《おうじょうらいさんげ》』の文《もん》。五種の正行《しょうぎょう》（極楽《ごくらく》に往生するための五種類の修行）以外の教えを修行しても、往生できる者は千人の中に一人もいないということ。

〈注4〉【「十人が十人とも往生《おうじょう》し、百人が百人とも往生する」】御書本文は「十即十生《じっそくじっしょう》・百《ひゃく》即百生《そくひゃくしょう》」（三一七ジペー）で、「十は即《すなわ》ち十ながら生《しょう》じ、百は即ち百ながら生ず」と読む。善導《ぜんどう》の『往生礼讃偈《おうじょうらいさんげ》』の文《もん》。念仏《ねんぶつ》以外の雑行《ぞうぎょう》を捨てて念仏を称《とな》えれば、十人が十人、百人が百人とも極楽浄土《ごくらくじょうど》へ往生すると述べたもの。

〈注5〉【阿弥陀仏《あみだぶつ》】浄土《じょうど》経典に説《と》かれ、西方《さいほう》の極楽世界《ごくらくせかい》を主宰《しゅさい》する仏。阿弥陀はサンスクリットのアミターユスまたはアミターバの音写で、アミターユスは「無量寿《むりょうじゅ》」、アミターバは「無量光《むりょうこう》」と訳《やく》される。無量寿経《むりょうじゅきょう》によれば、阿弥陀仏の修行時代の名を法蔵菩薩《ほうぞうぼさつ》といい、長期の修行の果《は》てに四十八の衆生救済《しゅじょうきゅうさい》の誓願《せいがん》を成就《じょうじゅ》し、仏に成《な》ったという。そして臨終《りんじゅう》に際《さい》して阿弥陀仏の名を称《とな》える者のところへ阿弥陀仏が来迎《らいごう》し、極楽浄土に導《みちび》き入《い》れるという。

〈注6〉【「観念法門経《かんねんほうもんきょう》」】典拠未詳。日寛上人《にちかんしょうにん》は『報恩抄文段《ほうおんしょうもんだん》』で、阿弥陀仏《あみだぶつ》から授《さず》けられた教えを記したものだから、善導《ぜんどう》は自分の著作を経と名づけたとしている。

〈注7〉【楊柳房《ようりゅうぼう》】善導《ぜんどう》のこと。柳《やなぎ》の木に登って首をくくろうとしたが、地に落ちて苦悶《くもん》の末《すえ》に死んだと伝えられたので、このように呼ばれる。

〈注8〉【脇士《きょうじ》】中尊《ちゅうそん》（中心）の仏の左右あるいは周囲にあって、仏の功徳《くどく》と働《はたら》きを表す声《しょう》聞《もん》・菩薩《ぼさつ》らのこと。脇士の位《くらい》・様相によって、その本尊の功徳と働きの高下が判《はん》じられる。

〈注9〉【観音菩薩《かんのんぼさつ》】観世音《かんぜおん》菩薩、観自在《かんじざい》菩薩ともいう。大乗《だいじょう》仏教を代表する菩薩の一人で、法華経観世音菩薩普門品《ふもんぼん》第二十五などに説《と》かれる。その名前を称《とな》える衆生《しゅじょう》の声を聞いて、あらゆる場所に現れ、さまざまな姿《すがた》を示して、その衆生を苦難《くなん》から救《すく》うとされる。

〈注10〉【勢至菩薩《せいしぼさつ》】大きな力《ちから》を得た菩薩の意で、法華経では「得大勢《とくだいせい》菩薩」（七二ページ）と訳《やく》される。観音菩薩《かんのんぼさつ》とともに阿弥陀仏《あみだぶつ》の脇士《きょうじ》として、阿弥陀仏の向かって左に安置《あんち》され、智《ち》慧《え》を象徴する。

第27章　弘《こう》法《ぼう》の霊《れい》験《げん》

（御書三一八ジペー七行目〜三一九ジペー七行目）

問う。弘法大師《こうぼうだいし》（空海《くうかい》）の『般若心経秘鍵《はんにゃしんぎょうひけん》』〈注1〉には「弘仁《こうにん》九年（八一八年）の春、天下に疫病《えきびょう》が大流行した。そこで天皇《てんのう》〈注2〉自ら筆を執《と》り、紺色《こんいろ》に染《そ》めた紙を手に取り、金泥《こんでい》で文字を記して般若心経《はんにゃしんぎょう》一巻〈注3〉を書写した。私は、その講読《こうどく》の任《にん》に選ばれ、経典の要点《ようてん》を書き綴《つづ》った。まだ講義の最後の祈願《きがん》の言葉を述べていないのに、生き返った人たちが道を行き来し、夜は一変《いっぺん》し太陽が光り輝《かがや》いた。これは私の戒《かい》を持《たも》った功徳《くどく》によるものではない。金輪聖王《こんりんじょうおう》〈注4〉である天皇陛下《へいか》の信心の力《ちから》がもたらしたものである。ただ神殿《しんでん》に詣《もう》でる者たちだけが、この『般若心経秘鍵』を読誦《どくじゅ》せよ。昔、私は霊鷲山《りょうじゅせん》での釈尊《しゃくそん》の説法《せっぽう》の座《ざ》に列《つら》なって、直接にその深遠な言葉をお聞き申し上げたのである。どうして、仏の教えを体得していないことがあるだろうか」とある。

また、『孔雀経音義《くじゃくきょうおんぎ》』〈注5〉には「弘法大師《こうぼうだいし》は日本に帰国した後、真言宗《しんごんしゅう》を立宗《りっしゅう》しようと思った。諸宗《しょしゅう》の人々は天皇《てんのう》のもとに多数集まり、即身成仏《そくしんじょうぶつ》の教えを疑《うたが》っていた。弘法大師が智拳印《ちけんいん》〈注6〉を結んで南に向くと、弘法大師の面門が突然《とつぜん》開《ひら》いて金色《こんじき》の毘盧遮那仏《びるしゃなぶつ》〈注7〉となった。ただちにまた元の姿《すがた》に戻った。真言宗の説《と》く入我《にゅうが》・我入《がにゅう》のこと〈注8〉や即身頓証《そくしんとんしょう》〈注9〉についての疑いは、この日氷解《ひょうかい》した。こうして真言・瑜伽《ゆが》の教え〈注10〉や秘密曼荼羅《ひみつまんだら》の道《どう》〈注11〉は、この時から確立された」とある。

また「この時に諸宗《しょしゅう》の学徒《がくと》は、弘法大師《こうぼうだいし》に帰依《きえ》して初めて真言《しんごん》を得て、さらに教えを請《こ》い、学んだ。三論宗《さんろんしゅう》の道昌《どうしょう》〈注12〉、法相宗《ほっそうしゅう》の源仁《げんにん》〈注13〉、華厳宗《けごんしゅう》の道雄《どうおう》〈注14〉、天台宗《てんだいしゅう》の円澄《えんちょう》など、みなこの時帰依した人々である」とある。

弘法大師《こうぼうだいし》の伝記には「帰国の航海《こうかい》に出る日、弘法大師は願《がん》を立てて『もし私が学んだ教えにふさわしい地があるなら、この三鈷《さんこ》はその場所に届《とど》け』と言った。そして日本の方に向かって三鈷を放り投げた。三鈷は、はるかに飛んで雲の中に入った。大師は十月に帰国した」とある。また、「高野山《こうやさん》に入定《にゅうじょう》〈注15〉する場所を定めた。〈中略〉あの海上から放り投げた三鈷は、今ここに改《あらた》めて出現した」とある。

この大師《だいし》の徳《とく》は無量《むりょう》である。そのうちの二、三を示しただけでも、このような偉大な徳がある。どうして、この人を信じないで、かえって阿鼻地獄《あびじごく》に堕《お》ちると言うのか。

（319）

答える。私も、あなたがおっしゃるような偉大な徳《とく》を尊敬し信じ申し上げる。ただし、昔の人々も想像を絶《ぜっ》する徳があったけれども、仏法の邪正《じゃしょう》はそれによって決まるものではない。

外道《げどう》でも、ある人はガンジス川の水を耳におさめて十二年間とどめ、ある人は大海《たいかい》の水を吸《す》い干《ほ》し、ある人は太陽や月を手に握《にぎ》り、ある人は釈迦族《しゃかぞく》の人々を牛や羊にするなどのことをしたが、ますます大慢心《だいまんしん》を起こして、かえって生《しょう》死《じ》の苦悩をもたらす業《ごう》にしかならなかった〈注16〉。このことこそ天台《てんだい》（智顗《ちぎ》）が「名声と利益《りえき》を期待し、邪見《じゃけん》と執着《しゅうちゃく》を増す」（『法華玄義《ほっけげんぎ》』）と説明されていることにほかならない。

光宅寺《こうたくじ》の法雲法師《ほううんほっし》がたちまちのうちに雨を降《ふ》らし、瞬時《しゅんじ》に花を咲《さ》かせたということについても、妙楽《みょうらく》（湛然《たんねん》）は「信仰に基《もと》づく奇跡《きせき》がこのようであっても、それでも理にかなっていない」（『法華玄義釈籤《ほっけげんぎしゃくせん》』）と書かれている。

それ故《ゆえ》、天台大師《てんだいだいし》が法華経を読んで恵《めぐ》みの雨を瞬時《しゅんじ》に降《ふ》らせ、伝教大師《でんぎょうだいし》（最《さい》澄《ちょう》）が三日のうちに恵みの雨を降らせたが、そのことによって仏意《ぶつい》に叶《かな》ったとは仰《おお》せにならなかった。

弘法大師《こうぼうだいし》にどんな徳《とく》がおありであったとしても、法華経を言葉の上だけの空《くう》論《ろん》の教えと決めつけ、釈尊《しゃくそん》を無明《むみょう》に覆《おお》われた境涯《きょうがい》にあると書かれた文《もん》は、智慧《ちえ》のある人なら用いることはない。

◇注　解◇

〈注1〉【『般若心経秘鍵《はんにゃしんぎょうひけん》』】空海《くうかい》（弘法《こうぼう》）の著作。般若心経を密教《みっきょう》の立場から注釈した書。一巻。

〈注2〉【天皇《てんのう》】第五十二代嵯峨《さが》天皇のこと。第13章〈注5〉を参照。

〈注3〉【般若心経《はんにゃしんぎょう》一巻】漢訳は玄奘《げんじょう》訳や鳩摩羅什《くまらじゅう》訳など計七種が現存《げんそん》し、大小二種のサンスクリット本がある。最も普及《ふきゅう》している唐《とう》の玄奘訳の小本（般若波羅蜜多心経《はんにゃはらみったしんぎょう》）は三百字に満《み》たない。経題《きょうだい》の「心《しん》」とは心髄《しんずい》・核心《かくしん》を意味する。数多くある般若経典に説《と》かれる内容を「空《くう》」という語に凝縮《ぎょうしゅく》して表現し、「色即是空《しきそくぜくう》・空即是色《くうそくぜしき》」の一節が有名。末尾《まつび》にサンスクリットの陀羅尼《だらに》を付《ふ》す。

〈注4〉【金輪聖王《こんりんじょうおう》】全世界を統一し、正法《しょうほう》をもって治《おさ》めるとされる転輪聖王《てんりんじょうおう》のうち最高位の輪王《りんおう》のこと。

〈注5〉【『孔雀経音義《くじゃくきょうおんぎ》』】観静《かんじょう》の著作。不空訳《ふくうやく》の仏母大金曜孔雀明王経《ぶつもだいこんようくじゃくみょうおうぎょう》の注釈書。三巻。日蓮大聖人は本抄で空海《くうかい》の弟子・真済《しんぜい》の著作とされているが、誤伝の可能性がある。

〈注6〉【智拳印《ちけんいん》】金剛界《こんごうかい》の大日如来《だいにちにょらい》が結ぶ印のこと。両手の親指を拳の中に入れて握《にぎ》って金剛拳《こんごうけん》を結び、次に左手の人さし指を立てて右の拳でそれを握る。

〈注7〉【毘盧遮那仏《びるしゃなぶつ》】ここでは大日如来《だいにちにょらい》のこと。第10章〈注18〉を参照。

〈注8〉**【入我《にゅうが》・我入《がにゅう》のこと】** 修行によって仏の三密《さんみつ》（身《しん》・語《ご》・意《い》）と衆生《しゅじょう》の三業《さんごう》（身・口《く》・意）とが互《たが》いに相応《そうおう》して、わが身に仏の徳《とく》をそなえるという真言宗《しんごんしゅう》の教義。

〈注9〉**【即身頓証《そくしんとんしょう》】** 衆生《しゅじょう》が凡夫《ぼんぷ》その身のままで、ただちに成仏《じょうぶつ》すること。即身成仏《そくしんじょうぶつ》と同義。

〈注10〉**【真言《しんごん》・瑜伽《ゆが》の教え】** 真言密教《みっきょう》の教え。瑜伽とはサンスクリットのヨーガの音写で相応《そうおう》と訳《やく》し、これは「結ぶ、結合する」という意味の動詞ユジュを原語とする。真言宗《しんごんしゅう》は、修行者と仏との三密《さんみつ》が相互に結び合うこと（相応）で即身成仏《そくしんじょうぶつ》できると説《と》く。

〈注11〉**【秘密曼荼羅《ひみつまんだら》の道《どう》】** 曼荼羅を用《もち》いて行う真言宗《しんごんしゅう》の修行法のこと。

〈注12〉**【道昌《どうしょう》】** 七九八年〜八七五年。平安《へいあん》初期の僧《そう》。空海《くうかい》から密教灌頂《みっきょうかんじょう》を受けた。

〈注13〉**【源仁《げんにん》】** 八一八年〜八八七年。平安《へいあん》初期の僧《そう》。護命《ごみょう》から法相《ほっそう》を学んだのち実慧《じちえ》・宗叡《しゅうえい》から密教《みっきょう》を学び、空海《くうかい》の弟子・真雅《しんが》から法門を受け継《つ》いだ。真言宗《しんごんしゅう》は、源仁の弟子の益信《やくしん》と聖宝《しょうぼう》により、それぞれ広沢流《ひろさわりゅう》と小野《おの》流として分派《ぶんぱ》した。

〈注14〉**【道雄《どうおう》】** ?〜八五一年。平安《へいあん》初期の僧《そう》。空海《くうかい》の十大弟子の一人。日本華厳宗《けごんしゅう》の第七祖とされるが、空海にも師事し、海印寺《かいいんじ》を開いて華厳・真言兼修《しんごんけんしゅう》の寺とした。

〈注15〉**【入定《にゅうじょう》】** 禅定《ぜんじょう》に入ること。真言宗《しんごんしゅう》では、空海《くうかい》は高野山《こうやさん》で禅定に入ったまま生き続けていると信じられていた。

〈注16〉**【外道《げどう》でも、ある人はガンジス川……業《ごう》にしかならなかった】** 涅槃経《ねはんぎょう》（南本）巻《まき》三十五の憍陳如品《きょうじんにょほん》第二十五にあり、『法華玄義釈籤《ほっけげんぎしゃくせん》』巻三上（または巻七）で引用されている。

それによれば、阿竭多仙人《あかだせんにん》はガンジス川の水を耳におさめて十二年間とどめ、耆兎《ぎぬ》仙人は一日のうちに大海の水を吸《す》い干《ほ》し、瞿曇《くどん》仙人は神通力《じんずうりき》によって釈迦族《しゃかぞく》の人々を牛や羊の姿《すがた》に変えたという。『法華玄義《ほっけげんぎ》』巻三上には、同じく涅槃経に基《もと》づき、世智という外道が太陽や月を手に握《にぎ》ったとある。同様の例は「唱法華題目抄《しょうほっけだいもくしょう》」など（御書五ページ、一六ページ、一二〇九ページ）にも引かれている。

第28章　弘法《こうぼう》の誑《たぶら》かしを責《せ》める

（御書三一九ジペ七行目〜三二一ジペ六行目）

まして、先ほど挙《あ》げられた徳《とく》の数々には、不審《ふしん》があると言わざるを得ない。まず「弘仁《こうにん》九年（八一八年）の春、天下に疫病《えきびょう》が大流行した」とある。春といっても九十日間ある。何月のことで、何日のことだったのか〈第一の不審《ふしん》〉。また弘仁《こうにん》九年に疫病《えきびょう》の大流行があったのか〈第二の不審《ふしん》〉。また「夜は一変《いっぺん》し太陽が光り輝《かがや》いた」とある。このことは最大の大事件《だいじけん》である。弘仁《こうにん》九年は嵯峨天皇《さがてんのう》の時代である。このことは、記録官《きろくかん》〈注1〉の記したものに載《の》っているのか〈第三の不審《ふしん》〉。

たとえ記録官《きろくかん》の記したものに載《の》っていたとしても、信じがたいと言わざるを得ない。成劫《じょうこう》二十劫・住劫《じゅうこう》九劫〈注2〉、以上の二十九劫の間に、いまだかつてない天変《てんぺん》である。夜中に太陽が出現したとは、どういうことか。また釈尊《しゃくそん》が一生のうちに説《と》いた尊《とうと》い教えにもこのことは記されていない。「未来に、夜中に太陽が出現することがある」とは、三皇五帝《さんこうごてい》の三墳《さんぷん》・五典《ごてん》〈注3〉にも載っていない。仏の説いた経典のとおりなら、壊劫《えこう》の時には、二つの太陽、三つの太陽に始まって七つの太陽に至《いた》るまでの多くの太陽が出現すると記されていることはあるけれども、それは昼のことなのである。もし夜、太陽が出現すれば、南の閻浮提《えんぶだい》〈注4〉以外の東西北の三方はどうなるのか。

たとえ仏典や中国思想の教典に予言していないとしても、実際に弘仁《こうにん》九年(八一八年)の春、何月、何日、いつの夜の、いつの時刻に、太陽が出現したという、朝廷《ちょうてい》・貴族《きぞく》・比叡山《ひえいざん》などの記録があるなら、少しは信ずることもできようが、その後の文《もん》に「昔、私は霊鷲山《りょうじゅせん》での釈尊《しゃくそん》の説法《せっぽう》の座《ざ》に列《つら》なって、直接にその深遠な言葉を聞いた」などとある。

これは、この文《もん》を人に信じさせようとしてつくり出した大うそではないのか。そうだとすれば、霊鷲山《りょうじゅせん》で「法華経は言葉の上だけの空論《くうろん》であり、大日経《だいにちきょう》は真実である」と仏が説《と》かれたのを、阿難《あなん》〈注5〉や文殊《もんじゅ》が誤《あやま》って妙法蓮華経《みょうほうれんげきょう》の方を真実であると書いたのか、どうなのか。

恋《こい》多き女性（和泉式部《いずみしきぶ》）〈注6〉や戒律《かいりつ》を守らない僧侶《そうりょ》（能因《のういん》）〈注7〉といった取り上げるまでもない人たちが歌を詠《よ》んで降《ふ》らした雨を、三七日《さんしちにち》（三週間）までも降らすこともできなかった人に、このような徳《とく》があるはずがあるだろうか〈第四の不審《ふしん》〉。

『孔雀経音義《くじゃくきょうおんぎ》』には「大師《だいし》が智拳印《ちけんいん》を結んで南に向くと、面門が突然《とつぜん》開《ひら》いて金色《こんじき》の毘盧遮那仏《びるしゃなぶつ》となった」とある。これもまた、いずれの天皇《てんのう》の時代のことか、年時はいつか。年号は、中国では建元《けんげん》を最初とし〈注8〉、日本では大宝《たいほう》を最初とし〈注9〉、それ以後、出家《しゅっけ》・在家《ざいけ》の人の記録では、大事なことには必ず年号が記されているが、これほどの大事件《だいじけん》に、どうして天皇の名も臣下《しんか》の名も年号も日時も記されていないのか。

またその後には「三論宗《さんろんしゅう》の道昌《どうしょう》、法相宗《ほっそうしゅう》の源仁《げんにん》、華厳宗《けごんしゅう》の道雄《どうおう》、天台宗《てんだいしゅう》の円《えん》澄《ちょう》」とある。そもそも円澄は寂光大師《じゃっこうだいし》と呼ばれ、天台宗第二代の座主《ざす》である。その時に、どうして第一代の座主である義真《ぎしん》、根本の伝教大師《でんぎょうだいし》(最澄《さいちょう》)を招《まね》かなかったのか。円澄は天台宗第二代の座主であり、伝教大師の弟子であるけれども、同時に弘法大師《こうぼうだいし》(空海《くうかい》)の弟子でもある。弟子を招くよりも、また三論宗・法相宗・華厳宗の人々よりも、天台宗の伝教・義真の二人を招くのが当然ではなかったのか。

しかも、この記録に「真言《しんごん》・瑜伽《ゆが》の教えや秘密曼荼羅《ひみつまんだら》の道《どう》は、この時から確立された」などとある。この記述は、伝教《でんぎょう》・義真《ぎしん》の御存命中《ごぞんめいちゅう》のことかと思われる。

弘法《こうぼう》は、平城天皇《へいぜいてんのう》の時代の大同《だいどう》二年(八〇七年)から嵯峨《さが》天皇の時代の弘仁《こうにん》十三年（八二二年）までは、盛《さか》んに真言《しんごん》を広めた人である。その時は、この二人は御存命《ごぞんめい》であった。また義真《ぎしん》は、天長《てんちょう》十年（八三三年）まで生きていらっしゃったので、その時まで弘法の真言は広まらなかったというのだろうか。いろいろと不審《ふしん》がある。

孔雀経《くじゃくきょう》の注釈書《ちゅうしゃくしょ》は、弘法《こうぼう》の弟子である真済《しんぜい》〈注10〉が自ら書いたものである。信じがたい。また邪見《じゃけん》の者ではないのか。朝廷《ちょうてい》・貴族《きぞく》・円澄《えんちょう》の記録を引いた方がよいのではないのか。また道昌《どうしょう》・源仁《げんにん》・道雄《どうおう》の記録を調べなければならない。

同じく『孔雀経音義《くじゃくきょうおんぎ》』には「面門が突然開《とつぜんひら》いて金色《こんじき》の毘盧遮那仏《びるしゃなぶつ》となった」などとある。面門とは口《くち》のことである。口が開いたというのか。眉間《みけん》が開いたと書こうとしたのを、誤《あやま》って面門と書いたのか。偽《いつわ》りの書をつくったために、このような誤りがあるのか。

「大師《だいし》が智拳印《ちけんいん》を結んで南に向くと、面門が突然開《とつぜんひら》いて金色《こんじき》の毘盧遮那仏《びるしゃなぶつ》となった」とある。

ところが、涅槃経《ねはんぎょう》の第五の巻《まき》に「迦葉《かしょう》は釈尊《しゃくそん》に次のように申し上げた。『釈尊。私は今、この四種の人をよりどころとすることはありません。なぜならば、瞿師羅経《くしらきょう》〈注11〉の中に、仏が瞿師羅のためにこう説《と》かれているからです。〝もし天《てん》や魔《ま》、梵天界《ぼんてんかい》にいる神々が仏法を破壊《はかい》しようとして仏の姿《すがた》に変身し、三十二相八十種好《さんじゅうにそうはちじっしゅこう》〈注12〉を一つも欠《か》けることなく備《そな》えてわが身を飾《かざ》り立てて、身から発する光は一尋《いちじん》〈注13〉にも及《およ》び、顔は円満《えんまん》で満月が盛《さか》んに光り輝《かがや》いているようであり、眉間《みけん》の毫相《ごうそう》は純白《じゅんぱく》の雪よりも白く輝くといった姿を現《あらわ》したとしても（真実の仏であるか否《いな》か検討《けんとう》しなければならない）〟と。〈中略〉（四種の人が）左の脇《わき》から水を出し、右の脇から火を出すといったことをしても（信じる心を生じてはいけない）』」とある。

また第六の巻《まき》には「仏は迦葉《かしょう》にこう告《つ》げられた。『私が亡《な》くなって〈中略〉後にこの魔王《まおう》が次第にわが正法《しょうほう》を破壊《はかい》することは必然《ひつぜん》である。〈中略〉姿《すがた》を変えて阿羅漢《あらかん》〈注14〉の身や仏の姿を現《あらわ》し、魔王は自らの煩悩《ぼんのう》に満《み》ちた身体を煩悩のない姿に変え、わが正法を破壊するだろう』」とある。

弘法大師《こうぼうだいし》は、法華経を華厳経《けごんぎょう》や大日経《だいにちきょう》と対比《たいひ》して「言葉の上だけの空論《くうろん》である」と言っている。しかも、仏の姿《すがた》を現《あらわ》したという。このことを涅槃経《ねはんぎょう》には「魔《ま》が煩悩《ぼんのう》に満《み》ちた身体を変えて、仏の姿を現し、わが正法《しょうほう》を破壊《はかい》するだろう」と予言されているのである。

涅槃経《ねはんぎょう》でいう「正法《しょうほう》」とは、法華経である。ゆえに、涅槃経のその後の文《もん》に「すでに成仏《じょうぶつ》してから長い時間が経《た》っている」とある。また、「法華経の中に説《と》かれているとおりである」とある。

釈尊《しゃくそん》・多宝仏《たほうぶつ》・十方《じっぽう》の世界の仏たちは、あらゆる経《きょう》と対比《たいひ》して「法華経は真実であり、大日経《だいにちきょう》などの一切経《いっさいきょう》は真実ではない」と説《と》いている。

弘法大師《こうぼうだいし》は、仏の姿《すがた》を現《あらわ》して、華厳経《けごんぎょう》・大日経《だいにちきょう》と対比《たいひ》して「法華経は言葉の上だけの空論《くうろん》である」と言っている。仏の教えが真実であるならば、弘法は天《てん》魔《ま》でないということがあるだろうか。

また三鈷《さんこ》のことは、特に不審《ふしん》である。中国の人が日本に来て掘《ほ》り出したとしても信じがたい。掘り出す前に人を遣《つか》わして埋《う》めたのだろうか。ましてや弘法《こうぼう》は日本の人である。弘法には、このようなうそが数多い。

これらのことを、弘法《こうぼう》が仏意《ぶつい》にかなった人であるという証拠《しょうこ》とは認《みと》められない。

◇注　解◇

〈注1〉【記録官《きろくかん》】御書本文は「左史右史《さしうし》」（三一九ジペー）。左史・右史は律令制《りつりょうせい》における太政官《だじょうかん》の職名《しょくめい》。公文書《こうぶんしょ》を扱《あつか》う。

〈注2〉【成劫二十劫《じょうこう》・住劫九劫《じゅうこう》】第25章〈注4〉を参照。

〈注3〉【三皇五帝《さんこうごてい》の三墳《さんぷん》・五典《ごてん》】三皇五帝は、古代中国の伝説上の理想的な王たち。それぞれに諸説あるが、三皇は伏羲《ふっき》・神農《しんのう》・黄帝《こうてい》の三人、五帝は少昊《しょうこう》・顓頊《せんぎょく》・帝嚳《ていこく》・唐堯《とうぎょう》・虞《ぐ》舜《しゅん》の五人とされる。三墳は三皇の書といわれ、五典は五帝の書といわれる。

〈注4〉【南の閻浮提《えんぶだい》】古代インドの世界観において、世界の中心とされる須弥山《しゅみせん》の南方にある大陸。他の東西北の三方と異《こと》なり、仏法に縁《えん》のある場所とされる。現代の地理観《ちりかん》ではインド亜《あ》大陸に相当するが、仏教では人間世界の全体を意味するものと考えられている。単に閻浮提、あるいは一閻浮提ともいう。

〈注5〉【阿難《あなん》】サンスクリットのアーナンダの音写。釈尊《しゃくそん》の十大弟子の一人で、釈尊の従《い》兄弟《とこ》に当たる。釈尊の侍者《じしゃ》として、多くの説法《せっぽう》を聞き、多聞《たもん》第一とされる。付法蔵《ふほうぞう》の第二祖。法華経授学無学人記品《じゅがくむがくにんきほん》第九で、阿難は未来に山海慧自在通王如来《せんがいえじざいつうおうにょらい》に成《な》ると釈尊から保《ほ》証《しょう》された。

〈注6〉【恋《こい》多き女性（和泉式部《いずみしきぶ》）】生没年不詳。平安《へいあん》時代の女流歌人。情熱的な恋愛遍歴《れんあいへんれき》で有名。天台宗《てんだいしゅう》の僧《そう》・尊舜《そんしゅん》（一四五一年～一五一四年）が著《あらわ》した『法華経鷲林拾葉鈔《ほけきょうじゅうりんしゅうようしょう》』巻《まき》十によれば、村上天皇《むらかみてんのう》の時代に、「日《ひ》の本《もと》の名におふとてや照《てら》すらん降《ふら》ざらば又《また》あめが下《した》かは」という歌を詠《よ》んで雨を降《ふ》らしたという。

〈注7〉【戒律《かいりつ》を守らない僧侶《そうりょ》（能因《のういん》）】御書本文は「破戒《はかい》の法師《ほっし》」（三一九㌻）で、ここでは能因（九八八年～？）を指す。平安《へいあん》時代の僧《そう》・歌人で、中古三十六歌仙《かせん》の一人とされる。各地を旅し、多くの和歌を残した。『古今著聞集《ここんちょもんじゅう》』巻《まき》五によれば、伊予国《いよのくに》（愛媛《えひめ》県）を訪《おとず》れた時、「天川苗代水《あまのかはなわしろみず》にせきくだせあまくだります神ならば神」と詠《よ》んで雨を降《ふ》らせたという。

能因《のういん》を「破戒《はかい》の法師《ほっし》」と呼ばれているのは、中世《ちゅうせい》においては、和歌は「狂言綺語《きょうげんきご》（道理に合わない言葉と巧《たく》みに飾《かざ》った言葉）」に当たり、僧侶《そうりょ》にとってふさわしくないという考え方が一部にあったためである。

〈注8〉【中国では建元《けんげん》を最初とし】中国の年号の初めは「建元」ではないが、それ以前は一、二年で即位《そくい》が終わってしまっていたので、改《あらた》めて前漢《ぜんかん》の武帝《ぶてい》が即位した翌年の建元元年（紀元前一四〇年）をもって、年号の初めとしたとされる。

〈注9〉【日本では大宝《たいほう》を最初とし】日本では「大化《たいか》」が年号の初め（六四五年）とされるが、その後、年号のない時代もあり、『続日本紀《しょくにほんぎ》』では「大宝」を「建元《けんげん》（年号を定めること）」としている。

〈注10〉【真済《しんぜい》】八〇〇年〜八六〇年。平安《へいあん》初期の真言宗《しんごんしゅう》の僧《そう》で、空海《くうかい》の十大弟子の一人。東寺《とうじ》の「一《いち》の長者《ちょうじゃ》」（最高責任者）を務《つと》めた。空海の漢詩文集『性霊集《しょうりょうしゅう》』を編纂《へんさん》した。

〈注11〉【瞿師羅経《くしらきょう》】現存《げんそん》の大蔵経《だいぞうきょう》には見当たらず、詳細は不明。

〈注12〉【三十二相八十種好《さんじゅうにそうはちじっしゅこう》】いずれも仏の体にそなわっているすばらしい特質をいう。

〈注13〉【一尋《いちじん》】尋は長さの単位。日本では、人が両手を広げた長さを基準とする。一尋は六尺《しゃく》（約一・八メートル）に当たる。

〈注14〉【阿羅漢《あらかん》】声聞《しょうもん》の修行の四段階における最高位。原語であるサンスクリットのアルハトは「供養《くよう》に値《あたい》する人」という意味。

第29章　真言《しんごん》への糾弾《きゅうだん》の結論

（御書三二一ページ七行目〜十四行目）

それ故《ゆえ》、この真言宗《しんごんしゅう》や禅宗《ぜんしゅう》・念仏宗《ねんぶつしゅう》などが次第に盛《さか》んになってきたところに、第八十二代天皇尊成《てんのうたかなり》すなわち隠岐法皇《おきのほうおう》（後鳥羽上皇《ごとばじょうこう》）〈注1〉は、権大夫殿《ごんのだいぶどの》（北《ほう》条義時《じょうよしとき》）〈注2〉を滅《ほろ》ぼそうと、長年力《ちから》を注がれていたので、大王である国主である以上、特別なことをしなくても、師子王《ししおう》が兎《うさぎ》を屈服《くっぷく》させるように、鷹《たか》が雉《きじ》をとるように容易《ようい》なはずであった上、比叡山《ひえいざん》・東寺《とうじ》・園城寺《おんじょうじ》・奈良七大寺《ならしちだいじ》・天照《てんしょう》太神《だいじん》・正八幡《しょうはちまん》〈注3〉・山王《さんのう》・賀茂《かも》・春日《かすが》〈注4〉などに数年の間、調伏《じょうぶく》〈注5〉を命じたり、神に祈願《きがん》されていたのに、わずか二、三日間さえも敵軍《てきぐん》に抗《こう》することができず、三人の上皇〈注6〉は佐渡国《さどのくに》（新潟県《にいがた》佐渡市）・阿波国《あわのくに》（徳島県《とくしま》）・隠岐《おきの》国《くに》（島根県《しまね》隠岐郡）にそれぞれ流されてしまい、ついにそこで亡《な》くなられてしまった。

調伏《じょうぶく》の祈禱《きとう》の最上位者であった御室《おむろ》（道助入道親王《どうじょにゅうどうしんのう》）〈注7〉は、東寺《とうじ》の長者《ちょうじゃ》〈注8〉を交代させられただけでなく、かけがえのない、眼《まなこ》のように大事にしていた第一の稚児《ちご》・勢多伽《せいたか》〈注9〉の首を切られてしまった。それ故《ゆえ》、調伏の結果がこのようになったということは「還著於本人《げんじゃくおほんにん》（かえって本人にふりかかる）〈注10〉」という道理によるものにほかならないと思われる。これは、小さなことである。

この後、必ず天皇《てんのう》だけでなく日本の臣下《しんか》・民衆にも誰一人例外なく、乾《かわ》いた草を積《つ》んで火を放つように、大きな山が崩《くず》れて谷を埋《う》めてしまうように、わが国が他国に攻《せ》められるということが起こるにちがいない。

◇注　解◇

〈注1〉【隠岐法皇《おきのほうおう》（後鳥羽上皇《ごとばじょうこう》）】一一八〇年〜一二三九年。第八十二代の天皇《てんのう》（在位、一一八三年〜一一九八年）。建久《けんきゅう》三年（一一九八年）に上皇となり院政《いんせい》を敷《し》く。承久《じょうきゅう》三年（一二二一年）に承久の乱《らん》を起こしたが、敗《やぶ》れて隠岐国《おきのくに》（島根《しまね》県隠岐諸島）への流刑《るけい》に処《しょ》されたので、隠岐法皇と呼ぶ。法皇は出家《しゅっけ》した上皇のことで、後鳥羽上皇は隠岐国に流される直前に出家している。流刑後はそのまま同地で没《ぼっ》した。

〈注2〉【権大夫殿《ごんのだいぶどの》（北条義時《ほうじょうよしとき》）】一一六三年〜一二二四年。鎌倉幕府《かまくらばくふ》第二代執権《しっけん》として承久《じょうきゅう》の乱《らん》で後鳥羽上皇《ごとばじょうこう》の軍《ぐん》を破《やぶ》り、幕府の全国支配を決定的なものとした。

〈注3〉【正八幡《しょうはちまん》】八幡宮《はちまんぐう》に祭られる八幡神《はちまんじん》のこと。八幡大菩薩《だいぼさつ》とも。もとは大隅《おおすみ》八幡宮のことで、宇佐《うさ》八幡宮の系列と区別して「正八幡」と呼ぶ。朝廷《ちょうてい》の祖先神として崇《あが》められた。

〈注4〉【山王《さんのう》・賀茂《かも》・春日《かすが》】山王は滋賀《しが》県大津《おおつ》市坂本《さかもと》にある日吉大社《ひよしたいしゃ》のこと。比叡山延暦《ひえいざんえんりゃく》寺《じ》の守護神《しゅごしん》が祭られている。

賀茂《かも》は京都《きょうと》市にある上賀茂《かみがも》神社《じんじゃ》と下鴨《しもがも》神社の総称。当初は賀茂氏の氏神《うじがみ》が祭られていたが、平安京《へいあんきょう》への遷都《せんと》以来、王城《おうじょう》の守護神《しゅごしん》として朝廷《ちょうてい》から崇敬《すうけい》された。

春日《かすが》は奈良《なら》市春日野《かすがの》町にある春日大社《たいしゃ》のこと。藤原氏《ふじわらし》の氏神《うじがみ》が祭られている。平安《へいあん》中期からは興福寺《こうふくじ》（藤原氏の氏寺）の守護神《しゅごしん》とされ、また宇多天皇《うだてんのう》以降、天皇も参詣《さんけい》した。

〈注5〉**【調伏《じょうぶく》】** 敵や魔《ま》を退散させるための密教《みっきょう》の祈禱《きとう》儀礼のこと。

〈注6〉**【三人の上皇《じょうこう》】** 後鳥羽《ごとば》上皇、土御門《つちみかど》上皇（一一九五年〜一二三一年、後鳥羽の第一皇《おう》子《じ》）、順徳《じゅんとく》上皇（一一九七年〜一二四二年、土御門の弟）の三人。土御門上皇は、乱《らん》には関与しなかったが、自ら望んで土佐国《とさのくに》（高知《こうち》県）に流され、後に阿波国《あわのくに》（徳島《とくしま》県）に移《うつ》された。順徳上皇は佐渡国《さどのくに》（新潟《にいがた》県佐渡市）への流刑《るけい》に処《しょ》された。

〈注7〉**【御室《おむろ》（道助入道親王《どうじょにゅうどうしんのう》）】** 一一九六年〜一二四九年。後鳥羽上皇《ごとばじょうこう》の第二皇子《おうじ》。仁和寺《にんなじ》で出家《しゅっけ》し真言宗《しんごんしゅう》に帰依《きえ》した。御室とは、京都《きょうと》市右京《うきょう》区にある真言宗御室派総本山《そうほんざん》・仁和寺の住職《じゅうしょく》のこと。仁和寺は、宇多法皇《うだほうおう》が出家後居住したため、敬意《けいい》をこめて「御室」と呼ばれ、その後、同寺の住職となった親王を指して御室と呼ぶに至《いた》った。

〈注8〉**【長者《ちょうじゃ》】** 東寺《とうじ》の長官のこと。真言宗《しんごんしゅう》の最高権威者《けんいしゃ》。

〈注9〉**【勢多伽《せいたか》】** 一二一一年〜一二二一年。鎌倉《かまくら》初期の武将・佐々木広綱《ささきひろつな》の子。仁和寺《にんなじ》で出家《しゅっけ》し道助入道親王《どうじょにゅうどうしんのう》に給仕《きゅうじ》していたが、父・広綱が承久《じょうきゅう》の乱《らん》で後鳥羽上皇側《ごとばじょうこうがわ》に味方したため、勢多伽も斬首《ざんしゅ》された。

〈注10〉**【還著於本人《げんじゃくおほんにん》】** 法華経観世音菩薩普門品《かんぜおんぼさつふもんぼん》第二十五にある句《く》（法華経六三五ページ）。「還《かえ》って本人に著《つ》きなん」と読む。法華経の行者《ぎょうじゃ》に呪《のろ》いや毒薬で危害《きがい》を加えようとする者は、かえって自らの身に、その害を受けることになるとの意。

第30章　日蓮大聖人の知恩《ちおん》・報恩《ほうおん》

（御書三二一ジペー十四行目〜三二三ジペー五行目）

このことは、日本国の中でただ私一人だけが知っている。このことを口《くち》にするなら、殷《いん》の紂王《ちゅうおう》が比干《ひかん》の胸《むね》を割《さ》いた〈注1〉ように、夏《か》の桀王《けつおう》が関竜逢《かんりょうほう》の首を切った〈注2〉ように、檀弥羅王《だんみらおう》が師子尊者《ししそんじゃ》の首を刎《は》ねた〈注3〉ように、竺道生《じくどうしょう》が流刑《るけい》に処《しょ》された〈注4〉ように、法道三蔵《ほうどうさんぞう》が顔に焼《や》き印《いん》を押《お》された〈注5〉ようになるだろうということは、前から分かっていた。

しかし、法華経には「私は身も命も惜《お》しまず、ただ無上道《むじょうどう》だけを惜しむ」（勧持品《かんじほん》）と説《と》かれ、涅槃経《ねはんぎょう》には「むしろ命も失《うしな》っても、教えを隠《かく》してはならない」と諌《いさ》められている。この一生で命を惜しむなら、どの生涯《しょうがい》で仏になることができるだろうか、また、どのような時に父母や師匠をもお救《すく》い申し上げることができるだろうかと、断固《だんこ》たる決心で主張を始めたところ、予想どおり、住んでいる場所から追い出されたり、罵《ののし》られたり、打たれたり、傷《きず》つけられたりしているうちに、弘長《こうちょう》元年辛酉《かのととり》（一二六一年）五月十二日に国主の怒《いか》りにふれて、伊豆国伊東《いずのくにいとう》（静岡《しずおか》県伊東市）に流された。これは同じ弘長年間の三年癸亥《みずのとい》（一二六三年）二月二十二日に許《ゆる》された。

その後は一段《いちだん》と成仏《じょうぶつ》を求める心〔菩提心《ぼだいしん》〕を強く盛《さか》んにして主張を続けたので、さらに大難《だいなん》が続けざまに襲《おそ》った。それは大風《おおかぜ》によって大波が起こるようであった。昔、不軽菩薩《ふきょうぼさつ》が受けた杖木《じょうもく》の責《せ》めも、わが身にひしひしと感じられた。歓喜増益仏《かんぎぞうやくぶつ》〈注6〉の仏法が滅《ほろ》びようとした時に覚徳比丘《かくとくびく》〈注7〉が受けた大難も、私の大難には及《およ》ばないだろうと思われる。

日本国六十六カ国・島二つの中で、私が一日片時《かたとき》であれ、どこかに落ち着いていられるということもない。

昔であれば二百五十戒《にひゃくごじっかい》を持《たも》って何を言われても動揺《どうよう》しないさまが羅睺羅《らごら》〈注8〉のような、戒《かい》を持《たも》った聖人《しょうにん》も、富楼那《ふるな》〈注9〉のような智者《ちしゃ》も、ひとたび私に会えば悪口《わるくち》を吐《は》く。魏徴《ぎちょう》〈注10〉や忠仁公《ちゅうじんこう》（藤原良房《ふじわらのよしふさ》）〈注11〉のように正直な賢者《けんじゃ》たちも、私を見ると、道理を曲げて非道《ひどう》を行う。

まして世間の普通の人々は、犬が猿《さる》を見た時のようであり、猟師《りょうし》が鹿《しか》を追《お》い込《こ》む姿《すがた》に似《に》ている。日本国の中に、「日蓮が言うことには、根拠《こんきょ》があるのではないか」と言う人は一人もいない。

それもっともである。どの人も念仏《ねんぶつ》を唱えている。その中で、人に会っては、そのたびに私は「念仏は無間地獄《むけんじごく》に堕《お》ちる〈注12〉」と言うからである。どの人も真言《しんごん》を尊《とうと》んでいる。その中で、私は「真言は国を滅《ほろ》ぼす悪法である〈注13〉」と言っている。

国主は禅宗《ぜんしゅう》を尊《とうと》んでいる。その中で、私は「禅は天魔《てんま》のしわざである〈注14〉」と言うからである。

自ら招《まね》いた災《わざわ》いなので、人が罵《ののし》るのもとがめない。とがめたところで相手は一人ではない。打たれても苦痛《くつう》ではない。もとから分かっていたことだからである。

このように、ますます身も命も惜《お》しまず全力を出して責《せ》めたところ、禅僧《ぜんそう》数百人、念仏者《ねんぶつしゃ》数千人、真言師《しんごんし》百人・千人が、奉行《ぶぎょう》〈注15〉に近づいたり、権勢《けんせい》ある人に近づいたり、権勢ある人の夫人《ふじん》に近づいたり、未亡人《みぼうじん》である尼御前《あまごぜん》たち〈注16〉に近づいたりして、限《かぎ》りないほどの讒言《ざんげん》をするうちに、最後には「天下第一の大事件《だいじけん》である。日蓮は日本国を滅《ほろ》ぼそうと呪《のろ》う法師《ほっし》である。故最明寺殿《こさいみょうじどの》（北条時頼《ほうじょうときより》）〈注17〉や故極楽寺殿《ごくらくじ》（北条重時《しげとき》）〈注18〉を無間地獄《むけんじごく》に堕《お》ちたと言っている法師である。取り調べるまでもないことだ。即刻《そっこく》首を切れ。弟子たちについても同様に、首を切ったり、遠国《おんごく》に流罪《るざい》したり、牢《ろう》に入れたりせよ」と、尼御前たちがお怒《いか》りになったので、そのとおりに実行されたのである。

文永《ぶんえい》八年辛未《かのとひつじ》(一二七一年)九月十二日の夜は、相模国《さがみのくに》の竜の口《たつのくち》(神奈川県《かながわけん》藤沢《ふじさわ》市)で首を切られるはずだったが、どういうわけか、その夜の処刑《しょけい》は延期《えんき》され、依智《えち》(同県厚木《あつぎ》市)というところに到着《とうちゃく》した。また十三日の夜は「許《ゆる》された」と言って人々が騒《さわ》いだが、また、どうしたことか、佐渡国《さどのくに》まで来てしまった。

「きょう切る」「あす切る」と言われているうちに、足かけ四年というところで、結局、文永《ぶんえい》十一年太歳甲戌《たいさいきのえいぬ》(一二七四年)二月十四日に許《ゆる》されて、同年三月二十六日に鎌倉《かまくら》に入った。同年四月八日、平左衛門尉《へいのさえもんのじょう》と対面して、さまざまなことを言った中で「今年は必ず蒙古《もうこ》が攻《せ》めてくるだろう」と告《つ》げた。

同年五月十二日に鎌倉《かまくら》を出て、この身延山《みのぶさん》に入った。これはひたすら父母の恩《おん》、師匠の恩、三宝《さんぽう》〈注19〉の恩、国の恩に報《むく》いるためだけに体に傷《きず》を受け命を捨《す》てたのであるが、身は滅《ほろ》びることなくこうして生きているのである。また賢《けん》人《じん》の習わしとして、「三度、国を諫《いさ》めて用《もち》いられなければ、人里離《はな》れた場所に隠栖《いんせい》せよ」〈注20〉というのは、古今《ここん》を通じて変わらないことである。

◇注　解◇

〈注1〉**【殷《いん》の紂王《ちゅうおう》が比干《ひかん》の胸《むね》を割《さ》いた】** 第2章〈注3〉を参照。

〈注2〉**【夏《か》の桀王《けつおう》が関竜逢《かんりょうほう》の首を切った】** 桀王は古代中国・夏の最後の王。殷《いん》の紂王《ちゅうおう》とともに古代中国の代表的な悪王とされる。殷の湯王《とうおう》によって滅《ほろ》ぼされた。
関竜逢《かんりょうほう》は桀王《けつおう》の臣下《しんか》で、賢人《けんじん》とされる。桀王の悪逆《あくぎゃく》を諫《いさ》めたため、桀王に殺された。比《ひ》干《かん》とともに忠臣の代表とされる。どのように殺されたかは諸説あり、『楚辞《そじ》』によると首をはねられたとされるが、『韓非子《かんぴし》』では四肢《しし》を斬《き》られたとする。また、『太平御覧《たいへいぎょらん》』皇王部《こうおうぶ》七に引かれた『符子《ふし》』では、自ら火に投じて死んだという。

〈注3〉**【檀弥羅王《だんみらおう》が師子尊者《ししそんじゃ》の首を刎《は》ねた】** 第7章〈注12〉〈注13〉を参照。

〈注4〉**【竺道生《じくどうしょう》が流刑《るけい》に処《しょ》された】** 竺道生（?〜四三四年）は、中国の東晋《とうしん》・南北朝《なんぼくちょう》時代の僧《そう》。鳩摩羅什《くまらじゅう》の門下。涅槃経《ねはんぎょう》の異訳《いやく》である般泥洹経《はつないおんぎょう》六巻を研究し、成仏《じょうぶつ》できないとされていた一闡提《いっせんだい》の成仏を主張したが、保守的《ほしゅてき》な僧侶《そうりょ》によって宋《そう》の都《みやこ》の建康《けんこう》（南京《なんきん》）から追放され、蘇州《そしゅう》の虎丘山《こきゅうざん》に逃《のが》れた。

〈注5〉**【法道三蔵《ほうどうさんぞう》が顔に焼《や》き印《いん》を押《お》された】** 法道（一〇八六年〜一一四七年）は、中国・北《ほく》宋《そう》の僧《そう》である永道《えいどう》のこと。一一一九年、徽宗《きそう》が仏教を弾圧した際《さい》、上書《じょうしょ》して徽宗を諫《いさ》めたが、かえって帝《みかど》の怒《いか》りを買い、道州《どうしゅう》（湖南省《こなんしょう》）に流された（なお、徽宗の仏教弾圧は翌年撤回《てっかい》された）。その後、赦免《しゃめん》され、護法《ごほう》の功績により「法道」の名を与えられた。

「三蔵《さんぞう》」は三蔵法師《ほうし》の略。一般には三蔵（経《きょう》・律《りつ》・論《ろん》）に通じた僧侶《そうりょ》のことで、訳経僧《やっきょうそう》の称号であるが、宋《そう》代では元豊《げんぽう》三年（一〇八〇年）に試鴻臚卿少卿《しこうろけいしょうけい》を「三蔵法師」と改称しており（『釈氏稽古略《しゃくしけいこりゃく》』巻《まき》四）、ここでは後者の意。法道《ほうどう》は「宝覚大師《ほうかくだいし》」という大師号を与えられており、これが試鴻臚卿に対応する（『雲臥紀譚《うんがきだん》』巻二）ので、「三蔵」と称されたらしい。

「顔に焼《や》き印《いん》を押《お》す」とは、刑罰《けいばつ》として罪人であることを知らしめること。ただし、『仏《ぶっ》祖統紀《そとうき》』（一二六九年成立）巻《まき》四十七によると、法道《ほうどう》は「黥涅《げいでつ》（入《い》れ墨《ずみ》）」を入れられたことになっており、焼き印ではない。

〈注6〉【歓喜増益仏《かんぎぞうやくぶつ》】無量無辺阿僧祇劫《むりょうむへんあそうぎこう》という遠い過去世《かこせ》に、拘尸那城《くしなじょう》（クシナガラ）に出世した仏。次注を参照。

〈注7〉【覚徳比丘《かくとくびく》】涅槃経金剛身品《ねはんぎょうこんごうしんぼん》第二に説《と》かれている、過去世《かこせ》に正法《しょうほう》を護持《ごじ》した僧侶《そうりょ》の名。同品によると、歓喜増益如来《かんぎぞうやくにょらい》が亡《な》くなった後の末世《まっせ》に、ただ一人、正法を護持した覚徳比丘を悪比丘たちが亡《な》き者《もの》にしようとした。有徳王《うとくおう》は謗法《ほうぼう》の比丘の襲撃《しゅうげき》から覚徳比丘を守ったが、そのため身に無数の傷《きず》を受けて命を終えた。死後、有徳王は正法を護《まも》った功徳《くどく》によって阿閦仏《あしゅくぶつ》の国に生まれて、声聞《しょうもん》の中の第一の弟子になり、覚徳比丘も同じ国に生まれ第二の弟子となった。有徳王は釈尊《しゃくそん》自身の過去世の姿《すがた》であり、覚徳比丘は迦葉仏《かしょうぶつ》の過去世の姿であった。

〈注8〉【羅睺羅《らごら》】サンスクリットのラーフラの音写。釈尊《しゃくそん》の十大弟子の一人で、密行《みつぎょう》（人に知られずひそかに行う修行）第一とされる。出家《しゅっけ》前の釈尊の子で、耶輸陀羅《やしゅだら》（ヤショーダラー）を母とする。

〈注9〉【富楼那《ふるな》】サンスクリットのプールナマイトラーヤニープトラの音写である富楼那《ふるな》弥多羅尼子《みたらにし》の略。釈尊《しゃくそん》の十大弟子の一人で、聡明《そうめい》で弁論に長じ、説法《せっぽう》第一とされる。

〈注10〉【魏徴《ぎちょう》】中国・唐《とう》の初めの忠臣《ちゅうしん》。太宗《たいそう》に仕え、よく諫言《かんげん》してその政治を助けた。

〈注11〉【忠仁公《ちゅうじんこう》（藤原良房《ふじわらのよしふさ》）】八〇四年～八七二年。平安《へいあん》前期の貴族《きぞく》。藤原氏として初めて摂《せっ》政《しょう》になり、死後に忠仁公の名を贈《おく》られた。

〈注12〉【念仏《ねんぶつ》は無間地獄《むけんじごく》に堕《お》ちる】御書本文は「念仏は無間に堕つる」（三二一㌻）。阿弥陀《あみだ》仏《ぶつ》の名号《みょうごう》を称《とな》え念ずることは、無間地獄に堕ちる業因《ごういん》となること。日本浄土宗《じょうどしゅう》の開祖は法《ほう》然《ねん》（源空《げんくう》）で、浄土三部経《さんぶきょう》（無量寿経《むりょうじゅきょう》・観無量寿経《かんむりょうじゅきょう》・阿弥陀経《あみだきょう》）を根本とする。来世に極楽《ごくらく》浄土に生まれること（浄土往生《おうじょう》）を目指し、娑婆《しゃば》世界《せかい》を穢土《えど》として嫌《きら》った。そして釈尊《しゃくそん》の一切《いっさい》経《きょう》を聖道門《しょうどうもん》・浄土門《じょうどもん》に、また難行道《なんぎょうどう》・易行道《いぎょうどう》に分け、法華経は聖道門の難行道であるから捨《す》てよ閉《と》じよ閣《さしお》け抛《なげう》て（捨閉閣抛《しゃへいかくほう》）といい、浄土宗《じょうどしゅう》のみが浄土門の易行道で往生・成仏《じょうぶつ》できる宗であるという邪義《じゃぎ》を立てて法華経を誹謗《ひぼう》した。

これに対し日蓮大聖人は、念仏《ねんぶつ》は無間地獄《むけんじごく》に堕《お》ちる因《いん》となる悪業《あくごう》であると批判《ひはん》された。

浄土三部経《じょうどさんぶきょう》は方等部《ほうどうぶ》の教えであり、無量義経《むりょうぎきょう》において「四十余年《しじゅうよねん》、未顕真実《みけんしんじつ》（四十余年には未《いま》だ真実を顕《あらわ》さず）」（法華経二二九ページ）といわれ、法華経方便品《ほうべんぽん》第二では「正直捨方便《しょうじきしゃ》（正直に方便を捨《す》てて）」（法華経一四四ページ）と説かれているように、未顕真実の方便の教えである。また、極楽往生《ごくらくおうじょう》のよりどころとされる無量寿経《むりょうじゅきょう》の法蔵菩薩《ほうぞうぼさつ》（阿弥陀仏《あみだぶつ》の修行時の姿《すがた》）の四十八願《しじゅうはちがん》のうち第十八願には、阿弥陀仏の名を称《とな》える者をその浄土に迎《むか》え入《い》れるとあるが「唯《ただ》五逆《ごぎゃく》と誹謗正法《ひぼうしょうほう》を除《のぞ》く」と、正法を誹謗する者は除外されている。しかも法華経譬喩品《ひゆほん》第三では、法華経を誹謗する者は無間地獄に堕ちると説かれている（法華経一九九ページ）。したがって法華経の正法を謗《そし》る者は、往生から除外されるだけでなく、無間地獄に堕ちることになる。故《ゆえ》に「念仏無間」とされたのである。

〈注13〉**【真言《しんごん》は国を滅《ほろ》ぼす悪法である】** 御書本文は「真言は国をほろぼす悪法」（三二二ページ）。他抄では「真言亡国《ぼうこく》」という格言《かくげん》も用いられている。真言宗《しんごんしゅう》はその開創《かいそう》以来、呪術《じゅじゅつ》による護国《ごこく》の祈禱《きとう》を売り物にし、日蓮大聖人の時代には蒙古襲来《もうこしゅうらい》を背景に、朝廷《ちょうてい》や幕府《ばくふ》に重用された。大聖人は、真言宗が説《と》く内実のない呪術性を破折《はしゃく》され、これを「護国」の法であると誤《あやま》って信じ帰依《きえ》すると「亡国」をもたらすと訴《うった》えられた。特に、大聖人が生誕される前年（一二二一年）の承久《じょうきゅう》の乱《らん》において、当時、最高度とされた真言の祈禱を行った朝廷側《がわ》が、幕府に敗《やぶ》れたことを、その現証《げんしょう》とされている。

〈注14〉**【禅《ぜん》は天魔《てんま》のしわざである】** 御書本文は「天魔の所為《そい》」（三二二ページ）。禅宗《ぜんしゅう》は仏法を破《は》壊《かい》する天魔の振《ふ》る舞《ま》いであること。当時の禅宗は大日能忍《だいにちのうにん》の日本達磨宗《だるましゅう》、栄西《えいさい》の臨済宗《りんざいしゅう》の禅が広まっていた。禅宗は不立文字《ふりゅうもんじ》・教外別伝《きょうげべつでん》・直指人心《じきしにんしん》・見性成仏《けんしょうじょうぶつ》の義を立てている。すなわち、経文は月をさす指であり、月（成仏の性《しょう》）がとらえられれば指には用がないとした。これに対し日蓮大聖人は、禅は天魔の振る舞いであると批判《ひはん》された。釈尊《しゃくそん》は涅槃経巻《ねはんぎょうまき》七で「願《ねが》わくは心の師と作《な》りて心を師とせざれ」と説《と》き、また「是《か》くの如《ごと》き経律《きょうりつ》は、当《まさ》に知るべし、即《すなわ》ち是《こ》れ如来《にょらい》の所説《しょせつ》なり。若《も》し魔の所説に随順《ずいじゅん》すること有らば、是れ魔の眷属《けんぞく》なり」と説いている。故《ゆえ》に「禅天魔」とされたのである。

〈注15〉**【奉行《ぶぎょう》】**幕府《ばくふ》などの命令を受け、実務を執《と》る人のこと。

〈注16〉**【未亡人《みぼうじん》である尼御前《あまごぜん》たち】**御書本文は「後家《ごけ》尼御前」（三二二㌻）。後家尼は、夫に先立たれて尼になった女性のこと。「御前」は敬称。ここでは、北条重時《ほうじょうしげとき》の娘で時頼《ときより》の妻となり時宗《ときむね》の母となった女性である葛西殿《かさいどの》、また北条一門の女性たちを指している。

〈注17〉**【最明寺殿《さいみょうじどの》（北条時頼《ほうじょうときより》）】**一二二七年〜一二六三年。鎌倉幕府《かまくらばくふ》第五代執権《しっけん》。建長《けんちょう》五年（一二五三年）に禅宗《ぜんしゅう》の道隆《どうりゅう》を開山《かいざん》に迎《むか》えて建長寺を創建した。執権を北条長時《ながとき》に譲《ゆず》った後、康元《こうげん》元年（一二五六年）、最明寺で出家《しゅっけ》し、同寺に居住したことから最明寺殿と呼ばれた。日蓮大聖人が時頼に「立正安国論《りっしょうあんこくろん》」を提出されたのは、文応《ぶんおう》元年（一二六〇年）七月十六日のこと。

〈注18〉**【極楽寺殿《ごくらくじどの》（北条重時《ほうじょうしげとき》）】**一一九八年〜一二六一年。鎌倉幕府《かまくらばくふ》第二代執権《しっけん》・北条義時《よしとき》の

三男。連署《れんしょ》となり、執権であった娘婿《むすめむこ》の北条時頼《ときより》を補佐《ほさ》した。出家《しゅっけ》し極楽寺に住んだので、極楽寺殿と通称された。念仏《ねんぶつ》の強信者《ごうしんじゃ》でもあり、子息の第六代執権・長時《ながとき》とともに大聖人に敵対し、伊豆流罪《いずるざい》（弘長《こうちょう》元年＝一二六一年五月十二日）を画策《かくさく》した。

〈注19〉【三宝《さんぽう》】仏教を構成する仏法僧《ぶっぽうそう》の三つの要素《ようそ》のこと。この三宝を大切に敬《うやま》うことが、仏教を信仰する者の基本となる。①仏宝《ぶっぽう》は、教えを説《と》く仏。②法宝《ほうほう》は、仏が説《と》く教え。③僧宝《そうほう》は、教えを信じ実践する人々の集い（教団）。「僧」は、僧伽《そうぎゃ》の略で、集いを意味するサンスクリットのサンガの音写。「和合《わごう》」と意訳され、二つ合わせて「和合僧」ともいう。

〈注20〉【三度、国を諫《いさ》めて用《もち》いられなければ、人里離《はな》れた場所に隠栖《いんせい》せよ】儒教《じゅきょう》の教典である『礼記《らいき》』曲礼《きょくらい》下第二に「人臣《じんしん》たるの礼、顕《あら》わには諫めず。三たび諫めて聴《き》かざれば、則《すなわ》ち之《これ》を逃《さ》る」とある。

第31章　道《どう》善《ぜん》房《ぼう》への報《ほう》恩《おん》

（御書三二三ジペー五行目〜三二四ジペー三行目）

この功徳《くどく》は、必ず三宝《さんぽう》をはじめとして、梵天《ぼんてん》・帝釈天《たいしゃくてん》・日天《にってん》・月天《がってん》に至《いた》るまでもがご存《ぞん》じだろう。その功徳によって、父母も故道善房《こどうぜんぼう》〈注1〉の聖霊《しょうりょう》〈注2〉も助かるだろう。

ただし疑問《ぎもん》に思うことがある。目連尊者《もくれんそんじゃ》は母を助けようと思ったけれども、母の青提女《しょうだいにょ》は餓鬼道《がきどう》に堕《お》ちてしまった〈注3〉。釈尊《しゃくそん》の子どもであったけれども善星比丘《ぜんしょうびく》〈注4〉は、阿鼻地獄《あびじごく》に堕ちてしまった。これは、力《ちから》を尽《つ》くして救《すく》おうとお思いになっても、自業自得《じごうじとく》による結果については救いがたいのである。

故道善房《こどうぜんぼう》は、自分が見てきた弟子であるから、私をそれほど憎《にく》いとは思われなかったようであるが、きわめて臆病《おくびょう》であった上に、清澄寺《せいちょうじ》〈注5〉を離《はな》れたくないと執着《しゅうちゃく》した人である。地頭《じとう》の東条景信《とうじょうかげのぶ》〈注6〉の恐《おそ》ろしさといい、提婆達多《だいばだった》や瞿伽利《くぎゃり》と異《こと》ならない円智房《えんちぼう》と実成房《じつじょうぼう》〈注7〉が、それぞれ清澄寺の上と下の立場にいて脅《おど》したのを、ひたすら恐れて、目をかけていた長年の弟子たちをもお捨《す》てになった人であるから、来世はどうなるだろうか、疑《うたが》わしい。

ただし一つだけ諸仏《しょぶつ》や諸天のひそかな加護《かご》とも思えることがある。東条景信《とうじょうかげのぶ》と円智房《えんちぼう》・実成房《じつじょうぼう》とが先に亡《な》くなったことは、一つの救《すく》いであったとは思う。

しかし、彼らが法華経の十羅刹《じゅうらせつ》〈注8〉の責《せ》めを受けて、早く亡《な》くなってしまい、その後になって道善房《どうぜんぼう》が少しは法華経を信じられたのは、けんかのあとで棒《ぼう》を用意するようなものである。昼の灯《ともしび》が何の役に立とうか。その上、どのようなことがあっても、子どもや弟子などというものは、かわいいものである。そうしようと思えば出来た人であるのに、佐渡国《さどのくに》にまで流された私を一度も訪問《ほうもん》しなかったことは、法華経を信じていたのではなかったということである。

それにしても突然《とつぜん》で驚《おどろ》くことなので、道善房《どうぜんぼう》が亡《な》くなられたと聞いた時には、火の中にも入り、水の中にも沈《しず》んで、すぐに走ってでも行って、お墓《はか》にぬかずき経《きょう》をも一巻読誦《どくじゅ》しようとは思ったけれども、賢人《けんじん》の習わしとして、私自身は遁世《とんせい》とは思わないけれども人々は遁世と思っているだろうから、理由もなく山から走り出ていくなら、日蓮は態度《たいど》が一貫《いっかん》していないと、人々は思うにちがいない。それ故《ゆえ》、どれほど墓参《ぼさん》したいと思ったとしても、行くことはできない。

ただし、あなた方お二人（浄顕房《じょうけんぼう》・義城房《ぎじょうぼう》）〈注9〉は、私の少年時代の時の師匠でいらっしゃる。勤操僧正《ごんぞうそうじょう》と行表僧正《ぎょうひょう》が、伝教大師《でんぎょうだいし》（最澄《さいちょう》）の師であったが、後に弟子となられたようなものである。私が東条景信《とうじょうかげのぶ》に敵視《てきし》されて、清澄山《きよすみざん》を出た時に、お二人が私をかくまい、ひそかに山から出られたことは、天下第一の法華経への献身《けんしん》である。来世を不安に思われる必要はありません。

◇注　解◇

〈注1〉**【道善房《どうぜんぼう》】**？～一二七六年。安房国《あわのくに》（千葉《ちば》県南部）の清澄寺《せいちょうじ》の住僧《じゅうそう》で、日蓮大聖人が出家《しゅっけ》された時の師。建長《けんちょう》五年（一二五三年）四月に大聖人が立宗宣言《りっしゅうせんげん》された時は、圧迫《あっぱく》を加えてきた念仏者《ねんぶつしゃ》の東条景信《とうじょうかげのぶ》らに屈《くっ》し、大聖人を守ることができなかった。文永《ぶんえい》元年（一二六四年）十一月の小松原《こまつばら》の法難《ほうなん》の直後、西条花房《さいじょうはなぶさ》に大聖人を見舞《みま》ったが、その時、道善房は大聖人に対して成仏《じょうぶつ》できるかどうかを質問した。それに対し大聖人は、長年の念仏信仰を破折《はしゃく》され、正法《しょうほう》への帰依《きえ》を勧《すす》められた。その後、道善房は少し信心を起こしたようだが、改宗《かいしゅう》にまで至《いた》らずに一生を終えた。

〈注2〉**【聖霊《しょうりょう》】**死者やその命に対する尊称《そんしょう》。

〈注3〉**【目連尊者《もくれんそんじゃ》は母を……餓鬼道《がきどう》に堕《お》ちてしまった】**盂蘭盆経《うらぼんきょう》によると、目連は亡《な》き母・青提女《しょうだいにょ》が物惜《ものお》しみの罪《つみ》で餓鬼道に苦しんでいるのを神通力《じんずうりき》によって知り、母を助けようとするが力及《ちからおよ》ばず、仏の教えに従《したが》って供養《くよう》したことで、ようやく救《すく》うことができたという。これが盂蘭盆会《うらぼんえ》の起源の一つとされる。

〈注4〉**【善星比丘《ぜんしょうびく》】**釈尊存命中《しゃくそんぞんめいちゅう》の出家者《しゅっけしゃ》の一人。一説に釈尊の出家以前の子の一人とされる。出家して仏道《ぶつどう》修行に励《はげ》んだが、後に釈尊の教えを誹謗《ひぼう》し、無間地獄《むけんじごく》に生まれたという。

〈注5〉**【清澄寺《せいちょうじ》】** 安房国長狭郡東条郷《あわのくにながさぐんとうじょうごう》（後に東条郡、現在の千葉《ちば》県鴨川《かもがわ》市）にある寺院。日蓮大聖人は十二歳でこの寺院に入り教育を受けられ、十六歳で出家得度《しゅっけとくど》された。同寺は七七一年、無名の法師《ほっし》が虚空蔵菩薩《こくうぞうぼさつ》像を刻《きざ》んで小堂《しょうどう》を営《いとな》んだのが始まりとされ、一時中絶《ちゅうぜつ》したのを八三六年ごろ、円仁《えんにん》（慈覚《じかく》）が再興《さいこう》し、天台宗《てんだいしゅう》に改《あらた》めたと伝えられる。大聖人が生誕された一二二二年ごろには源頼朝《みなもとのよりとも》の妻・北条政子《ほうじょうまさこ》の保護を受けて繁栄《はんえい》していた。当時の天台宗寺院の通例として、法華《ほっけ》信仰に加えて真言密教《しんごんみっきょう》や念仏《ねんぶつ》信仰が行われていた。その後、真言宗《しんごんしゅう》に属《ぞく》したが、戦後に日蓮宗《にちれんしゅう》に改宗し現在に至《いた》る。

〈注6〉**【東条景信《とうじょうかげのぶ》】** 生没年不詳。東条左衛門尉《さえもんのじょう》景信のこと。安房国《あわのくに》（千葉《ちば》県南部）長狭郡東《ながさぐんとう》条郷《じょうごう》の地頭《じとう》で、熱心な念仏者《ねんぶつしゃ》であった。建長《けんちょう》五年（一二五三年）、日蓮大聖人が清澄寺《せいちょうじ》で立《りっ》宗宣言《しゅうせんげん》されて以来、迫害《はくがい》を加え、大聖人は領外《りょうがい》に避難《ひなん》された。

〈注7〉**【円智房《えんちぼう》と実成房《じつじょうぼう》】** ともに清澄寺《せいちょうじ》の僧《そう》。

〈注8〉**【十羅刹《じゅうらせつ》】** 法華経陀羅尼品《だらにほん》第二十六で、法華経を受持《じゅじ》する者を守ることを誓《ちか》った十人の羅刹女。羅刹はサンスクリットのラークシャサの音写で、人の血肉《けつにく》を食うとされる悪《あっ》鬼《き》だが、毘沙門天王《びしゃもんてんのう》の配下《はいか》として北方を守護《しゅご》するともいわれる。羅刹女《らせつにょ》は、ラークシャサの女性形ラークシャシーの訳《やく》で、女性の羅刹のこと。

〈注9〉**【あなた方お二人（浄顕房《じょうけんぼう》・義城房《ぎじょうぼう》）】** 日蓮大聖人の清澄寺《せいちょうじ》時代の兄弟子。立宗《りっしゅう》以後、大聖人に帰依《きえ》していたと考えられる。

義城房《ぎじょうぼう》は、御書全集においては、本抄の宛先《あてさき》として「義成房」（一三二九ページ）、また他抄では「義浄房」とも記されている。「義浄（城）房」宛また「義浄（城）房」の表記が登場する御書に御真筆《ごしんぴつ》が現存《げんそん》しているものはない。ただし、複数の写本のある「本尊問答抄《ほんぞんもんどうしょう》」はすべて「義城房」、御真筆と対照した身延《みのぶ》の日乾写本《にちけんしゃほん》の「報恩抄《ほうおんしょう》」も「義城房」と表記されていることなどから、大聖人は「義城房」と表記された可能性が高い。この現代語訳では、従来の「義浄房」から「義城房」とした。

第32章　略《りゃく》して題目肝心《かんじん》を示す

（御書三二四ジペー四行目〜三二五ジペー三行目）

問う。法華経一部八巻二十八品《ぽん》の中で、何が肝心《かんじん》であるのか。

答える。華厳経《けごんぎょう》の肝心《かんじん》は大方広仏華厳経《だいほうこうぶつけごんぎょう》、阿含経《あごんぎょう》の肝心は仏説中阿含経《ぶっせつちゅうあごんぎょう》、大集経《だいじっきょう》の肝心は大方等大集経《だいほうどうだいじっきょう》、般若経《はんにゃきょう》の肝心は摩訶般若波羅蜜経《まかはんにゃはらみつきょう》、無量寿経《むりょうじゅきょう》の肝心は仏説無量寿経《ぶっせつむりょうじゅきょう》、観無量寿経《かんむりょうじゅきょう》の肝心は仏説観無量寿経《ぶっせつかんむりょうじゅきょう》、阿弥陀経《あみだきょう》〈注1〉の肝心は仏説阿弥陀経《ぶっせつあみだきょう》、涅槃経《ねはんぎょう》の肝心は大般涅槃経《だいはつねはんぎょう》である。

このように、あらゆる経典はみな、「如是我聞《にょぜがもん》（このようなことを私は聞いた）〈注2〉」の上にある経典の題名〔題目〕が、その経の肝心《かんじん》である。経典には大小の違《ちが》いがあるが、大は大なりに小は小なりに、いずれも経典の題名を肝心としている。大日経《だいにちきょう》・金剛頂経《こんごうちょうきょう》・蘇悉地経《そしつじきょう》などについても同じである。仏についても同じである。仏については大日如来《だいにちにょらい》・日月灯明仏《にちがつとうみょうぶつ》〈注3〉・燃灯仏《ねんとうぶつ》〈注4〉・大通智勝仏《だいつうちしょうぶつ》〈注5〉・雲雷音王仏《うんらいおんのうぶつ》〈注6〉などという。これらも同様にその名の中に、その仏の種々の徳《とく》をすべて含《ふく》んでいる。

今の法華経についても、まったく同じである。「如是我聞《にょぜがもん》」の上にある妙法《みょうほう》蓮華経《れんげきょう》の五字は、法華経一部八巻の肝心《かんじん》にほかならず、同時にあらゆる経の肝心であり、あらゆる仏・菩薩《ぼさつ》・二乗《にじょう》〈注7〉・天《てん》・人《にん》・修羅《しゅら》・竜神《りゅうじん》などの頂上に位置する正法《しょうほう》である。

問う。「南無妙法蓮華経」とその意味も分からずに唱えるのと、「南無大方広《なむだいほうこう》仏華厳経《ぶつけごんぎょう》」とその意味も分からずに唱えるのとは、同等なのだろうか、浅い深いといった功徳《くどく》の違《ちが》いがあるのだろうか。

答える。浅い深いなどの違《ちが》いがある。

疑問《ぎもん》を述べる。どういう意味か。

答える。小さい川は、露《つゆ》や小さな流れの水、井戸《いど》の水、水路《すいろ》の水、川の水などは収《おさ》めるけれども、大河《たいが》の水を収めることはない。大河は、露から始まって小さい川の水までは収めるけれども、大海《たいかい》の水を収めることはない。阿含経《あごんぎょう》は井戸《いど》の水や川の水など、露《つゆ》や小さな流れの水を収《おさ》めている小さい川のようなものである。方等経《ほうどうきょう》・阿弥陀経《あみだきょう》・大日経《だいにちきょう》・華厳経《けごんぎょう》などは、小さい川の水を収める大河《たいが》である。法華経は、露、小さな流れの水、井戸の水、川の水、小さい川、大河、空《そら》から降《ふ》る雨などのあらゆる水を一滴《いってき》ももらさず収める大海《たいかい》である。

譬《たと》えを示せば、身体の熱《あつ》い者が、大量《たいりょう》の冷《つめ》たい水のそばで横になれば涼《すず》しいが、わずかな水のそばで横になっても苦しいままである。五逆罪《ごぎゃくざい》と謗法《ほうぼう》の両方を犯《おか》した大重罪の一闡提人《いっせんだいにん》は、阿含経《あごんぎょう》・華厳経《けごんぎょう》・観無量寿経《かんむりょうじゅきょう》・大日経《だいにちきょう》などいったわずかな水のそばでは、大罪《たいざい》の大熱《だいねつ》を発散《はっさん》させることができない。法華経という大雪山《だいせっせん》の上で横になれば、五逆罪・正法誹謗《しょうほうひぼう》・一闡提などの大熱をたちまちに発散させるだろう。

それ故《ゆえ》、愚《おろ》かな者は必ず法華経を信じなければならない。それぞれの経《きょう》の題名を唱えることは易《やさ》しいという点で同じであるものの、愚《おろ》かな者が法華経の題名を唱える功徳《くどく》と智慧《ちえ》ある人が他経の題名を唱える功徳には、天地雲泥《てんちうんでい》の差がある。

譬《たと》えを示せば、太い綱《つな》は力《ちから》の強い人も切ることが難《むずか》しい。しかし、力の弱い人でも小刀《しょうとう》を用《もち》いてたやすくこれを切る。譬えを示せば、堅《かた》い石は、切れ味の鈍《にぶ》い刀では、力の強い人でも切断《せつだん》することができない。しかし、切れ味のよい剣《つるぎ》を用いれば、力の弱い人でも切断することができる。譬えを示せば、薬の中身を知らなくても、服用すれば病が治《なお》る。普通の食物は、食べても病が治ることはない。譬えを示せば、仙薬《せんやく》〈注8〉は寿命《じゅみょう》を延《の》ばすが、凡薬《ぼんやく》は病を治すことはできても寿命を延ばすことはできない。

◇注　解◇

〈注1〉【阿弥陀経《あみだきょう》】中国・後秦《こうしん》の鳩摩羅什《くまらじゅう》訳《やく》。一巻。阿弥陀仏がいる極楽世界《ごくらくせかい》の様子を述べ、阿弥陀仏を一心に念《ねん》ずることで極楽世界に生まれることができると説《と》く。日本浄土宗《じょうどしゅう》の開祖・法然《ほうねん》（源空《げんくう》）は、無量寿経《むりょうじゅきょう》・観無量寿経《かんむりょうじゅきょう》と合わせて浄土三部経《さんぶきょう》とした。

〈注2〉【如是我聞《にょぜがもん》】「是《か》くの如《ごと》きを我《われ》聞《き》き」と読み下す。法華経序品《じょほん》第一（法華経七〇㌻）をはじめ、各経典の冒頭《ぼうとう》にある文《もん》。「我」は、一般には第一回の仏典結集《けつじゅう》で経を暗誦《あんしょう》したという阿難《あなん》のことを指す。

〈注3〉【日月灯明仏《にちがつとうみょうぶつ》】既出。第8章〈注7〉を参照。

〈注4〉【燃灯仏《ねんとうぶつ》】釈尊《しゃくそん》が過去世《かこせ》で菩薩《ぼさつ》として修行していた時に、未来に釈迦仏《しゃかぶつ》となると予言して授記《じゅき》した仏。

〈注5〉【大通智勝仏《だいつうちしょうぶつ》】三千塵点劫《さんぜんじんてんごう》の昔に出現して法華経を説《と》いた仏。法華経化城喩品《けじょうゆほん》第七に説《と》かれる（法華経二七三㌻以下）。

〈注6〉【雲雷音王仏《うんらいおんのうぶつ》】法華経妙荘厳王本事品《みょうしょうごんのうほんじほん》第二十七に説《と》かれる。浄蔵《じょうぞう》・浄眼《じょうげん》の父である妙荘厳王を教化《きょうけ》した仏。

〈注7〉【二乗《にじょう》】六道輪廻《ろくどうりんね》から解脱《げだつ》して涅槃《ねはん》に至《いた》ることを目指す声聞乗《しょうもんじょう》と縁覚乗《えんがくじょう》のこと。①

声聞は、サンスクリットのシュラーヴァカの訳《やく》で、声を聞く者との意。仏の教えを聞いて覚《さと》りを開くことを目指す出家《しゅっけ》の弟子をいう。②縁覚は、サンスクリットのプラティエーカブッダの訳《やく》で、辟支仏《ひゃくしぶつ》と音写する。独覚《どっかく》とも訳す。声聞の教団に属《ぞく》することなく修行し、涅槃の境地を得る者をいう。「乗」は乗り物の意で、成仏《じょうぶつ》へと導《みちび》く教えを譬《たと》えたもの。もとは声聞・縁覚それぞれに対応《たいおう》した教えが二乗であるが、この教えを受ける者（声聞・縁覚）についても二乗といい、ここでは後者の意。

〈注8〉【仙薬《せんやく》】不老不死をもたらす薬のこと。

第33章　題目が法華経の肝心《かんじん》

（御書三二五ジペー四行目〜三二六ジペー十一行目）

疑問《ぎもん》を述べる。法華経二十八品《ぽん》の中では、何が肝心《かんじん》であるのか。

答える。ある人は「各品《かくほん》はそれぞれの事柄《ことがら》に応《おう》じてそれぞれが肝心《かんじん》である」と。ある人は「方便品《ほうべんぽん》・寿量品《じゅりょうほん》が肝心である」と。ある人は「方便品が肝心である」と。ある人は「寿量品が肝心である」と。ある人は「開示悟入《かいじごにゅう》〈注1〉が肝心である」と。ある人は「諸法実相《しょほうじっそう》〈注2〉が肝心である」と。

問う。あなたの考えはどうなのか。

答える。南無妙法蓮華経が肝心《かんじん》である。

その証拠《しょうこ》は何か。

答える。阿難《あなん》・文殊《もんじゅ》らが「如是我聞《にょぜがもん》（このようなことを私は聞いた）」といっている。

問う。どういう意味か。

答える。阿難《あなん》と文殊《もんじゅ》は、八年の間この法華経の無量《むりょう》の教えを一句《く》一偈《げ》一字も残さず聴聞《ちょうもん》していたが、釈尊《しゃくそん》が亡《な》くなった後に経典を結集《けつじゅう》する〈注3〉時、九百九十九人の阿羅漢《あらかん》が筆記《ひっき》の準備を整えていたところに、まずはじめに「妙法蓮《みょうほうれん》華経《げきょう》」とお書きになって、次に「如是我聞《にょぜがもん》」とお唱えになったということは、妙法蓮華経の五字は一部八巻二十八品《ぽん》の肝心《かんじん》なのではないか。

それ故《ゆえ》、過去の日月灯明仏《にちがつとうみょうぶつ》の時以来、法華経を講義していたという光宅寺《こうたくじ》の法雲法師《ほううんほっし》は「『如是《にょぜ》（このようなこと）』とは、これから仏から聞いた法を伝えようとするのである。その如是の前の題名でその経《きょう》の全体を示している」と言っている。

霊鷲山《りょうじゅせん》で釈尊《しゃくそん》の説法《せっぽう》を直接にお聞きになっていたという天台大師《てんだいだいし》（智顗《ちぎ》）は『如是《にょぜ》』とは仏から聞いた法そのものである」（『法華文句《ほっけもんぐ》』）と言っている。

章安大師《しょうあんだいし》（灌頂《かんじょう》）は「筆録者《ひつろくしゃ》である私（章安）が解釈すれば、『法華玄義《ほっけげんぎ》』の序文《じょぶん》を『序王《じょおう》』というのは、法華経の深遠な意味を述べたものである。法華経の深遠な意味は、経文として表現されていることの核心《かくしん》を述べたものである」（『法華玄義』）と言っている。

この章安《しょうあん》の文《もん》で「経文として表現されていることの核心《かくしん》」と言っているのは、題目は法華経の核心であるということである。

妙楽大師《みょうらくだいし》（湛然《たんねん》）は「釈尊《しゃくそん》が一生のうちに説《と》いた教法を収《おさ》め、法華経の文《もん》の核心《かくしん》を示している」（『法華玄義釈籤《ほっけげんぎしゃくせん》』）と言っている。

インドは七十カ国である。その全体を指す名前が月氏国《がっしこく》〈注4〉である。日本は六十カ国である。その全体を指す名前が日本国である。月氏という名の中に七十カ国をはじめとして、そこにいる人間や動物、珍《めずら》しい物産《ぶっさん》に至《いた》るまですべてがある。

日本という名の中に六十六カ国がある。出羽国《でわのくに》の鳥の羽〈注5〉や、奥州《おうしゅう》の金《きん》〈注6〉をはじめとして、各国《かっこく》の珍《めずら》しい物産、人間、動物、さらには寺塔《じとう》や神社に至《いた》るまでも、すべて日本という二字の名の中に収《おさ》まっている。神々の眼《まなこ》なら、日本という二字を見て、六十六カ国をはじめとして人間、動物などに至るまでを見ることができる。菩薩《ぼさつ》たちの眼なら、人間や動物などがあちこちで生まれたり死んだりしているということさえも見ることができる。

譬《たと》えを示せば、人の声を聞いて声の持ち主がどのような人かを知り、足跡《あしあと》を見てその体の大きさを知る。蓮《はす》を見て、それが生えている池の大小を計り、雨を見て、それを降《ふ》らせた竜《りゅう》の大きさを判断する。これらは、みな一事に全体があるという道理である。

阿含経《あごんぎょう》という題名には、おおむねすべてがあるようだけれども、ただ阿含経の教主《きょうしゅ》である一丈六尺《じょうしゃく》の釈尊《しゃくそん》〈注7〉一仏《いちぶつ》だけがあって、他の仏はない。華厳経《けごんぎょう》・観無量寿経《かんむりょうじゅきょう》・大日経《だいにちきょう》という題名には、またすべてがあるようだけれども、二乗《にじょう》を仏にするはたらき〈注8〉と、久遠実成《くおんじつじょう》の釈尊《しゃくそん》〈注9〉はない。

同様の例を挙《あ》げれば、花が咲《さ》いても果実《かじつ》がならず、雷《かみなり》が鳴っても雨が降《ふ》らず、鼓《つづみ》があっても音が出ない、目があっても物を見ない、女性がいても子どもを産《う》まない、肉体はあるのに命がない、また魂《たましい》がない。大日如来《だいにちにょらい》の真言《しんごん》、薬《やく》師《し》如来〈注10〉の真言、阿弥陀仏《あみだぶつ》の真言、観音菩薩《かんのんぼさつ》の真言なども、これと同じである。

以上挙《あ》げた仏・菩薩《ぼさつ》の真言《しんごん》は、それらが説《と》かれる経《きょう》の中では、大王・須弥《しゅみ》山《せん》・太陽・月・良薬《りょうやく》・如意珠《にょいしゅ》・利剣《りけん》などのようであるけれども、法華経の題名に向きあえば、雲泥《うんでい》の勝劣《しょうれつ》があるだけでなく、みなそれ自体のはたらきも失《うしな》ってしまう。

同様の例を挙《あ》げれば、多くの星の光がみな一つの太陽に光を奪《うば》われ、多くの鉄が一つの磁石《じしゃく》によって役立たずになり、大きな剣《つるぎ》も小さな火に入れられるだけではたらきを失《うしな》い、牛乳やロバの乳《ちち》などは師子王《ししおう》の乳に触《ふ》れると水に変わり、たくさんの狐《きつね》が集まって妖術《ようじゅつ》を使っても一匹《ぴき》の犬に会うだけでその術は破《やぶ》れ、犬は小さな虎《とら》に会っても顔色を変える。

南無妙法蓮華経と唱えれば、南無阿弥陀仏《なむあみだぶつ》のはたらきも、南無大日真言《なむだいにちしんごん》のはたらきも、観世音菩薩《かんぜおんぼさつ》のはたらきも、またあらゆる仏・経典・菩薩のはたらきも、すべてみな妙法蓮華経《みょうほうれんげきょう》のはたらきによって無意味になる。それらの経は、もし妙法蓮華経のはたらきを借《か》りなかったら、みな役に立たないものなのである。

このことは、いま現在眼前《がんぜん》にしている道理である。私が南無妙法蓮華経と広めているので、南無阿弥陀仏《なむあみだぶつ》のはたらきは、月が欠《か》けるように、潮《しお》がひいていくように、秋冬の草が枯《か》れていくように、氷が太陽の光で溶《と》けるように、衰退《すいたい》していくのを見なさい。

◇注　解◇

〈注1〉**【開示悟入《かいじごにゅう》】** あらゆる衆生《しゅじょう》の生命に本来そなわっている仏の智慧《ちえ》（仏知見《ぶっちけん》）を開《ひら》かせ、示《しめ》し、悟《さと》らせ、その境地に入《はい》らせること。諸仏《しょぶつ》が世に出現する根本目的として、法華経方便品《ほうべんぼん》第二の文《もん》で示される（法華経一二一㌻）。

〈注2〉**【諸法実相《しょほうじっそう》】** すべての存在・現象がそのまま実相（真実のあり方）にほかならないこと。もともとは法華経方便品《ほうべんぼん》第二の文《もん》（法華経一〇八㌻）。

〈注3〉**【経典を結集《けつじゅう》する】** 釈尊《しゃくそん》が亡《な》くなった後、弟子たちが集まり、釈尊の教えを収集したこと。伝説では釈尊が亡くなった後、四回の仏典結集が行われたとされる。ここは第一回結集を指す。

〈注4〉**【月氏国《がっしこく》】** 中国・日本などで用《もち》いられたインド・中央アジアの古称《こしょう》。月支《がっし》とも書く。仏教では伝統的に「がっし」と読み習わすが、現代では「げっし」と読む。月氏《げっし》は、もともとは紀元前後数百年、東アジア・中央アジアで活躍していた遊牧《ゆうぼく》民族の名とされる。この月氏《げっし》が、後に匈奴《きょうど》に追われ、中央アジアに進出し、ガンダーラ地方を中心にして大月氏《だいげっし》国《こく》を築《きず》いた。特に二世紀のクシャーナ朝のカニシカ王以後、大乗《だいじょう》仏教が盛《さか》んとなり、この地を経《へ》てインドの仏教が中国へ伝えられたことから、中国ではインド全体に対しても月氏《げっし》と呼んでいた。

〈注5〉【出羽国《でわのくに》の鳥の羽】 出羽国は現在の秋田県《あきた》（北東部を除く）と山形県《やまがた》に当たる。鷹《たか》の羽を献上《けんじょう》したので「出羽」と名づけられたと信じられていた。

〈注6〉【奥州《おうしゅう》の金《きん》】 奥州は陸奥国《むつのくに》のことで、現在の福島《ふくしま》・宮城《みやぎ》・岩手《いわて》・青森《あおもり》県と秋田《あきた》県の北東部に当たる。砂金《さきん》の産地として有名であった。

〈注7〉【一丈《じょう》六尺《しゃく》の釈尊《しゃくそん》】 御書本文は「小釈迦《しょうしゃか》」（三二六ページ）。阿含経《あごんぎょう》などで衆生《しゅじょう》を導《みちび》くために示された釈尊の姿《すがた》。身長は一丈六尺（約四・八五メートル）とされる。

〈注8〉【二乗《にじょう》を仏にするはたらき】 法華経以外の大乗経《だいじょうきょう》では、声聞《しょうもん》・縁覚《えんがく》の二乗は、自身が覚《さと》りを得ることに専念《せんねん》することから利他行《りたぎょう》に欠けるとして、成仏《じょうぶつ》の因《いん》である仏種《ぶっしゅ》が断《だん》じられて成仏することはないとされていた。それに対し法華経迹門《しゃくもん》では、二乗にも本来、仏《ぶっ》知見《ちけん》（仏の智慧《ちえ》）がそなわっていて、本来、成仏を目指す菩薩《ぼさつ》であり、未来に菩薩道を成就して成仏することが、具体的な時代や国土や如来《にょらい》としての名などを挙《あ》げて保証《ほしょう》された。

〈注9〉【久遠実成《くおんじつじょう》の釈尊《しゃくそん》】 法華経本門《ほんもん》では、釈尊は自身が今世《こんぜ》で成道《じょうどう》したというこれまでの諸経で述べていたことを否定し、五百塵点劫《ごひゃくじんてんごう》という久遠の過去に実は成仏《じょうぶつ》しており、それ以来、衆生教化《しゅじょうきょうけ》のために無数の世でさまざまな姿《すがた》を示してきたと明かした。

〈注10〉【薬師如来《やくしにょらい》】 東方の浄瑠璃世界《じょうるりせかい》に住む仏。薬師経《やくしきょう》で、菩薩《ぼさつ》だった時に病苦を取り除《のぞ》くなどの現世利益《げんぜりやく》をもたらそうと誓《ちか》っている。比叡山延暦寺《ひえいざんえんりゃくじ》の根本中堂《こんぽんちゅうどう》の本尊とされる。

第34章　馬鳴《めみょう》・竜樹《りゅうじゅ》らによる大乗《だいじょう》の弘通《ぐつう》と迫害《はくがい》

（御書三二六ジペー十二行目〜三二七ジペー八行目）

問う。この法が本当にすばらしいのなら、どうして迦葉《かしょう》・阿難《あなん》・馬鳴《めみょう》・竜樹《りゅうじゅ》・無著《むじゃく》〈注1〉・天親《てんじん》（世親《せしん》）・南岳《なんがく》（慧思《えし》）・天台《てんだい》（智顗《ちぎ》）・妙楽《みょうらく》（湛然《たんねん》）・伝教《でんぎょう》（最澄《さいちょう》）らは、善導《ぜんどう》が南無阿弥陀仏《なむあみだぶつ》を勧《すす》めて中国に広めたように、恵心《えしん》（源信《げんしん》）・永観《ようかん》〈注2〉・法然《ほうねん》（源空《げんくう》）が、日本の人々をみな阿弥陀仏の信者にしたように、人々にお勧めにならなかったのだろうか。

答える。この論難《ろんなん》は昔からの論難である。今に始まったことではない。馬鳴《めみょう》菩薩《ぼさつ》・竜樹菩薩《りゅうじゅぼさつ》らは、釈尊《しゃくそん》が亡《な》くなった後、六百年・七百年などと過《す》ぎて出現した大学者である。これらの人々が出現して大乗経《だいじょうきょう》を広められた。

すると、多くの小乗《しょうじょう》の者は次のような疑《うたが》いをもった。

「迦葉《かしょう》・阿難《あなん》らは、釈尊《しゃくそん》が亡《な》くなった後、二十年・四十年にわたって生存され正法《しょうほう》を広められたが、これはまさに釈尊が一生のうちに説《と》いた教えの肝心《かんじん》を広められたのである。この人たちは、ただ苦《く》・空《くう》・無常《むじょう》・無我《むが》の法門〈注3〉だけを究極の教えとされたのに、今、馬鳴《めみょう》・竜樹《りゅうじゅ》らが賢《かしこ》いといっても、迦葉・阿難などには及《およ》ばないにちがいない〈第一の疑《うたが》い〉。

迦葉《かしょう》は、釈尊《しゃくそん》にお会いして仏教を理解した人である。馬鳴《めみょう》・竜樹《りゅうじゅ》などといった人々は釈尊に会っていない〈第二の疑《うたが》い〉」

さらに「仏教以外の思想家〈外道《げどう》〉が、常《じょう》・楽《らく》・我《が》・浄《じょう》〈注4〉と主張したのに対して、釈尊《しゃくそん》がご出現になって苦《く》・空《くう》・無常《むじょう》・無我《むが》とお説《と》きになった。この馬鳴《めみょう》・竜樹《りゅうじゅ》といった者たちは、常・楽・我・浄と言っている。それ故《ゆえ》、釈尊もお亡《な》くなりになって、また迦葉《かしょう》らも亡くなられてしまったので、第六天《だいろくてん》の魔王《まおう》が、この者たちの身に入って仏法を破壊《はかい》し、外道の法にしようとしているのである。それ故、仏法に敵対《てきたい》する者に対しては、頭を割《わ》れ、首を切れ、命を断《た》て、食料を与えるな、国から追放せよ」と、小乗《しょうじょう》の人々は誰もが叫《さけ》んだが、馬鳴や竜樹らは、ただ一人・二人であった。昼も夜も悪口《わるくち》を言う声を聞き、朝も晩《ばん》も杖《つえ》や木で打たれた。

しかし、この二人は仏のお使いなのである。事実、摩耶経《まやきょう》〈注5〉には、釈尊《しゃくそん》が亡《な》くなって六百年後に馬鳴菩薩《めみょうぼさつ》が出現し、七百年後に竜樹菩薩《りゅうじゅ》が出現するだろうと説《と》かれている。

その上、楞伽経《りょうがきょう》などにも予言されている〈注6〉。また、付法蔵経《ふほうぞうきょう》にあることは言うまでもない〈注7〉。

それにもかかわらず、小乗教《しょうじょうきょう》の者たちは誰も彼らの説《せつ》を認《みと》めなかった。ただ理不尽《りふじん》に責《せ》めたのである。「釈尊《しゃくそん》の存命中《ぞんめいちゅう》でも、なお反発が多い。まして仏が亡《な》くなった後にはなおさらである」（法師品《ほっしほん》）との経文は、この時代になって、こういうことなのかと少し身に染《し》みて分かったのである。提婆菩薩《だいばぼさつ》は外道《げどう》に殺《ころ》され〈注8〉、師子尊者《ししそんじゃ》は首を切られた〈注9〉。このことによって推察《すいさつ》しなさい。

◇注　解◇

〈注1〉【無著《むじゃく》】サンスクリットのアサンガの訳《やく》。四〜五世紀ごろのインドの大乗《だいじょう》仏教の論《ろん》師《じ》。『摂大乗論《しょうだいじょうろん》』などを著《あらわ》し、唯識《ゆいしき》思想の体系化を推進した。世親《せしん》（ヴァスバンドゥ）の兄。

〈注2〉【恵心《えしん》（源信《げんしん》）・永観《ようかん》】恵心は平安《へいあん》中期の天台宗《てんだいしゅう》の僧《そう》・源信（九四二年〜一〇一七年）のことで、比叡山《ひえいざん》の恵心院《えしんいん》に住み、権少僧都《ごんのしょうそうず》という位を与えられたため、恵心僧都と呼ばれた。永観（一〇三三年〜一一一一年）は平安末期の僧で、三論宗《さんろんしゅう》や浄土教《じょうどきょう》を兼修《けんしゅう》した。源信は『往生要集《おうじょうようしゅう》』、永観は『往生拾因《おうじょうじゅういん》』を著《あらわ》し、浄土教を広めた。

〈注3〉【苦《く》・空《くう》・無常《むじょう》・無我《むが》の法門】仏教の最も基本的な四つの教え。あらゆるものは、①（迷《まよ》いの凡夫《ぼんぷ》にとっては）苦であり、②空（固定的実体はない）であり、③無常（変化してやまない）であり、④無我（不変の我《が》はない）であるということ。

〈注4〉【常《じょう》・楽《らく》・我《が》・浄《じょう》】涅槃経《ねはんぎょう》などでは、苦《く》・空《くう》・無常《むじょう》・無我《むが》は人々の迷《まよ》いを破《やぶ》るための教えであり、仏の境地は常・楽・我・浄であると説く。①常とは仏の境地が永遠不変であること、②楽とは無上《むじょう》の安楽のこと、③我とは自立していて他から何の束縛《そくばく》も受けないこと、④浄は煩悩《ぼんのう》の汚《けが》れのない清浄の境地をいう。

〈注5〉【摩耶経《まやきょう》】摩訶摩耶経《まかまやきょう》のこと。中国・南斉《なんせい》の曇景訳《どんけいやく》。二巻。釈尊《しゃくそん》が生母である摩耶夫人の恩《おん》を報《ほう》ずるために忉利天《とうりてん》に上《のぼ》って説《と》いたとされる。後半では、釈尊滅後《めつご》千五百年までの法を広める人の出世年代・事跡《じせき》などが記されている。

〈注6〉【楞伽経《りょうがきょう》などにも予言されている】 入楞伽経《にゅうりょうがきょう》（菩提流支《ぼだいるし》訳）巻《まき》九の総品《そうほん》第十八、大乗《だいじょう》入楞伽経《にゅうりょうがきょう》（実叉難陀《じっしゃなんだ》訳）巻六の偈頌品《げじゅほん》第十にある。

〈注7〉【付法蔵経《ふほうぞうきょう》にあることは言うまでもない】 付法蔵経（『付法蔵因縁伝《ふほうぞういんねんでん》』）巻《まき》五にある。

〈注8〉【提婆菩薩《だいばぼさつ》は外道《げどう》に殺《ころ》され】 第7章〈注11〉を参照。

〈注9〉【師子尊者《ししそんじゃ》は首を切られた】 第7章〈注12〉〈注13〉を参照。

第35章　天台《てんだい》・伝教《でんぎょう》による迹門《しゃくもん》の弘通《ぐつう》と迫害《はくがい》

（御書三二七ジ九行目～三二八ジ十二行目）

また釈尊《しゃくそん》が亡《な》くなってから千五百年余《あま》りという時、インドから見て東の方に中国という国があった。陳《ちん》・隋《ずい》の時代に、天台大師《てんだいだいし》（智顗《ちぎ》）が出現した。この人は「釈尊《しゃくそん》の尊《とうと》い教えには大乗《だいじょう》があり小乗《しょうじょう》がある。顕教《けんきょう》もあれば、密教《みっきょう》もある。権教《ごんきょう》があり実教《じっきょう》がある。迦葉《かしょう》・阿難《あなん》らはただ小乗教だけを広め、馬《め》鳴《みょう》・竜樹《りゅうじゅ》・無《む》著《じゃく》・天親《てんじん》（世親《せしん》）らは権大乗教《ごんだいじょうきょう》〈注1〉を広めて、実《じつ》大乗教〈注2〉である法華経については、ただ参照するよう示すだけで教えの内容に触《ふ》れなかったり、経文の表面的な意味だけを述べて、経《きょう》の由来《ゆらい》から結論までの全体は述べていない。あるいは迹門《しゃくもん》を述べて本門《ほんもん》を明らかにしていない。あるいは本門・迹門はあるが観心《かんじん》を説《と》いていない」と言ったので、南三北七《なんさんほくしち》、合わせて十の流派《りゅうは》の僧侶《そうりょ》たち数千万人が、一斉《いっせい》に声をあげてどっと笑《わら》った。「世も末《すえ》になるにつれて、奇妙《きみょう》な法師《ほっし》も出現するものだ。現在、われわれに対し偏《かたよ》った意見をもつ者はいるにしても、後漢《ごかん》の永平《えいへい》十年丁卯《ひのとう》の年〈注3〉から現在の陳《ちん》・隋《ずい》の時代に至《いた》るまでの三蔵法師《さんぞうほうし》〈注4〉や学者たち二百六十人余《あま》りの人々を『何も分かっていない』と言う上、『謗法《ほうぼう》の者である。悪道に堕《お》ちる』という者が出現した。あまりに常軌《じょうき》を逸《いっ》しているので、法華経を持ってこられた羅什三蔵《らじゅうさんぞう》〈注5〉をも、『何も分かっていない者』と言っている。

中国はとりあえず置《お》いておこう。インドの大学者である竜樹《りゅうじゅ》・天親《てんじん》らの数百人の四依《しえ》の菩薩《ぼさつ》もまだ真実の法門を述べられていないと言うのである。こうした人を殺《ころ》してしまう人がいれば、人に害《がい》をなす鷹《たか》を殺した者である。鬼《おに》を殺すよりもすぐれているにちがいない」と騒《さわ》ぎ立てた。

また、妙楽大師《みょうらくだいし》（湛然《たんねん》）の時に、インドから中国に法相宗《ほっそうしゅう》・真言宗《しんごんしゅう》が伝わり、中国で華厳宗《けごんしゅう》が始まったのを、妙楽大師があれこれと批判《ひはん》したので、これもまた騒《さわ》ぎになった。

日本国では、伝教大師《でんぎょうだいし》（最澄《さいちょう》）が、釈尊《しゃくそん》が亡《な》くなってから千八百年という時にご出現になり、天台《てんだい》大師の解釈を見て、欽明天皇《きんめいてんのう》以来二百六十年余《あま》りの間の六宗《ろくしゅう》を批判《ひはん》された。それで、六宗の人々は「釈尊《しゃくそん》の存命中《ぞんめいちゅう》の仏教以外の思想家や中国の道士《どうし》が日本に出現した」と伝教大師を誹謗《ひぼう》した。

その上、伝教大師《でんぎょうだいし》は「釈尊《しゃくそん》が亡《な》くなってから千八百年の間、インド・中国・日本になかった円頓《えんどん》の大戒《だいかい》を樹立《じゅりつ》しよう」と言うだけでなく、「西国《さいごく》（福岡《ふくおか》県）の観音寺《かんのんじ》の戒壇《かいだん》〈注6〉、東国下野国《とうごくしもつけのくに》（栃木《とちぎ》県）の小野寺《おのでら》（薬師寺《やくしじ》）の戒壇〈注7〉、中央の大和国《やまとのくに》（奈良《なら》県）の東大寺《とうだいじ》の戒壇〈注8〉はいずれも臭《くさ》い糞《ふん》のような小乗《しょうじょう》の戒を授《さず》けている。価値のない石のようなものである。その戒を持《たも》つ法師《ほっし》らは野干《やかん》〈注9〉や猿《さる》などのようなものである」と言った。

それ故《ゆえ》、人々は「何と奇怪《きかい》なことか。法師《ほっし》に似《に》た大イナゴが国に出現した。仏教の苗《なえ》は一度になくなってしまうだろう。殷《いん》の紂王《ちゅうおう》や夏《か》の桀王《けつおう》が、法師となって日本に生まれた。仏教を破壊《はかい》した後周《こうしゅう》の宇文《うぶん》（武帝《ぶてい》）〈注10〉や唐《とう》の武宗《ぶそう》〈注11〉が、再びこの世に出現した。仏法も今たちまち亡《ほろ》ぶにちがいない。国も滅《ほろ》びてしまうだろう」と言い、「大乗《だいじょう》と小乗《しょうじょう》の二種類の法師が出現すれば、修羅《しゅら》と帝釈《たいしゃく》と、項羽《こうう》と漢《かん》の高祖《こうそ》（劉邦《りゅうほう》）〈注12〉とを一国に並《なら》べるのと変わらない」と言った。誰もが手をたたき、舌《した》を振《ふ》るわせ、驚《おどろ》き恐《おそ》れた。

「釈尊《しゃくそん》の存命中《ぞんめいちゅう》には、釈尊と提婆達多《だいばだった》の二つの戒壇《かいだん》〈注13〉があって、その争《あらそ》いのために少なからぬ人たちが亡《な》くなった。それ故《ゆえ》、他宗《たしゅう》に背《そむ》くことは仕方ないとしても、『自分の師である天台大師《てんだいだいし》の建てられなかった円頓《えんどん》の戒壇を建てよう』というおかしさはどれほどのものか。何と恐《おそ》ろしいことか」と口々《くちぐち》に騒《さわ》いだのである。

しかしながら、経文は明白であったので比叡山《ひえいざん》の大乗戒壇《だいじょうかいだん》をついにお建てになった。ゆえに内面の覚《さと》りは同じであるけれども、法の流布《るふ》においては、迦《か》葉《しょう》・阿難《あなん》よりも馬鳴《めみょう》・竜樹《りゅうじゅ》らの方《ほう》が優《すぐ》れ、馬鳴らよりも天台《てんだい》が優れ、天台よりも伝教《でんぎょう》の方が超《こ》えられているのである。末法《まっぽう》に近づくにつれて、人の智慧《ちえ》は浅く、(教え広めるべき)仏の教えは深くなるということである。同様の例を挙《あ》げれば、軽い病には凡薬《ぼんやく》でよいが、重い病には仙薬《せんやく》でなければ効《き》かず、弱い人には強い味方がいて助けるというのは、このことである。

◇注　解◇

〈注1〉【権大乗教《ごんだいじょうきょう》】大乗のうち、仏が衆生《しゅじょう》を実《じつ》大乗教に導《みちび》き入れるために、衆生の受容《じゅよう》能力に応《おう》じて説《と》いた権《かり》の教えのことで、ここでは法華経以外の大乗教を指す。「権《ごん》」は一時的・便宜的《べんぎてき》なものの意。

〈注2〉【実大乗教《じつだいじょうきょう》】大乗のうち、仏が自らの覚《さと》りをそのまま説《と》いた真実の教え。天台宗《てんだいしゅう》の教判《きょうはん》では、法華経のみを実大乗教と位置づける。

〈注3〉【後漢《ごかん》の永平《えいへい》十年丁卯《ひのとう》の年】中国に初めて仏法が伝えられた年とされる（御書一二二六ページ、一一六七ページ参照）。西暦《せいれき》六七年に当たる。

〈注4〉【三蔵法師《さんぞうほうし》】経《きょう》・律《りつ》・論《ろん》の三種類の仏典（三蔵）に精通した人のことで、主に訳経僧《やっきょうそう》への敬称《けいしょう》として用《もち》いられる。

〈注5〉【羅什三蔵《らじゅうさんぞう》】鳩摩羅什《くまらじゅう》（三四四年～四一三年、一説に三五〇年～四〇九年）のこと。鳩摩羅什はサンスクリットのクマーラジーヴァの音写。中国・後秦《こうしん》の訳経僧《やっきょうそう》。インド出身の貴族《きぞく》である父と亀茲国《きじこく》（クチャ）の王族である母との間に生まれ、諸国を遊歴《ゆうれき》して仏法を学ぶ。後秦の王・姚興《ようこう》に迎《むか》えられて長安《ちょうあん》に入り、その保護の下に国師《こくし》の待遇《たいぐう》を得て、多くの訳経に従事した。訳経数は『開元釈教録《かいげんしゃっきょうろく》』によると七十四部三百八十四巻にのぼり、代表的なものに妙法蓮華経《みょうほうれんげきょう》・維摩経《ゆいまきょう》・大品般若経《だいぼんはんにゃきょう》・『大智度論《だいちどろん》』などがある。その訳文は、内容が秀抜《しゅうばつ》で文体が簡潔《かんけつ》なことから、後世まで重用された。

〈注6〉**【西国《さいごく》（福岡《ふくおか》県）の観音寺《かんのんじ》の戒壇《かいだん》】** 戒壇は、見習い僧《そう》である沙弥《しゃみ》が正式な僧侶《そうりょ》となるために戒を受ける儀式を行う場所。ここで、受戒《じゅかい》する者が戒師《かいし》の前で戒律《かいりつ》の遵守《じゅんしゅ》を誓《ちか》う。伝教大師《でんぎょうだいし》最澄《さいちょう》の時代には観音寺・小野寺《おのでら》（薬師寺《やくしじ》）・東大寺《とうだいじ》に戒壇があり、三戒壇と呼ばれる。僧になる者はこの三カ所のいずれかに赴《おもむ》いて受戒する必要があった。

観音寺《かんのんじ》は、福岡《ふくおか》県太宰府《だざいふ》市にある観世音寺《かんぜおんじ》のこと。天智天皇《てんじてんのう》の勅願《ちょくがん》により創建。戒壇院《かいだんいん》は七六一年に建てられ、九州《きゅうしゅう》の僧《そう》の受戒《じゅかい》の場として機能した。

〈注7〉**【東国下野国《とうごくしもつけのくに》（栃木《とちぎ》県）の小野寺《おのでら》（薬師寺《やくしじ》）の戒壇《かいだん》】** 小野寺は、栃木県下野《しもつけ》市にあった薬師寺のこと。七六一年、鑑真《がんじん》が勅命《ちょくめい》により戒壇院を建立《こんりゅう》し、関東地方の僧《そう》の受戒《じゅかい》の場として機能した。

〈注8〉**【中央の大和国《やまとのくに》（奈良《なら》県）の東大寺《とうだいじ》の戒壇《かいだん》】** 東大寺は、奈良市雑司《ぞうし》町にある華厳宗《けごんしゅう》の総本山《そうほんざん》。金光明四天王護国之寺《こんこうみょうしてんのうごこくのてら》ともいう。南都七大寺《なんとしちだいじ》の一つ。七四三年、聖武天皇《しょうむてんのう》の詔《みことのり》により大仏造立《だいぶつぞうりゅう》が開始されたが、この事業と国分寺建立《こくぶんじこんりゅう》が一体となり、総国分寺としての東大寺に発展した。大仏造立は、初代別当《べっとう》であった良弁《ろうべん》の総指揮のもと行基《ぎょうき》を勧進僧《かんじんそう》とし、七五二年に菩提僊那《ぼだいせんな》の導師《どうし》で開眼供養《かいげんくよう》が行われた。これが本尊の毘盧遮那仏《びるしゃなぶつ》で、像高約一五メートル（現在）、鋳造《ちゅうぞう》の金銅仏《こんどうぶつ》である。七五四年、東大寺の大仏殿の西に鑑真《がんじん》が戒壇院を建立し、日本における授戒《じゅかい》制度はここから始まった。

〈注9〉【野干《やかん》】サンスクリットのシュリガーラの音写で、射干《やかん》とも書かれる。インドに住むイヌ科の小獣《しょうじゅう》・ジャッカルのこと。猛獣《もうじゅう》の食べ残した死肉をあさるという習性を持つことから、仏典などでは卑《いや》しい動物の代表とされる。ジャッカルがいない中国や日本では、キツネのような動物と考えられた。

〈注10〉【後周《こうしゅう》の宇文《うぶん》（武帝《ぶてい》）】中国・北周《ほくしゅう》の第三代皇帝《こうてい》・武帝（五四三年～五七八年）のこと。建徳《けんとく》三年（五七四年）、同六年（五七七年）に仏教弾圧《だんあつ》を行った。

〈注11〉【唐《とう》の武宗《ぶそう》】八一四年～八四六年。中国・唐の第十五代皇帝《こうてい》。道教《どうきょう》を重んじ、会昌《かいしょう》五年（八四五年）に大規模な仏教弾圧《だんあつ》を行った。

〈注12〉【項羽《こうう》と漢《かん》の高祖《こうそ》（劉邦《りゅうほう》）】古代中国・秦《しん》の末期、項羽（紀元前二三二年～前二〇二年）と劉邦（紀元前二四七年～前一九五年）は連合して秦を滅《ほろ》ぼすが、その後の天下を激《はげ》しく争《あらそ》った。

〈注13〉【釈尊《しゃくそん》と提婆達多《だいばだった》の二つの戒壇《かいだん》】提婆達多が釈尊に反抗《はんこう》して教団を分裂《ぶんれつ》させ、象頭《ぞうず》山《せん》に戒壇を建立《こんりゅう》したことを指している。

第36章　本門《ほんもん》の三大秘法《さんだいひほう》を明かす

（御書三三八ジペー十三行目〜三三九ジペー十三行目）

問う。天台《てんだい》（智顗《ちぎ》）・伝教《でんぎょう》（最澄《さいちょう》）の弘通《ぐつう》されていない正法《しょうほう》があるのか。

答える。ある。

さらに問う。それは、何か。

答える。三つある。末法《まっぽう》のために、仏が残しておかれたものである。迦葉《かしょう》・阿難《あなん》ら、馬鳴《めみょう》・竜樹《りゅうじゅ》ら、天台《てんだい》・伝教《でんぎょう》らが弘通《ぐつう》されなかった正しい教えである。

さらに問う。それは具体的な形としてはどのようなものか。

答える。一つには、日本に始まり全世界〔一閻浮提《いちえんぶだい》〕に至《いた》るまで一致《いっち》して本《ほん》門《もん》の教主《きょうしゅ》である釈尊《しゃくそん》を本尊としなければならない。具体的に言えば、宝塔《ほうとう》の内《うち》の釈尊・多宝仏《たほうぶつ》、そのほかの仏たち、それに上行《じょうぎょう》らの四菩薩《しぼさつ》〈注1〉は、当然その脇士《きょうじ》となるのである。

二つには、本門《ほんもん》の戒壇《かいだん》である。

三つには、日本から中国・インド・全世界に至《いた》るまで、誰であれ智慧《ちえ》の有無《うむ》に関係なく、一致《いっち》して他のことに構《かま》わずにひたすら南無妙法蓮華経と唱えなければならない。

このことはまだ広まっていない。全世界の中で、釈尊《しゃくそん》が亡《な》くなってから二千二百二十五年の間、一人も唱えていない。私一人だけが、南無妙法蓮華経、南無妙法蓮華経と、声も惜《お》しまず唱えているのである。

同様の例を挙《あ》げれば、風の強弱にしたがって波の大小があり、薪《たきぎ》の量《りょう》によって炎《ほのお》の大小があり、池の大きさにしたがって蓮《はす》の大小があり、雨の大小は竜《りゅう》による。根が深ければ枝《えだ》の数も多く、水源《すいげん》が遠ければ川の流れも長いというのは、このことである。周《しゅう》の時代が七百年も続いたのは、文王《ぶんおう》〈注2〉が礼儀《れいぎ》と親《おや》孝行《こうこう》を重んじたことによる。秦《しん》の世が長く続かなかったのは、始皇帝《しこうてい》〈注3〉の理不尽《りふじん》な行いによるのである。

日蓮の慈悲《じひ》が広大であるなら、南無妙法蓮華経は万年のさらに先の未来までも流布《るふ》するにちがいない。日本国のあらゆる衆生《しゅじょう》の盲目《もうもく》を開《ひら》いた功徳《くどく》がある。無間地獄《むけんじごく》への道をふさいだのである。

この功徳《くどく》は伝教《でんぎょう》や天台《てんだい》をも超《こ》え、竜樹《りゅうじゅ》や迦葉《かしょう》よりもすぐれている。極楽《ごくらく》〈注4〉での百年の修行は、穢土《えど》〈注5〉での一日の功徳《くどく》に及《およ》ばない。正法《しょうほう》時代・像《ぞう》法《ほう》時代二千年の弘通《ぐつう》は、末法《まっぽう》の時代のわずかな期間の弘通に劣《おと》るだろう。

これは、私の智慧《ちえ》がすぐれているということではまったくない。時がそうさせているだけである。春は花が咲《さ》き、秋は果実《かじつ》が実る。夏は暖《あたた》かく、冬は冷《つめ》たい。これらも時がそうさせているのではないか。

法華経には「私（釈尊《しゃくそん》）が亡《な》くなった後、後《のち》の五百年の間、全世界に広宣流布《こうせんるふ》〈注6〉するようにせよ。法華経の教えが断絶《だんぜつ》して、悪魔《あくま》・魔《ま》の姿《すがた》をした神々〈注7〉・竜《りゅう》・夜叉《やしゃ》・鳩槃茶《くばんだ》〈注8〉などにつけいる隙《すき》を与えてはならない」（薬王菩薩本事品《やくおうぼさつほんじほん》）とある。

もし、この経文のとおりにならなければ、舎利弗《しゃりほつ》は華光如来《けこうにょらい》とならないにちがいない。迦葉尊者《かしょうそんじゃ》は光明《こうみょう》如来とならないにちがいない。目犍連《もっけんれん》は多摩羅跋栴檀香仏《たまらばっせんだんこうぶつ》とならないにちがいない。阿難《あなん》は山海慧自在通王仏《せんがいえじざいつうおうぶつ》とならないにちがいない。摩訶波闍波提比丘尼《まかはじゃはだいびくに》は一切衆生憙見仏《いっさいしゅじょうきけんぶつ》とならないにちがいない。耶輸陀羅比丘尼《やしゅだらびくに》は具足千万光相仏《ぐそくせんまんこうそうぶつ》とならないにちがいない〈注9〉。三千塵点劫《さんぜんじんてんごう》の過去《かこ》世《せ》の話〈注10〉も内実のない言葉となり、五百塵点劫《ごひゃくじんてんごう》の過去世の話〈注11〉も虚偽《きょぎ》となって、おそらくは教主釈尊《きょうしゅしゃくそん》は無間地獄《むけんじごく》に堕《お》ち、多宝仏《たほうぶつ》は阿鼻《あび》地獄の炎《ほのお》に苦しみ、十方《じっぽう》の世界の仏たちは八大《はちだい》地獄〈注12〉を住《す》み家《か》とし、あらゆる菩薩《ぼさつ》たちは百三十六の地獄〈注13〉の苦しみを受けるにちがいない。

どうしてそのような道理があるだろうか。そうした道理がないなら、日本国の人々は一致《いっち》して南無妙法蓮華経と唱えるのである。

◇注　解◇

〈注1〉【上行《じょうぎょう》らの四菩薩《しぼさつ》】地涌《じゆ》の菩薩の上首《じょうしゅ》（リーダー）、上行・無辺行《むへんぎょう》・浄行《じょうぎょう》・安立行《あんりゅうぎょう》の四菩薩のこと。地涌の菩薩とは、法華経従地涌出品《じゅうじゆじゅっぽん》第十五において、釈尊《しゃくそん》の呼び掛《か》けに応《こた》えて、娑婆世界《しゃばせかい》の大地を破《やぶ》って下方の虚空《こくう》から涌《わ》き出てきた無数の菩薩たちで、それぞれが無数の眷属《けんぞく》をもつ。如来神力品《にょらいじんりきほん》第二十一で釈尊から、滅後《めつご》の法華経の弘通《ぐつう》を、その主体者として託《たく》された。この地涌の菩薩は、久遠実成《くおんじつじょう》の釈尊（本仏《ほんぶつ》）から久遠の昔に教化《きょうけ》されたので、本化《ほんげ》の菩薩という。これに対して、文殊《もんじゅ》・弥勒《みろく》などは、迹仏《しゃくぶつ》（始成正覚《しじょうしょうがく》の釈尊など）あるいは他方《たほう》の世界の仏から教化された菩薩なので、迹化《しゃっけ》・他方の菩薩という。

〈注2〉【文王《ぶんおう》】生没年不詳。中国・周《しゅう》王朝の基礎《きそ》をつくった王。武王《ぶおう》の父。後世、儒学者《じゅがくしゃ》から理想的君主《くんしゅ》の一人とされた。

〈注3〉【始皇帝《しこうてい》】紀元前二五九年～前二一〇年。中国最初の皇帝となった秦王《しんおう》・政《せい》のこと。苛酷《かこく》な専制《せんせい》政治を行ったため、古来、悪王とされる。

〈注4〉【極楽《ごくらく》】極楽世界、極楽浄土《じょうど》のこと。極楽はサンスクリットのスカーヴァティーの訳《やく》。漢訳によって「安養《あんよう》」「安楽」という訳語もある。阿弥陀仏《あみだぶつ》がいる浄土で、西方《さいほう》のはるか彼方《かなた》にあるとされる。浄土教では、念仏《ねんぶつ》を称《とな》えれば死後に極楽世界に生まれることができるとする。

〈注5〉【穢土《えど》】汚《けが》れた国土のこと。煩悩《ぼんのう》と苦しみが充満《じゅうまん》する、凡夫が住む娑婆世界《しゃばせかい》、すなわちこの現実世界を指す。

〈注6〉【広宣流布《こうせんるふ》】仏法を広く宣《の》べ流布すること。法華経薬王菩薩本事品《やくおうぼさつほんじほん》第二十三には「我滅度《われめつど》して後《のち》、後《のち》の五百歳《ごひゃくさい》の中《うち》、閻浮提《えんぶだい》に広宣流布して、断絶《だんぜつ》して悪魔《あくま》・魔民《まみん》・諸天《しょてん》・竜《りゅう》・夜叉《やしゃ》・鳩槃荼《くはんだ》等《とう》に其《そ》の便《たより》を得《え》しむること無《な》かれ」（法華経六〇一ページ）とあり、「後の五百歳」、すなわち末法《まっぽう》において妙法《みょうほう》を全世界（閻浮提）に広宣流布していくべきであると説《と》かれている。

〈注7〉【悪魔《あくま》・魔《ま》の姿《すがた》をした神々】御書本文は「悪魔・魔民《まみん》・諸《もろもろ》の天」（三二九ページ）。梵文《ぼんぶん》の法華経を参照し、「魔民諸天《しょてん》（魔民の諸天）」を「魔の姿をした神々」と意訳した。

〈注8〉【竜《りゅう》・夜叉《やしゃ》・鳩槃荼《くばんだ》】竜は、第6章〈注1〉を参照。夜叉は、第21章〈注4〉を参照。鳩槃荼はサンスクリットのクンバーンダの音写で、人の精気《せいき》を吸《す》う鬼神《きじん》。この引用文中における竜・夜叉・鳩槃荼は、仏道修行者の生命をむしばむ働《はたら》き、すなわち悪鬼神《あっきじん》の意。

〈注9〉【舎利弗《しゃりほつ》は華光如来《けこうにょらい》……】法華経で釈尊《しゃくそん》は、舎利弗はじめ声聞《しょうもん》などに対し、それぞれが成仏《じょうぶつ》する時の劫《こう》（時代）、国（仏として人々を導《みちび》く世界）、名号《みょうごう》（仏としての名）を示し、未来に成仏することを予言し保証《ほしょう》した。これを授記《じゅき》という。

〈注10〉【三千塵点劫《さんぜんじんてんごう》の過去世《かこせ》の話】法華経化城喩品《けじょうゆほん》第七で、三千塵点劫の昔に釈尊《しゃくそん》が大通《だいつう》智勝仏《ちしょうぶつ》の十六番目の王子として、父の大通智勝仏が説《と》いた法華経を説法《せっぽう》したと明かされたこと。

〈注11〉**【五百塵点劫《ごひゃくじんてんごう》の過去世《かこせ》の話】** 法華経如来寿量品《にょらいじゅりょうほん》第十六で、釈尊《しゃくそん》が五百塵点劫の昔に成仏《じょうぶつ》した（久遠実成《くおんじつじょう》）と説《と》かれたこと。

〈注12〉**【八大地獄《はちだいじごく》】** 八熱《はちねつ》地獄ともいう。殺生《せっしょう》・盗《ぬす》み・邪淫《じゃいん》などの破戒《はかい》の罪《つみ》を犯《おか》した者が堕《お》ちる八種の地獄。①等活《とうかつ》地獄（獄卒《ごくそつ》に鉄杖《てつじょう》で打たれ刀で切られても身体がよみがえり同じ苦しみを繰《く》り返《かえ》す）②黒縄《こくじょう》地獄（熱鉄の黒縄を身体にあてられそれに沿《そ》って切り刻《きざ》まれる）③衆合《しゅごう》地獄（鉄の山の間に追《お》い込《こ》まれ両側《りょうがわ》の山が迫《せま》ってきて押《お》しつぶされる）④叫喚《きょうかん》地獄（熱鉄の地面を走らされ溶《と》けた銅の湯を口《くち》に注がれるなどの苦しみで喚《わめ》き叫《さけ》ぶ）⑤大叫喚《だいきょうかん》地獄（様相は前に同じ）⑥焦熱《しょうねつ》地獄（焼《や》いた鉄棒で串刺《くしざ》しにされ鉄鍋の上で猛火《もうか》にあぶられる）⑦大焦熱《だいしょうねつ》地獄（様相は前に同じ）⑧阿鼻《あび》地獄（無間《むけん》地獄、第6章〈注13〉を参照）の八つで、その様相は諸経論でさまざまに説《と》かれる。この順に地を下り苦しみも増していき、最底、最悪の阿鼻地獄に至《いた》る。日蓮大聖人は「顕謗法抄《けんほうぼうしょう》」（御書四四三ページ）で、それぞれを詳述されている。

〈注13〉**【百三十六の地獄《じごく》】** 八大《はちだい》地獄にはそれぞれに十六の付随的《ふずいてき》な小地獄があるので、合計百三十六の地獄の苦しみとなる。

第37章　結論して報恩《ほうおん》を示す

（御書三二九ジペー十三行目〜十七行目）

それ故《ゆえ》、花は散《ち》って根に帰り、本当の味は土の中に残る。この功徳《くどく》は、故道《こどう》善房《ぜんぼう》の御聖霊《ごしょうりょう》に集まるにちがいない。南無妙法蓮華経、南無妙法蓮華経。

建治《けんじ》二年（太歳丙子《たいさいひのえね》）七月二十一日　これを記す。

甲州波木井郷《こうしゅうはきいごう》（山梨県南巨摩郡《やまなしけんみなみこまぐん》）身延山《みのぶさん》より安房国東条郡《あわのくにとうじょうぐん》（千葉県鴨川市《ちばけんかもがわし》）の清澄山《きよすみざん》の浄顕房《じょうけんぼう》・義城房《ぎじょうぼう》のもとにお送り申し上げる。

報《ほう》恩《おん》抄《しょう》送《おくり》文《ぶみ》

お手紙を頂《いただ》きました。

親しいか疎遠《そえん》かに関係なく、法門というものは、心に受け入れない人には言わないことですよ。お心得《こころえ》ありますように。

御本尊を図顕《ずけん》して、差し上げます。この法華経は、仏の存命中《ぞんめいちゅう》よりも仏の亡《な》くなった後、正法《しょうほう》よりも像法《ぞうほう》、像法よりも末法《まっぽう》の初めには、次第に敵対《てきたい》する者が強くなるにちがいないということだけでもお心得《こころえ》あるなら、日本国にこの私（日蓮）以外に法華経の行者《ぎょうじゃ》はいない。これを誰もがきっとご存《ぞん》じでしょう。

道善御房《どうぜんのごぼう》が御死去《ごしきょ》なさったことは、先月、あらあら承《うけたまわ》りました。私自身早々と参上《さんじょう》し、この御房（日向《にこう》）〈注1〉をも（出先から）そのまま遣《つか》わすべきでしたが、私自身は内心はそのように存《ぞん》じていないとはいえ、人目には遁世《とんせい》のように見えていますので、なにとなくこの（身延《みのぶ》の）山を出ませんでした。

この御房《ごぼう》については、また内々《ないない》に人の申しますことには、「宗論《しゅうろん》があるだろう」と申していたので、十方《じっぽう》に（弟子たち）を分けて経典・論書《ろんしょ》などを尋《たず》ね求めさせていたため、国々の寺々へ人を多く遣《つか》わしていましたので、この御房は駿《する》河国《がのくに》（静岡県中央部《しずおか》）へ遣《つか》わしていて、いまこの時に来たのです。

またこの文《ふみ》（報恩抄《ほうおんしょう》）は極《きわ》めて重要ないくつもの大事なことを書いています。（言っても）効果のない人々に聞かせたら、望ましくないでしょう。また、たとえそうではなくても、大勢《おおぜい》になりましたら、他の関係ない人々にも耳に入りますと、あなた様にとっても、またこの私にとっても、平穏《へいおん》ではなくなってしまうでしょう。

あなた様と義城房《ぎじょうぼう》と二人、この御房《ごぼう》を読み手として、嵩《かさ》が森《もり》の頂《いただき》で二、三遍《べん》、また故道善御房《こどうぜんのごぼう》のお墓《はか》で一遍《ぺん》、読ませなさって、その後は、この御房にお預《あず》けになって、常に御聴聞《ごちょうもん》なさいませ。何度もお聞きになりましたら、お気づきになることがありますでしょう。恐々謹言《きょうきょうきんげん》。

七月二十六日　　　　　　　日蓮　花押《かおう》

清澄御房《きよすみのごぼう》

◇注　解◇

〈注1〉**【この御房《ごぼう》（日向《にこう》）】**一二五三年～一三一四年。日蓮大聖人の直弟子で六老僧《ろくろうそう》の一人。大聖人からは佐渡公《さどこう》・佐渡房《ぼう》などとも呼ばれていた。大聖人滅後《めつご》、佐渡阿闍梨《あじゃり》、民部《みんぶ》阿闍梨と称《しょう》された。大聖人の鎌倉《かまくら》在住期の早い時期に大聖人の弟子になったとされている。大聖人の佐渡流罪《るざい》の時には佐渡に同行したとの伝承《でんしょう》はあるが、明確な記録は残っていない。

建治《けんじ》二年（一二七六年）ごろ、日向《にこう》は主に安房《あわ》地方との連絡を担当し、そこに居住する信徒と大聖人の間を往来《おうらい》し、指導に当たったようで、「報恩抄《ほうおんしょう》」を浄顕房《じょうけんぼう》・義城房《ぎじょうぼう》に届《とど》けたのも日向であると推定されている。また、駿河《するが》地方においても日興上人《にっこうしょうにん》と弘教《ぐきょう》をともにしていたことがうかがえる。

弘安《こうあん》五年（一二八二年）十月八日、大聖人から六老僧《ろくろうそう》の一人に列せられたが、十三日の大聖人の御入滅《ごにゅうめつ》の時は他の地へ赴《おもむ》いていたため、葬儀《そうぎ》には参列していない。また、身延《みのぶ》の墓《ぼ》所《しょ》を守る輪番《りんばん》の一人として加えられたが、実際に身延に参詣《さんけい》したのは、弘安八年（一二八五年）ごろと推定される。この時、身延を管領《かんりょう》していた日興上人《にっこうしょうにん》は、日向《にこう》を学頭《がくとう》として迎《むか》え入《い》れた。

しかし、日向《にこう》の影響下で地頭《じとう》・波木井実長《はきいさねなが》が、一体仏《いったいぶつ》の造立《ぞうりゅう》、二所（箱根《はこね》・伊豆《いず》の両権《りょうごん》現《げん》）と三島神社《みしまじんじゃ》の参詣《さんけい》、九品念仏《くほんねんぶつ》道場の建立《こんりゅう》、福士《ふくし》（山梨《やまなし》県南巨摩《みなみこま》郡南部《なんぶ》町福士）の塔供養《とうくよう》などの謗法《ほうぼう》を犯《おか》したことが契機《けいき》となり、日興上人《にっこうしょうにん》は正応《しょうおう》二年（一二八九年）春に身延《みのぶ》を離山《りざん》することになった。「原殿御返事《はらどののごへんじ》」には、日興上人が日向を「彼《か》の民部阿闍梨《みんぶあじゃり》、世間の欲心《よくしん》深くしてへつらひ諂曲《てんごく》したる僧《そう》、聖人《しょうにん》の御法門を立つるまでは思いも寄《よ》らず大いに破《やぶ》らんずる仁《ひと》よ」（編年体御書全集一七三二ページ）と見ていたことが記されている。

解説　「報恩抄《ほうおんしょう》」

「報恩抄《ほうおんしょう》」は、建治《けんじ》二年（一二七六年）七月二十一日、日蓮大聖人が身延《みのぶ》で御述作《ごじゅっさく》になり、安房国《あわのくに》（現在の千葉《ちば》県南部）清澄寺《せいちょうじ》の故師《こし》・道善房《どうぜんぼう》の追善《ついぜん》供養《くよう》のため、日向《にこう》を使いとして、浄顕房《じょうけんぼう》・義城房《ぎじょうぼう》のもとへ送られた書である。日向は「清澄寺大衆中《せいちょうじだいしゅちゅう》」の朗読《ろうどく》も託《たく》されていることから、清澄寺になんらかの縁故《えんこ》があり、大聖人と同寺関係者の連絡を担《にな》っていたと考えられる。

大聖人は「報恩抄送文《ほうおんしょうおくりぶみ》」で「随分大事《ずいぶんだいじ》の大事どもをかきて候《そうろう》ぞ」（御書三三〇ページ）と述べられている。本抄では、釈尊《しゃくそん》以来、天台大師《てんだいだいし》・伝教《でんぎょう》大師という仏法の正統な系譜《けいふ》を受け継《つ》がれた日蓮大聖人が、天台・伝教が弘通《ぐつう》しなかった正法《しょうほう》を広めるとして、「三大秘法《さんだいひほう》」が明かされている。この三大秘法の南無妙法蓮華経こそ、末法《まっぽう》の万人成仏《じょうぶつ》を可能とする大聖人の究極の法門である。そして、「南無妙法蓮華経は万年の外《ほか》・未来までも流布《ながる》べし」（御書三二九ページ）と宣言《せんげん》されるのである。

日興上人《にっこうしょうにん》は十大部《じゅうだいぶ》の一つに選ばれている。

「富士一跡門徒存知《ふじいっせきもんとぞんち》の事《こと》」には、

「一、報恩抄《ほうおんしょう》一巻。今は分けて上・下二巻としている。（日蓮大聖人が）身延山《みのぶさん》でもとの師匠である故《こ》・道善房《どうぜんぼう》の聖霊《しょうりょう》のために作り、清澄寺《せいちょうじ》に送った。日向《にこう》のもとにあると聞いている。日興《にっこう》が所持している本は二回書写したものである。まだ直筆原本で校正していない。

（一、報恩抄《ほうおんしょう》一巻、今開《かい》して上下と為《な》す。身延山《みのぶさん》に於《おい》て本師《ほんし》道善房聖霊《どうぜんぼうしょうりょう》の為《ため》に作り清澄寺《きよすみでら》に送る日向《にこう》が許《もと》に在《あ》りと聞く、日興《にっこう》所持の本は第二転なり、未《いま》だ正本《しょうほん》を以《もっ》て之《これ》を校《かんが》えず）」（御書一六〇四ジペー）

と記されている。

御真筆《ごしんぴつ》が身延《みのぶ》に伝来していたが、明治《めいじ》八年（一八七五年）の大火で「開目抄《かいもくしょう》」などとともに焼失《しょうしつ》した。ただし、大火以前に流出していた部分のうち、いくつかの断簡《だんかん》が、池上本門寺《いけがみほんもんじ》（東京《とうきょう》都大田《おおた》区）など数カ所に分散《ぶんさん》して現存《げんそん》している。

この身延曾存《みのぶそうそん》の御真筆《ごしんぴつ》については、学僧《がくそう》・日乾《にちけん》（一五六〇年～一六三五年）による目録《もくろく》と真蹟対校本《しんせきたいこうぼん》によって、その実態《じったい》がうかがえる。

まず「報恩抄　四巻」と記されており、これは外題《げだい》（表紙に書かれた書名）と思われるが、大聖人はもともと四巻に分けて書かれたことがうかがえる。次に「報恩抄　日蓮撰之」と書かれ、これは内題《ないだい》（内扉《うちとびら》に書かれた書名）と思われる。

本文は料紙《りょうし》の表裏《おもてうら》に書かれていた。継紙《つぎがみ》をして四巻に仕立てた料紙に、はじめに一巻から四巻まで表に書かれ、次いで四巻の末紙《まっし》から裏に書き進められていったようである。

「富士一跡門徒存知《ふじいっせきもんとぞんち》の事《こと》」の記述からすれば、それが一旦《いったん》、一巻にまとめられ、その後、二巻に分けられて、日向《にこう》が所持していたということである。

日乾《にちけん》が対校した時には、もともとの第一巻・第二巻を合わせて第一巻、第三巻・第四巻を合わせて第二巻とされ、計二巻に調巻《ちょうかん》されていた。また、すでに八枚（内容としては十六紙分）が流出していた。その後、さらに一部が流出し、池上本門寺《いけがみほんもんじ》に伝来している。

写本は、先に見た日興上人《にっこうしょうにん》が所持されていた二転本《にてんぼん》（御真筆《ごしんぴつ》からの写本を転写したもの）のほか、富木常忍《ときじょうにん》のもとにもあったようである。古写本としては、静岡県《しずおか》富士宮市《ふじのみや》の大石寺《たいせきじ》に、日舜《にっしゅん》が康安《こうあん》二年（一三六二年）二月七日に上野《うえの》の下御坊《しもごぼう》（下之坊《しものぼう》か）で書写したものが現存《げんそん》している。

背景

本抄は、日蓮大聖人が修学《しゅうがく》された時の師匠・道善房《どうぜんぼう》の死去の知らせを受けて、その報恩《ほうおん》のために著《あらわ》された書である。

「報恩抄送文《ほうおんしょうおくりぶみ》」には「道善御房《どうぜんのごぼう》が御死去《ごしきょ》なさったことは、先月、あらあら承《うけたまわ》りました（道善御房《どうぜんのごぼう》の御死去の由《よし》・去《いぬ》る月粗承《つきほぼうけたま》わり候《そうろう》）」（御書三三〇ジ《ペー》）とあり、本抄執筆《しっぴつ》の前月である六月に訃報《ふほう》を受けたことがわかる。訃報を知らせたのは、おそらく、「送文」の宛名《あてな》である「清澄御房」であろう。「清澄御房」は、修学時《しゅうがくじ》の兄弟子である浄顕房《じょうけんぼう》と推定されている。

身延《みのぶ》に訃報《ふほう》が届《とど》いた後、大聖人は、長文の本抄を認《したた》めて同年七月二十一日に完成され、駿河《するが》方面での経論《きょうろん》の収集《しゅうしゅう》から帰ってきた日向《にこう》を使いとして、同月二十六日に清澄寺《せいちょうじ》の浄顕房《じょうけんぼう》・義城房《ぎじょうぼう》に送られたのである。

そして、「報恩抄送文《ほうおんしょうおくりぶみ》」に指示されたとおり、浄顕房《じょうけんぼう》・義城房《ぎじょうぼう》は、嵩《かさ》が森《もり》（「山高き森」と判読《はんどく》する説《せつ》もある）の頂《いただき》と故道善房《こどうぜんぼう》の墓前《ぼぜん》に赴《おもむ》き、日向《にこう》を読み手として本抄を朗読《ろうどく》したと思われる。

浄顕房《じょうけんぼう》・義城房《ぎじょうぼう》の二人は、大聖人が修学《しゅうがく》された時の兄弟子であった。立《りっ》宗宣言《しゅうせんげん》（建長《けんちょう》五年＝一二五三年四月）の際《さい》、念仏《ねんぶつ》の強信者《ごうしんじゃ》であった地頭《じとう》・東条《とうじょう》景信《かげのぶ》の襲撃《しゅうげき》から大聖人が避難《ひなん》するのを助けている。この後も二人は清澄寺《せいちょうじ》の住僧《じゅうそう》として留《とど》まっているが、大聖人に帰依《きえ》したと考えられる。浄顕房は、「報恩抄送文《ほうおんしょうおくりぶみ》」にあるとおり、御本尊を授与《じゅよ》されている。また、弘安《こうあん》元年（一二七八年）に十大部《じゅうだいぶ》の一つの「本尊問答抄《ほんぞんもんどうしょう》」を与えられている。

題号

「報恩抄《ほうおんしょう》」という題号が日蓮大聖人自ら付《つ》けられたものであることは、先に触《ふ》れた御真筆《ごしんぴつ》に関する史料《しりょう》からわかる。

「報恩《ほうおん》」について、本抄では、父母・師匠・三宝《さんぽう》・国王の四恩《しおん》の報恩謝《しゃ》徳《とく》が説《と》かれている。「四恩抄《しおんしょう》」などでは、仏教の四恩として、一切衆生《いっさいしゅじょう》・父母・国王・三宝が挙《あ》げられているが、本抄では四恩の中に師の恩を入れられている。そこに深い意義を拝《はい》することができる。

構　成

本抄では、冒頭《ぼうとう》で報恩《ほうおん》の道理を明かされ、「仏教をならはん者父母・師匠・国恩をわするべしや」（御書二九三ジベー）と、仏教者は恩を知り恩を報じなければならないことを示される（第1章）。

そして、報恩《ほうおん》を行うために仏法を習い極《きわ》めて「智者《ちしゃ》」となることが重要であると明かされる（第2章）。これは、仏の真意を説《と》いた最も優《すぐ》れた教えによってこそ、真実の報恩となるからであると拝《はい》される。

次に、仏法を習い極《きわ》めるため、釈尊《しゃくそん》が一代にわたって説《と》いた諸経の勝劣《しょうれつ》を判定《はんてい》されていく。これにあたり、それらの経典に基《もと》づいて立てられた十宗《じっしゅう》の主張を取り上げ、諸宗の祖師の人々は、自宗のよりどころとする経典が第一であると主張して混迷《こんめい》していることを示される（第3章）。

十宗《じっしゅう》とは、奈良《なら》時代までに伝来した南都六宗《なんとろくしゅう》（小乗《しょうじょう》経典に基《もと》づく倶舎《くしゃ》・成実《じょうじつ》・律《りつ》と大乗《だいじょう》経典に基づく華厳《けごん》・法相《ほっそう》・三論《さんろん》）と平安《へいあん》時代初期に伝来した二宗（天《てん》台法華《だいほっけ》・真言《しんごん》）と院政期《いんせいき》以後に隆盛《りゅうせい》してきた二宗（禅《ぜん》・浄土《じょうど》）である。

そして、諸経の勝劣《しょうれつ》を判断する基準《きじゅん》は、涅槃経《ねはんぎょう》に説《と》かれているとおり、「法に依《よ》って人に依らない」こと、「了義経《りょうぎきょう》に依って不了義経《ふりょうぎきょう》に依らない」ことであると示される（第4章）。

そこで、仏の説《と》いた了義経《りょうぎきょう》である法華経の「此《こ》の法華経は諸経の中に於《お》いて最も其《そ》の上《かみ》に在《あ》り」の文《もん》を引いて、結論として、釈尊《しゃくそん》一代の教えの中では法華経が最も優《すぐ》れていると示される（第5章）。ところが諸宗の祖師はそれを否定するという謗法《ほうぼう》を犯《おか》し「諸仏《しょぶつ》の大怨敵《だいおんてき》」となってしまっていると指摘される（第6章）。

その諸宗の謗法《ほうぼう》について、続けて詳しく論じられていく。

最初に「諸宗の祖師が大敵《たいてき》であるというのか」という疑難《ぎなん》を立てられ、それに対して、法華経が最も優《すぐ》れていることを否定する謗法《ほうぼう》を犯《おか》す者は仏の大敵《たいてき》だということが、仏法で「第一の大事」なことだと示される。

その点を明らかにするため、釈尊《しゃくそん》の在世《ざいせ》から末法《まっぽう》にいたるまでインド・中国・日本の三国にわたる仏教史を略述《りゃくじゅつ》され、諸経の非を糾《ただ》し法華経第一を説《と》き示した釈尊・天台大師《てんだいだいし》智顗《ちぎ》・伝教大師《でんぎょうだいし》最澄《さいちょう》の実践と、それに対して起こった難《なん》を示される。

まず、インドでは、釈尊《しゃくそん》の在世《ざいせ》には、釈尊自身が九横《くおう》の大難《だいなん》を蒙《こうむ》りながらもついに法華経を説《と》き、正法《しょうほう》時代には正法を正しく伝え広める付法蔵《ふほうぞう》の人々が難に遭《あ》ったことを挙《あ》げられる（第7章）。

続く像法《ぞうほう》時代には、中国で天台大師《てんだいだいし》が南三北七《なんさんほくしち》の邪義《じゃぎ》を破《やぶ》り、また世の尊敬を集めた光宅寺《こうたくじ》法雲《ほううん》の「華厳《けごん》第一・涅槃《ねはん》第二・法華《ほっけ》第三」とする誤《あやま》りを破折《はしゃく》し糾弾《きゅうだん》した（第8章）。それによって諸宗の僧《そう》からの激烈《げきれつ》な反発に遭《あ》ったが、陳《ちん》の王が開いた公場対決で諸宗の僧を破り、「法華経第一」を確立し中国および全インドに正義《しょうぎ》が行き渡った（第9章）。

ところが、天台大師《てんだいだいし》と弟子の章安大師《しょうあんだいし》灌頂《かんじょう》の没後《ぼつご》、法相宗《ほっそうしゅう》、新訳《しんやく》の華厳《けごん》経《ぎょう》、真言《しんごん》の諸経が中国に伝来し、それぞれ自宗の教えが法華経に勝《まさ》るとの主張を展開した。しかし、妙楽大師《みょうらくだいし》湛然《たんねん》が天台大師の三大部（『法華玄義《ほっけげんぎ》』『法華文句《ほっけもんぐ》』『摩訶止観《まかしかん》』）に対する注釈書（『法華玄義釈籤《ほっけげんぎしゃくせん》』『法華文句記《ほっけもんぐき》』『止観輔行伝《しかんぶぎょうでん》弘決《ぐけつ》』）を著《あらわ》し、その中で、これら三宗を破折《はしゃく》した（第10章）。

そして、日本には、飛鳥《あすか》時代に仏教が伝来して以来、奈良《なら》時代までにいわゆる南都六宗《なんとろくしゅう》が伝来した。その間に鑑真《がんじん》が天台《てんだい》の注釈書を唐《とう》から日本へ持ってきていたが、それを見た伝教大師《でんぎょうだいし》は、六宗の非を覚《さと》り、これを破折《はしゃく》した。そのため、諸宗から激《はげ》しい非難を浴《あ》びたが、桓武天皇《かんむてんのう》が開いた公場対決で諸宗を破《やぶ》り、「法華経第一」を明らかにした（第11章）。

この後、真言《しんごん》の謗法《ほうぼう》の破折《はしゃく》へと進まれていく。

真言《しんごん》の破折《はしゃく》は、量《りょう》の上で本抄全体の半分にまで及《およ》び、入念《にゅうねん》に行われている。これには、次のような意味があったと思われる。すなわち、蒙古《もうこ》（モンゴル帝国）による再度の襲来《しゅうらい》を恐《おそ》れた幕府《ばくふ》が、宗教界の統率《とうそつ》を含《ふく》めた挙国《きょこく》一致《いっち》の防衛《ぼうえい》体制の構築《こうちく》を進めており、その中で真言密教《みっきょう》による調伏《じょうぶく》が宗派を超《こ》えて諸寺《しょじ》に命じられていった。大聖人はこれに強い危機感を抱《いだ》かれ、その誤《あやま》りを指摘し警告《けいこく》する意味があったということである。

東寺流《とうじりゅう》の真言宗《しんごんしゅう》（東密《とうみつ》）の破折《はしゃく》とともに、「天台真言《てんだい》（真言化した天台宗《てんだいしゅう》）」（台密《たいみつ》）の破折を詳細にされる。「天台真言」の破折は、「開目抄《かいもくしょう》」の最後の部分で「天台真言」一般の破折として着手され、「撰時抄《せんじしょう》」では山門《さんもん》（比叡《ひえい》山延暦寺《ざんえんりゃくじ》を中心とする宗派）の祖・慈覚《じかく》（円仁《えんにん》）の破折が中心であったが、本抄では寺門《じもん》（三井園城寺《みいおんじょうじ》を中心とする宗派）の祖・智証《ちしょう》（円珍《えんちん》）の破折も本格的に行われている。

ただし、真言《しんごん》破折《はしゃく》を専《もっぱ》らにする諸御抄とは異《こと》なり、真言を含《ふく》めて天台宗《てんだいしゅう》の教理を体系化した安然《あんねん》については取り上げられず、天台真言の祖師として破折されてはいない。それは、本抄が、師に恩《おん》を報《ほう》ぜず師に敵対した者として、伝教大師《でんぎょうだいし》の直弟子である慈覚《じかく》・智証《ちしょう》を取り上げているからと考えられる。

真言《しんごん》の破折《はしゃく》にあたって、まず日本への真言の伝来と流布《るふ》について述べられる。

はじめに、日本への最初の伝来として善無畏《ぜんむい》が大日経《だいにちきょう》を伝えたが広めずに帰国したという当時の伝承《でんしょう》を紹介し、次に、奈良《なら》時代に唐《とう》に渡った玄《げん》昉《ぼう》・得清《とくしょう》らが大日経の注釈書を伝えたことを挙《あ》げられる。

伝教大師《でんぎょうだいし》はこれらを見て、法華経と大日経《だいにちきょう》の勝劣《しょうれつ》に疑問を感じていた。そして、唐《とう》に渡って本格的に天台《てんだい》の止観《しかん》と真言《しんごん》を学び、これらを日本に伝え、桓武天皇《かんむてんのう》に勅命《ちょくめい》を出してもらい、六宗《ろくしゅう》の学者たちに止観と真言を南都《なんと》七大寺《しちだいじ》で学ばせた。伝教自身は、大日経は法華経に劣《おと》る教えであると判定《はんてい》し、真言を宗とせず、天台法華宗《てんだいほっけしゅう》の参考とするに留《とど》めた（第12章）。

しかし、弘法《こうぼう》（空海《くうかい》）が唐《とう》に渡って体系的に真言《しんごん》を学んで帰朝し、平城《へいぜい》天皇《てんのう》の帰依《きえ》を受け、平城に代わって皇位《こうい》についた嵯峨《さが》天皇の時に伝教大師《でんぎょうだいし》が亡《な》くなると、弘法が嵯峨天皇の師となり、真言宗《しんごんしゅう》を立て、東寺《とうじ》が与えられた。弘法は「第一真言大日経《だいにちきょう》・第二華厳《けごん》・第三は法華涅槃等《ほっけねはんとう》」という誤《あやま》った主張をした（第13章）。

ところが、その明確な誤《あやま》りを天台法華宗《てんだいほっけしゅう》の歴代座主《ざす》たちは放置《ほうち》した。慈《じ》覚《かく》は、天台と真言《しんごん》の勝劣《しょうれつ》を明らかにしようとして入唐《にっとう》して両宗を学んだが、理同事勝《りどうじしょう》の邪義《じゃぎ》を唱え、太陽を射《い》る夢《ゆめ》を見て、その邪説が正しいと確信し、「法華経と大日経《だいにちきょう》とは同じ」と主張した（第14章）。

智証《ちしょう》もまた入唐《にっとう》して両宗《りょうしゅう》を学んだが、理同事勝《りどうじしょう》の邪義《じゃぎ》を唱え、「真言《しんごん》・止観《しかん》・両教の宗同じく醍醐《だいご》と号し倶《とも》に深秘《じんぴ》と称《しょう》す」という宣旨《せんじ》を申請《しんせい》して、これが下された（第15章）。

そして、このような慈覚《じかく》・智証《ちしょう》の主張と行動は、伝教大師《でんぎょうだいし》が『依憑集《えびょうしゅう》』で示した法華《ほっけ》第一との教えに反し、師に背《そむ》くものであることを示される。その結果、日本中の人々が法華経よりも真言《しんごん》を重んじて謗法《ほうぼう》に陥《おちい》ったと、その罪《つみ》を糾弾《きゅうだん》される（第16章）。

その論拠《ろんきょ》として、法華経の文《もん》とそれに対する天台《てんだい》・伝教《でんぎょう》の注釈を引いて、法華《ほっけ》第一を確認される（第17章）。そして、法華第一を説《と》き示した、インドの釈尊《しゃくそん》、中国の天台、日本の伝教を三国の三師として示される（第18章）。

以上のように、伝教大師《でんぎょうだいし》の後、天台法華宗《てんだいほっけしゅう》に真言《しんごん》が取り入れられたが、その謗法《ほうぼう》の現証《げんしょう》として、慈覚《じかく》の門流《もんりゅう》（比叡山《ひえいざん》の山門《さんもん》）と智証《ちしょう》の門流（園城寺《おんじょうじ》の寺門《じもん》）の抗争《こうそう》によって両寺の堂宇《どうう》が焼失《しょうしつ》して、伝教《でんぎょう》の建てた根本中堂《こんぽんちゅうどう》が残ったことを挙《あ》げられる。関連して、東寺《とうじ》の真言宗でも、高野山《こうやさん》の本寺《ほんじ》である金剛峯寺《こんごうぶじ》と伝法院《でんぼういん》との抗争によって堂宇が失《うしな》われ、弘法《こうぼう》の事跡《じせき》が失われたことを挙げられる。このような弘法・慈覚・智証の誤《あやま》りの現証があるにもかかわらず、真言は広まり、一国が謗法となっていったと指摘される（第19章）。

まさに白法隠没《びゃくほうおんもつ》（仏の正しい教えが見失《みうしな》われた状態《じょうたい》）の末法《まっぽう》の様相を示している日本にあって、日蓮大聖人はただ一人その誤《あやま》りを指摘して、国主から民衆にいたるまであらゆる人々から迫害《はくがい》を受け、二度の流罪《るざい》に遭《あ》い、文永《ぶんえい》八年（一二七一年）九月十二日の竜《たつ》の口《くち》の法難《ほうなん》では斬首《ざんしゅ》の危機に遭われた。それは、まさに最勝王経《さいしょうおうきょう》や大集経《だいじっきょう》といった諸経典に予言された、末法の様相そのものであった。

竜《たつ》の口《くち》の法難《ほうなん》の折に、大聖人は、御自身が仏の言葉を実現し証明している「法華経の行者《ぎょうじゃ》」であるとの御自覚から、その大聖人を亡《な》きものにすることは日本の柱を倒《たお》すことであり、迫害《はくがい》を続けるなら自界叛逆難《じかいほんぎゃくなん》と他国侵《たこくしん》逼難《ぴつなん》が現実になると再度、警告《けいこく》された。しかし、幕府《ばくふ》はその警告を無視し、ついに同九年（一二七二年）二月に二月騒動《にがつそうどう》（北条時輔《ほうじょうときすけ》の乱《らん》）として自界叛逆難が、同十一年（一二七四年）十月には蒙古襲来《もうこしゅうらい》（文永《ぶんえい》の役《えき》）として他国侵逼難が、現実となった（第20章）。

大聖人は、一国の謗法《ほうぼう》について、平安《へいあん》時代初期の弘法《こうぼう》・慈覚《じかく》・智証《ちしょう》らに始まった長年にわたる真言《しんごん》によるものに加えて、大聖人の御在世《ございせ》に近い院政期《せいき》に始まった禅《ぜん》と念仏《ねんぶつ》によるものも広がっていることを指摘される。しかし、これまではその誤《あやま》りを指摘し責《せ》める智慧《ちえ》ある人もいなかったので、大きな災難《さいなん》は起きなかった。これに対し、今の日本は謗法が国中に充満《じゅうまん》し、大聖人がその誤りを明確にして強く責めたことで大きな反発が起こり、より深刻な災難が現実となっていると言われている（第21章）。

さらに、世間の人々が、人ごとに「私も法華経を信じている」と、また「日蓮一人だけが謗法《ほうぼう》の者である」と主張していることに対し、法滅尽《ほうめつじん》経《ぎょう》、涅槃経《ねはんぎょう》を引かれる。そして、これらの経文に基《もと》づいて、日本にはむしろ謗法の者が充満《じゅうまん》しており、その中にあって大聖人ただお一人こそが法華経の行者《ぎょうじゃ》であることを浮《う》き彫《ぼ》りにされている（第22章）。

中国で天台大師《てんだいだいし》と同時代に、世間の人師《にんし》の一人である三論宗《さんろんしゅう》の嘉祥《かじょう》（吉《きち》蔵《ぞう》）がいた。嘉祥は法華経の注釈書を作るが、そこで「法華経と諸大乗経《しょだいじょうきょう》とは門は浅深《せんじん》あれども心は一つ」という誤《あやま》りを書いた。それが謗法《ほうぼう》の根本であり、後に反省《はんせい》して天台大師に身を体して仕えた。けれども罪《つみ》が残って消え去ることはなかったと指摘される（第23章）。

続いて、中国の真言《しんごん》の祖とされる善無畏《ぜんむい》は、「大日経《だいにちきょう》と法華経とは理は一つ」という誤《あやま》りを書き、嘉祥《かじょう》と同様の謗法《ほうぼう》を犯《おか》していると指摘される。その善無畏は、祈雨《きう》で失敗し大風《ふ》を吹かせ、死後に地獄《じごく》の相を示したことを記されている。また二祖とされる金剛智《こんごうち》が祈雨で失敗し大風を招き、姫《ひめ》宮《みや》を蘇生《そせい》させるための祈禱《きとう》で少女を焼《や》き殺したという事件《じけん》を挙《あ》げられ、真言の祈禱が災禍《さいか》となることを示される。さらに三祖の不空《ふくう》もまた祈雨で失敗し大風を吹かせたことを挙げられる。大聖人の御在世《ございせ》当時の日本の真言《しんごん》僧《そう》である加賀法印《かがのほういん》も祈雨で失敗し逆風《ぎゃくふう》が吹いたと指摘される（第24章）。

また弘法《こうぼう》の祈雨《きう》と呼ばれる出来事は、実は天皇《てんのう》の祈願《きがん》による雨であったと暴《あば》き、第14章でふれられた慈覚《じかく》が見た太陽を射《い》るという夢《ゆめ》は、大日如来《だいにちにょらい》を立てて釈迦仏《しゃかぶつ》を捨て、真言三部経《しんごんさんぶきょう》を崇《あが》めて法華《ほっけ》三部経の敵となった謗法《ほうぼう》を示すものであると明かされる（第25章）。この夢が謗法の証《あか》しであることは、善導《ぜんどう》が「千中無一《せんちゅうむいち》（法華経を含《ふく》めて、浄土《じょうど》経典以外では、千人に一人も成仏《じょうぶつ》できない）」との邪義《じゃぎ》を立てた時に見た夢が、法華経を第一とする仏説《ぶっせつ》に背《そむ》くものであることからも明らかであると示される（第26章）。

さらに弘法《こうぼう》の徳《とく》を示す伝説を挙《あ》げ、こうした徳によって仏法の邪正《じゃしょう》が決まるわけではないと一蹴《いっしゅう》される（第27章）。そして、これらは史実に反するもので、後世に謀略《ぼうりゃく》として作られ人々をたぶらかすものであると喝破《かっぱ》される（第28章）。

真言《しんごん》の破折《はしゃく》を結ばれるにあたり、承久《じょうきゅう》の乱《らん》に言及《げんきゅう》される。この乱では、以上のような謗法《ほうぼう》の教えである真言によって調伏《じょうぶく》の祈禱《きとう》を行った朝廷側《ちょうていがわ》が、「還著於本人《げんじゃくおほんにん》」の道理によって敗北したと指摘される（第29章）。

このように、謗法《ほうぼう》が人々の不幸と社会の災難《さいなん》の根源《こんげん》であることが示され、「此《こ》の事《こと》・日本国の中に但《ただ》日蓮一人計《いちにんばか》りしれり」（御書三二一ジペー）と、このことを知悉《ちしつ》しているのは、日蓮大聖人お一人であることを宣言《せんげん》される。これは本抄冒頭《ぼうとう》に言及《げんきゅう》されたように、「仏法をならひきはめ智者《ちしゃ》と」（御書二九三ジペー）なったことを示されるものである。

続いて、末法《まっぽう》に法華弘通《ほっけぐつう》を行うと為政者《いせいしゃ》からの迫害《はくがい》があると覚悟《かくご》し、不《ふ》惜身命《しゃくしんみょう》で弘教《ぐきょう》を開始したことを記される。

そして、その予想どおりに度重なる難《なん》に遭《あ》い、伊豆流罪《いずるざい》に処《しょ》されたが、それに屈《くっ》することなく、一層《いっそう》、妙法弘通《ぐつう》を進められ、その中で当時の人々に篤《あつ》く信じられていた念仏《ねんぶつ》や真言《しんごん》、また為政者《いせいしゃ》が重んじていた禅《ぜん》に対して、それぞれ無間地獄《むけんじごく》の因《いん》、亡国《ぼうこく》の因、天魔《てんま》の所為《しょい》と厳しく糾弾《きゅうだん》されたことを述べられる。

ちなみに、律《りつ》については、四箇《しか》の格言《かくげん》（念仏無間《ねんぶつむけん》、禅天魔《ぜんてんま》、真言亡国《しんごんぼうこく》、律国賊《りっこくぞく》）では挙《あ》げられるが、ここでは宗《しゅう》としての破折《はしゃく》はない。しかし、三宗の破折の直前に、戒律《かいりつ》を持《たも》っていることを誇《ほこ》って人々を誤《あやま》りに導《みちび》いている者への破折は言及《げんきゅう》されている。

このような破折《はしゃく》に対し、諸宗の僧《そう》らが権力者に讒言《ざんげん》して働《はたら》きかけ、特に執権《しっけん》・北条時宗《ほうじょうときむね》の母であった後家尼御前《ごけあまごぜん》を怒《おこ》らせて、大聖人を亡《な》き者《もの》にしようと画策《かくさく》した。

その結果、文永《ぶんえい》八年（一二七一年）九月十二日の夜（十三日未明）に幕府《ばくふ》の一部勢力《せいりょく》が大聖人をひそかに斬首《ざんしゅ》しようとする事件《じけん》（竜《たつ》の口《くち》の法難《ほうなん》）を起こし、それに失敗して、大聖人を佐渡《さど》への流罪《るざい》に処《しょ》したのである。足掛《あしか》け四年を経《へ》て文永十一年（一二七四年）に赦免《しゃめん》され鎌倉《かまくら》で諮問《しもん》を受けた時、大聖人は三度目の国主諫暁《こくしゅかんぎょう》を行い、年内に蒙古《もうこ》の襲来《しゅうらい》が起こることを予言された。しかし幕府はこの諫暁を用いなかったため、大聖人は身延《みのぶ》に入られて、今に至《いた》る――。

以上のように、立宗《りっしゅう》以来の忍難弘通《にんなんぐつう》を回想されている。

そして、その行動は、「父母《ぶも》の恩《おん》・師匠の恩・三宝《さんぽう》の恩・国恩《こくおん》をほう《報》ぜんがため」（御書三二三ジペー）であったことを明かされる（第30章）。

続いて、この忍難弘通《にんなんぐつう》の功徳《くどく》は、諸仏菩薩《しょぶつぼさつ》・諸天《しょてん》がご存《ぞん》じであり、父母や師匠の道善房《どうぜんぼう》を救《すく》うものであるのだが、道善房は地頭《じとう》の東条景信《とうじょうかげのぶ》や清澄《せいちょう》寺《じ》の上下の僧《そう》を恐《おそ》れて、いとおしい弟子である大聖人を見捨てたので、後《ご》生《しょう》の救済《きゅうさい》が不安であると案《あん》じられている。それに対し、立宗《りっしゅう》の折《おり》に浄顕《じょうけん》房《ぼう》・義城房《ぎじょうぼう》が大聖人をお守りしたことは「天下第一の法華経の奉公《ほうこう》」（御書三二四㌻）であると賞讃《しょうさん》されている（第31章）。

この後、問答が立てられる。そこでは、「仏法をならひきはめ智者《ちしゃ》と」なられた大聖人の仏法探究の結論が示される。

まず「法華経・一部・八巻・二十八品《ぽん》の中に何物か肝心《かんじん》なるや」との問いを掲《かか》げ、諸経においてもその題目に肝心の教えが示されていることを述べられる（第32章）。

そして、法華経の肝心が、方便品《ほうべんぼん》・寿量品《じゅりょうほん》などの特定の品や開示悟入《かいじごにゅう》や諸法実相《しょほうじっそう》などの特定の法理などではなく、如是我聞《にょぜがもん》の上の妙法五字、すなわち法華経の題目である南無妙法蓮華経であることが明かされる。さらに、諸経に明かされなかった二乗作仏《にじょうさぶつ》と久遠実成《くおんじつじょう》の仏を説《と》く法華経が、仏法の「命《いのち》」「神《たましい》」であることを示され、その法華経のすべてを納《おさ》めている肝心の題目は諸経の題目とは比較《ひかく》にならないほど優《すぐ》れていることを明かされる（第33章）。

次に、その卓越《たくえつ》した法である南無妙法蓮華経が、大聖人が出現されるまでに広められなかった現実とその意味を知るために、正像末《しょうぞうまつ》の三時《さんじ》の弘教《ぐきょう》の次第が示される。

そこでは、正法《しょうほう》時代のインドの迦葉《かしょう》・阿難《あなん》らの声聞《しょうもん》、馬鳴《めみょう》・竜樹《りゅうじゅ》・無著《むじゃく》・天親《てんじん》らの菩薩《ぼさつ》（第34章）、像法《ぞうほう》時代の中国の天台大師《てんだいだいし》、日本の伝教《でんぎょう》大師（第35章）が取り上げられ、先行する教えより優《すぐ》れた教えを説《と》く諸師《しょし》が、先に広まった教えに執着《しゅうちゃく》する人々から反発・迫害《はくがい》を受けてきた歴史を紹介される。

それは、「内面の覚《さと》りは同じであるけれども、法の流布《るふ》においては、迦《か》葉《しょう》・阿難《あなん》よりも馬鳴《めみょう》・竜樹《りゅうじゅ》らの方が優《すぐ》れ、馬鳴らよりも天台《てんだい》が優れ、天台よりも伝教《でんぎょう》の方が超《こ》えられているのである。末法《まっぽう》に近づくにつれて、人の智慧《ちえ》は浅く、（教え広めるべき）仏の教えは深くなるということである（内証《ないしょう》は同じけれども法の流布は迦葉・阿難よりも馬鳴・竜樹等《とう》はすぐれ馬鳴等よりも天台はすぐれ天台よりも伝教は超えさせ給《たま》いたり、世末《よすえ》になれば人の智《ち》はあさく仏教はふかくなる事《こと》なり）」（御書三二八ジペー）と、正法《しょうほう》・像法《ぞうほう》時代における仏教の流通《るつう》を結論づけられている。

続いて、第36章では、「天台伝教《てんだいでんぎょう》の弘通《ぐつう》し給《たま》わざる正法《しょうほう》ありや」との問いを立てられ、「有《あ》り」として、末法《まっぽう》において説《と》かれるべき前代よりも優《すぐ》れた法を明かされていく。具体的には、三大秘法《さんだいひほう》を説示《せつじ》される。

「（天台《てんだい》・伝教《でんぎょう》が弘通《ぐつう》しなかった正法《しょうほう》とは）何物ぞや」との問いに対して、「三《みっ》あり」と述べ、「其《そ》の形貌《ぎょうみょう》」として、「一《ひとつ》には日本・乃至《ないし》一閻浮提《いちえんぶだい》一同に本門《ほんもん》の教主釈尊《きょうしゅしゃくそん》を本尊とすべし、所謂宝塔《いわゆるほうとう》の内の釈迦多宝《しゃかたほう》・外《そのほか》の諸仏《しょぶつ》・並《ならび》に上行等《じょうぎょうとう》の四菩薩脇士《しぼさつきょうじ》となるべし、二《ふたつ》には本門の戒壇《かいだん》、三《みつ》には日本・乃至漢土《かんど》・月氏《がっし》・一閻浮提に人ごとに有智無智《うちむち》をきらはず一同に他事をすてて南無妙法蓮華経と唱うべし、此《こ》の事《こと》いまだ・ひろまらず一閻浮提の内に仏滅後《ぶつめつご》・二千二百二十五年が間一人も唱えず日蓮一人・南無妙法蓮華経・南無妙法蓮華経等《とう》と声もをしまず唱うるなり」（御書三二八ジペー）と述べられる。

三大秘法《さんだいひほう》について、本抄の二年前に認《したた》められた「法華取要抄《ほっけしゅようしょう》」では、「本門《ほんもん》の本尊と戒壇《かいだん》と題目」（御書三三六ジペー）と、その名称《めいしょう》だけが示されていた。それが、本抄では、本門の本尊と題目については、端的《たんてき》にその姿《すがた》を示されている。

なお、本門《ほんもん》の本尊については、「観心本尊抄《かんじんのほんぞんしょう》」では「事行《じぎょう》の南無妙法蓮華経の五字並《なら》びに本門の本尊」（御書二五三ジペー）、「撰時抄《せんじしょう》」では「寿量品《じゅりょうほん》の南無妙法蓮華経」（御書二八四ジペー）と示されていたのに対して、本抄では「本門の教主釈尊《きょうしゅしゃくそん》を本尊とすべし」（御書三二八ジペー）と述べられている。ここで

「本門の教主釈尊」を本尊とするという意は、「観心本尊抄」「撰時抄」などに照《て》らして、釈尊を久遠実成《くおんじつじょう》の仏ならしめた根本の法である南無妙法蓮華経を本尊とすべきであると示されたと解《かい》される。

そして「日蓮が慈悲曠大《じひこうだい》ならば南無妙法蓮華経は万年の外《ほか》・未来までもながる《流布》べし、日本国の一切衆生《いっさいしゅじょう》の盲目《もうもく》をひらける功徳《くどく》あり、無間地獄《むけんじごく》の道をふさぎぬ」（御書三二九ページ）と述べられ、日蓮大聖人こそが、末法《まっぽう》のすべての人を救《すく》う教主《きょうしゅ》であることが明かされている。この御文には、日蓮大聖人の主師親《しゅししん》の三徳《さんとく》が示されていると拝《はい》される。

さらに、広宣流布《こうせんるふ》は「時《とき》のしからしむる耳《のみ》」、すなわち時の流れとして必然《ひつぜん》のものであり、法華経薬王品《やくおうぼん》の文《もん》にあるとおり必ず実現して、「日本国の人々は一致《いっち》して南無妙法蓮華経と唱える」と宣言《せんげん》される。

そして、日蓮大聖人が法華経を忍難弘通《にんなんぐつう》する功徳《くどく》、また未来に広宣流布《こうせんるふ》して人々を救《すく》っていく功徳のすべてが、師匠である道善房《どうぜんぼう》に帰していくと結ばれている（第37章）。

現代語訳　**報恩抄**

発行日　二〇一八年六月六日

監　修　池田大作
編　者　創価学会教学部
発行者　松岡　資
発行所　聖教新聞社
〒一六〇-八〇七〇　東京都新宿区信濃町一八
電話〇三―三三五三―六一一一（大代表）
印刷所　株式会社　精興社
製本所　牧製本印刷株式会社

＊

落丁・乱丁本はお取り替えいたします

定価は表紙に表示してあります
ISBN 978-4-412-01642-2